中国社会科学院创新工程学术出版资助项目

鄂温克语语音声学研究

中国少数民族语言方言实验研究丛书

乌日格喜乐图　呼和　著

呼和　主编

社会科学文献出版社
SOCIAL SCIENCES ACADEMIC PRESS (CHINA)

总　序

在以往研究的基础上，针对民族语言语音研究的历史和现状，从解决所面临的实际问题出发，采用声学语言学的理论和方法，对目标语言的元音、辅音等音段特征和词重音等超音段特征进行了较全面、系统的定量和定性分析。本丛书包括了以下研究内容。

（1）元音研究方面：对目标语言每一个元音进行系统统计分析，统计参数（项）包括音长、音强、目标位置共振峰频率及其前后过渡段频率（F1～F3）；统计内容有平均值、标准差和变异系数等；通过分析参数平均值及其音质定位、目标位置共振峰频率及其前、后过渡段共振峰频率之间的关系、音节数量与声学参数之间的关系、音节类型与声学参数之间的关系、辅音音质与元音声学参数之间的关系等问题，确定每一个元音的实际音值及其在声学空间中的分布格局和分布特点以及在语流中的存在模式和音系特点，并探讨其过去、现在和未来变化方式和方向。

（2）辅音研究方面：对目标语言每个辅音进行系统的统计分析，统计参数（项）包括音长、音强、目标位置共振峰（CF1～CF3；VF1～VF3）等；统计内容有平均值、标准差和变异系数等；通过分析和观察辅音三维语图特点、共振峰分布模式、词中分布特征、词中位置与声学参数之间的关系、后置元音音质与辅音声学参数之间的关系等问题，探讨了辅音在词中的出现频率特点和语流中的存在模式和音系特点；另外，基于 VOT－GAP二维坐标和 COG（辅音谱重心）、STD（相对于谱重心的谱偏移量）和SKEW（偏离度，低于谱重心的谱与高于谱重心的谱之比）等参数，分析确定了辅音声学特点（声学表现）、声学空间中的分布格局、塞音塞擦音的GAP 与其发音部位之间以及 COG、STD 和 SKEW 值与清辅音发音部位之间的相关性和语言学意义。

（3）词重音研究方面：从单词韵律模式和词重音问题入手，阐述了语音四要素与目标语言词重音性质之间的关系问题；基于声学参数分析了词重音功能与作用问题，并从类型学的视角对词重音位置问题进行了解释。

（4）音系研究方面：基于实验音系学理论和方法，对目标语言的音系进行了较全面系统的分析和归纳。

（5）语音学理论方面：通过解读声学元音图（元音声学空间动态分布图）中不同元音音位及其变体之间的叠加现象、元音松紧（阴阳）属性与元音和谐律之间的关系，阐述了音位与变体、属性与规则、规则与实施等层面的绝对性和相对性问题，即语音学理论的相对性和绝对性等问题。

2018 年 8 月北京

目　录

绪　论

　　从全国人大民族委员会和中央民族事务委员会组织的 1956 年开始的少数民族语言、少数民族社会历史调查和自 1962 年《中国语文》杂志开始刊登少数民族语言概况算起，我国民族语言研究已走过了 60 多年的历程，完成了"中国少数民族语言简志丛书"（1958 年启动，1991 年基本完成，2009 年修订）、"蒙古语族语言方言研究丛书"（21 本，内蒙古大学蒙古语文研究所 20 世纪 80 年代初开始陆续出版）、"中国新发现语言研究丛书"（1997 年至今，已出版 41 种）和"中国少数民族方言研究丛书"（1998 年至今，已出版 17 种）等大型研究成果。可以说，在前辈们的不懈努力下，我国民族语言研究取得了较辉煌的成就。目前的民族语言研究虽然涵盖了描写语言学、历史比较语言学、记录语言学、语言类型学、民族语言文字应用、实验语言学、民族文字文献等诸多领域，但与英语和汉语等强势语言的研究相比，在研究深度和广度等方面都存在一定的差距。

　　1985 年中国社会科学院民族所（现中国社会科学院民族学与人类学研究所）建立的语音实验室是我国民族语言实验语言学学科成立的标志，该实验室语音学队伍也是我国最早开展少数民族语言语音实验的研究团队。1985～1995 年，该团队主要开展了汉语普通话和少数民族语言语音声学、生理实验基础研究工作，主持完成了多项国家自然科学基金和国家社会科学基金项目。如在国家社科基金资助下，研究团队历时数年完成了大约 25 种语言和方言的音档录制。与少数民族地区大学和研究所合作完成了几个在国内外有一定影响的少数民族语言语音声学参数库。例如，"藏语拉萨话语音声学参数库"（国家自然基金项目，1991）、"哈萨克语语音声学参数库"（国家自然基金项目，1992）、"蒙古语语音声学参数库"（国家社科基金项目，1993）等。这一阶段的成果主要发表在《实验语音学概要》（吴宗济、林茂灿主编，鲍怀翘撰写第三和第五两章，即语音产生的生理基础和元音部分，1989）及国内外学术刊物和学术会议上。这些成果在国内外语音学界产生了一定的影响，为我国少数民族语言实验语言学学科乃至汉语实验语言学学科的发展奠定了基础。

1995～2005年，该团队使用当时国际最先进的设备，如"声门高速摄影"和"电子动态腭位仪"开展了汉语普通话和少数民族语言发声类型、调音的生理研究，主持完成了1项中国社会科学院重大项目"汉藏语声调的声学研究"和4项国家自然科学基金项目（"汉语普通话嗓音声学研究"、"普通话动态腭位研究"、"基于动态腭位的普通话协同发音研究"和"蒙古语韵律特征声学模型研究"）。这一阶段除撰写出版《论语言发生》（孔江平，2001）、《蒙古语语音声学分析》（蒙文版，呼和、确精扎布，1999）和 *A Basic Study of Mongolian Prosody*（呼和，2003）3部专著外，还发表了50余篇有影响的学术论文，在学科创新和应用研究方面也进行了大胆探索和实践。如，2001～2005年在中国社会科学院重大项目"民族多媒体信息系统"中完成的"民族GIS多媒体检索系统"，首次将自然科学的地理信息系统技术（GIS）成功应用于民族语言及民族多媒体信息研究。这些成果在国内外实验语言学和言语工程学界以及嗓音病理学界产生了较大反响，提高了学科的知名度，奠定了该团队少数民族实验语言学学科在国内外学术界中的地位。

自2006年开始，该团队加强了少数民族语言语音声学和生理参数数据库的研制工作，并提出建立"中国少数民族语言语音声学参数统一平台"的中长期研究目标。在国家自然科学基金、国家社会科学基金、教育部和中国社会科学院科研局的资助下，完成了"藏语、维吾尔语和彝语语音声学参数库"（300MB，2009）和"三少民族语言语音声学参数库"（300MB，2011）等项目，出版了《蒙古语语音实验研究》（呼和，2009）、《中国少数民族特殊语音研究》（周学文，2011）和《基于动态腭位图谱的蒙古语辅音研究》（哈斯其木格，2013）等专著，发表了数十篇有关民族语言实验研究的学术论文。

自2014年2月开始，该团队根据多年积累的语音声学参数库研制经验，研发并投入使用"语音声学参数自动标注/提取系统"（3.3版本）和诸多数据处理小工具，使该项工作逐渐走上自动化，提高了工作效率和准确率，避免了采集者的主观因素，确保了数据的客观性和准确性（参看周学文、呼和，2014）。目前，该团队在国家社科基金重大招标项目"中国少数民族语言语音声学参数统一平台建设研究"（编号：12 & ZD225）和中国社会科学院创新工程学术出版资助项目"阿尔泰语系语言实验研究"（编号：2016MZSCX 009）的资助下先后完成了蒙古语、达斡尔语、土族语、东部裕固语、维吾尔语、哈萨克语、鄂温克语、鄂伦春语等语言的语音声学参数库和"中国少数民族语言语音声学参数统一平台"（简称"统一平台"）框架，并基于"统一平台"完成了"中国少数民族语言方言实验研究丛书"的蒙古语、维吾尔语和鄂温克语等三卷的撰写工作。目前正在研制布里亚特、东乡、保安、图瓦、锡伯等语言和蒙古语相关方言土语的语音声学参数库。

一 "中国少数民族语言语音声学参数统一平台"

实验语音学为语音学这门传统的人文学科增加了实验科学的新方法，为语言分析提供了新的研究视角和内容，为有声语言资源库建设提供了技术保障。语音声学参数库（Acoustical Database）是语言资源声学层面的最高形式，是对特定语言的语音系统进行系统声学分析、提取该语言语音声学特征的微观声学参数集合，可比喻为提取语言 DNA。在语音信号分析和处理过程中，时域和频域特性是至关重要的。在语音研究中对音段和超音段特征测量和分析已进行了几十年，从以音节、词为基础的音段和超音段特征分析到现在连续语料的音段和超音段特征分析，使我们对语音和韵律特性的认识越来越清晰、越来越准确，在应用研究中越来越有效。

我们正在建设的"统一平台"是利用国际通用的语音声学分析软件，提取有效表征语言语音系统的各种声学特征参数，并把它们集合成一个完整的语音声学参数数据库，用数据库管理软件进行统一管理的平台（详见图1）。

（一）"统一平台"的作用和意义

第一，推动科学保护弱势语言、抢救濒危语言的进程。保护弱势语言、抢救濒危语言是世界各国共同面临的紧迫任务。2003 年 3 月，联合国教科文组织在巴黎总部举行的"关于濒危语言问题的专家会议"上提出，保护

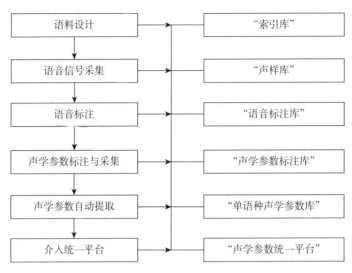

图1 "中国少数民族语言语音声学参数统一平台"研制流程示意图

世界语言多样性一直在联合国教科文组织众多工作中占有重要的地位。这和"维护人类的多样性"是同一性质的工作。在我国少数民族语言中，有的语言正处于濒临失传的境地，有些语言的特色语音现象正在消失或被同化。为了保护人类共同的文化遗产——语言的多样性，进行抢救性的保护已到了刻不容缓的地步。"统一平台"将致力于开发一个基于互联网技术的中国少数民族语言资源和技术在线服务平台，以适应国家语言资源战略发展之需要，进而达到依靠现代科学技术搜集和保护我国语言资源的目标，有力推动保护弱势语言、抢救濒危语言的进程。

第二，有效促进科研资源的共享和科学研究的延续性。"统一平台"能够确保数据资源的共享性和科学研究的延续性，推动语音声学参数库研制和语音声学实验研究工作的规范化和标准化进程，与同行共享数据资源，提高数据库、语料库、信息和技术平台的使用价值，加快我国少数民族语言语音研究从"经验科学"转变为"精密科学"的进程，提升语音学研究水平。如，以往的语音实验研究多以研究某种语言语音现象为目标，选取少量的语料，以提取相关语音参数为目的，很少以研究特定语言的语音系统为出发点。因而，对语音声学和生理特征的选择和把握缺乏全面性和系统性，所采集的语音声学和生理参数数据仅满足于写出论著，不注重数据的积累和整合，缺乏共享性和延续性。"统一平台"将摒弃这种传统小作坊式的方法，运用现代化的技术，系统全面地采集和分析数据。这种研究成果将对后人具有很高的参考价值，并提供后续研究的可能。

第三，推进语音学重大基础理论研究，促进语音学与相关学科的发展。"统一平台"不但能够推进语音学重大基础理论研究，为历史比较语言学和语音学研究提供新的理论和方法，还能促进语音学与相关学科的发展，引导语音学研究更加深入地走进社会，解决语言交际中存在的实际问题。语音特征是个性和共性的统一体，不但同一个语系或语族语言的音位系统之间存在共性，而且不同语系或语族语言之间也存在一定的共性。了解这个共性，有利于推动个体语言语音特征的描写和语言之间的比较研究，促进语音学基础研究，推动语音学基础理论的建立和发展。利用"统一平台"，不仅可以对单语种的音段和超音段特征参数进行全面、系统的统计分析（相关分析、因子分析、聚类分析等），探讨并总结出其特征和变化规律，而且还可以对跨语系、跨语族语言的音段和超音段特征进行比较研究，积极推动历史比较语言学（如语言同源、演化等）和普通语音学（如人类语言语音的共性问题）的发展。

第四，能够为民族语言言语声学工程研究和研发提供语音学基础数据资源，推动我国多语种人机智能交互平台技术的发展。众所周知，进入 21 世纪后，加速推进少数民族语言（文字）的标准化、规范化和信息化进程，保护弱势语言、抢救濒危语言的工作显得尤为重要。我们既要加速推进其标准化、规范化、信息化进程，同时还要抢救性地保护它们的多样性。这是我国民族语言文字工作目前所面临的两大挑战。一方面，需要投入大量的人力和财力，去填补汉语和少数民族语言信息化之间的数字鸿沟。另一方面，也要下大力气保护少数民族语言这一人类宝贵的非物质文化遗产。我们虽然可以直接引进世界最先进的语言和语音处理技术和方法来解决少数民族语言语音研究的技术性问题，但再先进的技术也只能是客观的物质支持，真正对于少数民族语言本质与规律的研究还要靠我们自己。现代计算机技术虽然通过云数据的统计，能够建立比较准确的语言模型，但实践证明好的统计模型需要语言知识库支撑。"统一平台"能够提供真实有效的数据依据。

第五，保护我国民族文化的多样性，促进我国语言生活的健康和谐发展，捍卫国家边疆文化安全，完善我国多语种人机智能交互平台，使言语声学工程研究更好地为国家"一带一路"建设服务。语言（文字）的规范化和信息化是一个民族走上信息化道路的重要标志，而中国语言（文字）的全面发展离不开少数民族语言（文字）的进一步发展。只有实现各民族语言（文字）的规范化和信息化，才能保障我国政治、经济、文化和社会的和谐稳定发展。我国许多少数民族语言是跨境语言，如蒙古语、维吾尔语、哈萨克语、傣语、壮语和苗语等。据我们所知，上述跨境语言所处国家和地区关于语音技术的整体研究相对滞后，仍有较大研究和开发空间。

"统一平台"中所提出的各项标准和原则必将成为国际国内语言声学实验研究依据和标准，推动语言声学实验研究工作的规范化和标准化进程。目前国际上虽然有一个包括世界大多数语言的语音样品库（UCLA），但尚未包容多语种的语音声学参数库，更没有大家所公认和遵循的标准和方法，我们所提出的各项标准和原则必将成为国际国内语言语音声学参数库的研制依据和标准，推动语音声学参数库研制和语音声学实验研究工作的规范化和标准化进程。

"统一平台"不仅是语音本体基础研究领域的一个突破，而且将会成为国家信息资源的重要组成部分，弥补国家少数民族语言信息资源的阙如。到目前为止，在国内外还没有类似关于特定语言的完整的语音声学参数库（包括元音、辅音、韵律及各种特殊音质）。

总之，"统一平台"将我国传统的优势学科同新的前沿领域相结合，无论从现代社会语言资料和文化遗产流失的严峻现实，还是从科学技术和语言研究相结合的发展方向来看，都有着广阔的发展空间和远大前景。该平台将为我国同类语言数据库、档案库提供范例，为语言本体描写研究和比较研究，以及民族学与人类学等其他学科的研究提供真实、客观的数据资源，将会有力促进我国民族语言学学科的发展。

1. 语料设计与"索引库"的建立

1.1 语料规模和范围

建立多语种统一的、完备的语音声学参数库，首要的工作是语音材料（简称语料）的设计与编写。这是整个工作的基石，必须制定统一的语料设计原则并严格把关，充分反映每种语言语音和韵律（单词层面上）系统的全貌及特点。各种语言以双音节为主，但应包含一定数量的单音节词，并顾及各语言的多音节词，特别要注意 4~5 音节词的出现概率。除此之外，还要顾及元音和辅音的和谐问题、音段和超音段的协同发音问题，以及音段序列，如辅音串等问题。考虑到语料的完整性，选择一定数量的能够覆盖目标语言语音和语法特点的词组和各类简单句，以便观察、分析语音变化和句子韵律特征。本项研究不涉及词组和语句声学参数，但搜集濒危语言的话语语料，以起到"语言保存"的作用。以下是语料设计原则和方法。

首先，字母表的设计。遵循目标语言传统字母表，字母表包括所有的元音和辅音。

其次，单词语料的设计。

（1）单音节词。每种语言选择 150~500 个常用的单音节词。要求：一般都是独立出现的，覆盖所有的音节类型，覆盖各种音节类型中的所有元音和辅音以及它们的各类组合（搭配）等（能够组合的都要考虑到）。

（2）双音节及多音节词。每种语言选择 1500~2000 个常用的双音节和多音节词。要求：双音节词和多音节词的比例不宜太悬殊，控制在 1/2 左右；尽可能选择词干性的（未加黏着成分）或派生词；确保每个音位在不同位置上的（多次）出现次数，如，音节内的不同位置和词的不同位置（首、腰、末位置）等；除个别音段外，音段的出现频率不应相差太悬殊；所有的词，应尽可能反映目标语言的语音变化，包括元音和辅音的和谐、协同发音以及重音等问题。

（3）数词及量词。基数词（尽可能穷尽）、序数词、约数词和集合数词的读音，并兼顾量词。除基本词外，结合目标语言的特点，结合多位数字，读音发生变化的现象也应收入其中。

（4）形态变化的典型词。选择一批常用的、有变化词类，如名词、代词、形容词和动词等（总数不超过 50 个，以名词和动词为主适当考虑其他词），并在其后依次附加上可能的成分：名词后加数、格、概称和领属等，形容词后加比较范畴。包括所有的形态变化，如包括词尾变化中的式动词、副动词和形动词以及词干变化中的态、体等范畴。

再次，词组语料的设计。选择 100~200 个目标语言的固定词组（如谚语、成语和惯用语）和由不同句法结构（如形态变化、虚词、词序和语调等）构成的一般词组。原则是以固定词组为主，兼顾一般词组。

复次，句子语料的设计。能够反映目标语言语调特征的、经典的日常用语，包含各类简单句（陈述、疑问、祈使和感叹）和复合句（100~300个）。

最后，篇章语料的设计。《北风与太阳》（汉文稿由笔者提供），在本民族中广泛流传的、家喻户晓的短故事（5~10篇）。但不控制濒危语言民间故事语料的量。

1.2　语料编写原则

1.2.1　单音节词编写原则

图2为音节类型和单词结构模式示意图。覆盖该语言所有音节类型（口语、书面语）。对于黏着型语言来说，音节类型与单音节词的结构模式相同。因此，所有音节类型指图2①上的①~⑥类单音节词（音节类型数目由每种语言本身音节类型而定，但至少覆盖这六种）。

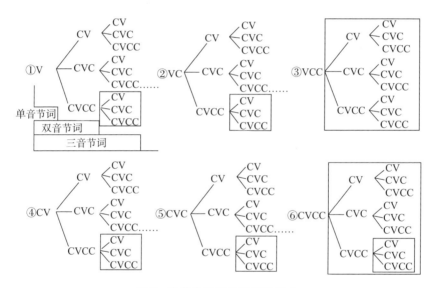

图2　音节类型和单词结构模式

每一个音节类型必须覆盖在该类型中能够出现的所有音位及其变体（所有音段），即覆盖能够构成该音节类型的所有音位及其变体（所有音段）。如：①V指能够单独构成词的所有元音（短长及复合元音）；②VC指

---

①　图2中的V为能够在该位置上出现的所有元音，C为能够在该位置上出现的所有辅音，V代表单元音（V）、长元音（V:）和二合元音（V1V2），CV音节中的V为长元音或二合元音，多音节的结构模式为总体模式。设计词表时根据每种语言的具体情况而定；用方块标记的是在本条件下不构成或很少构成词的音节。

所有元＋辅组合的词，其中 V 为所有元音（短长及复合元音），C 为所有非词首辅音；③VCC 指所有元音和（包括二合元音和三合元音）复辅音组合的词，其中 V 为所有元音（短长及复合元音），CC 为所有复辅音；④CV 指所有辅＋元组合的词，C 为所有词首辅音，V 为所有元音（短长及复合元音）；⑤C1VC2 指所有辅＋元＋辅组合的词，C1 为所有词首辅音，V 为所有元音（短长及复合元音），C2 为能够在词末出现的所有辅音；⑥C1VC2C3 指所有辅＋元＋辅＋辅组合的词，C1 为所有词首辅音，V 为所有元音（短长及复合元音），C2C3 为能够组合并在词尾出现的所有复辅音。

在上述 6 类单音节词（音节类型）中，每类都有能够在该类型中出现的若干个词。如对 CV 来说，C 能够与若干个元音组合，即 nɑː、nəː、niː、nɔː、noː、nuː 等。V 也能够与若干个辅音组合，即 nɑː、pɑː、xɑː、kɑː、lɑː、mɑː、sɑː、ʃɑː、tʰɑ 等。单音节词必须如实地反映上述特点，尽量控制在 150 ~ 200 个词。

1.2.2　多音节词编写原则

多音节词的选词比单音节词的选词复杂。多音节词的选择除考虑上述（单音节词）因素外，还要考虑音节之间音段的搭配和前后音节的开闭问题（语境问题）。图 3 为多音节词音节之间音段的搭配和前后音节的开闭问题示意图。编写多音节词时，注意如下三个问题：必须充分反映元音和谐律问题；考虑好前后音节之间的音段搭配问题，除 CVC ＋ CVC 和 CV ＋ CVC 外，还要考虑非词首音节的开、闭问题（如图 3 所示）；覆盖能够组合的所有单词结构。

图 3　多音节之间音段的搭配和前后音节的开闭问题示意图

在黏着型阿尔泰语系诸语言中，没有类似 CCV、CCVC、CCVCC 等以复辅音开头的音节（书面语中有些以复辅音开头的词不是阿尔泰语系语言的固有词）。在非词首音节中没有类似 V、VC、VCC 等以元音开头的音节。因此，图 2 上没有列出类似 CVC ＋ CCV 和 CVC ＋ VC 等结构的双或三音节词。类似 CVCC ＋ CV 或 CVCC ＋ CVC 等含有三个辅音串的词也较少。图 2 中用方块标记的部分是在阿尔泰语系诸语言中没有或比较少见的词。图 4 是索引库样本示意。

	A	B	C	D	E	F	G	H	I	J
1	No.	Traditional Monggolian	Latin	Phoneme	SAMPA	Allophone	SAMPA	English	Syllable Number	Syllable Types
2	A0001	ᠦᠭᠡᠢ	UGEI	kʰɵe:	k}e:	kʰɵe:	k}e:	none	1	CVV
3	A0002	ᠨᠢᠭᠡ	NIGE	nek	nek	nek	nek	one	1	CVC
4	A0003	ᠡᠨᠡ	ENE	en	en	en	en	this	1	VC
5	A0004	ᠬᠥᠮᠥᠨ	HÖMÖN	kʰʊn	k_h}n	kʰʊn	k_h}n	human	1	CVC
6	A0005	ᠲᠡᠷᠡ	TERE	tʰer	t_he4	tʰer	t_he4	that	1	CVC
7	A0006	ᠭᠠᠷ	GAR	kɵr	k64	kɵr	k64	hand	1	CVC
8	A0007	ᠪᠢ	BT	pi:	pi:	pi:	pi:	I	1	CV
9	A0008	ᠤᠯᠤᠰ	VLVS	ʊlʊs	UlUs	ʊlʊs	UlUs	country	2	V-CVC
10	A0009	ᠪᠠᠰᠠ	BASA	pʊs	p6s	pʊs	p6s	again	1	CVC
11	A0010	ᠳᠡᠭᠡᠷᠡ	DEGER_E	te:r	te:4	te:r	te:r\	on	1	CVC
12	A0011	ᠠᠪ	AB	ɐß	6B	ɐpʰ	6p_h	to take	1	VC
13	A0012	ᠨᠠᠮ	NAM	nɐm	n6m	nɐm	n6m	party	1	CVC
14	A0013	ᠲᠡᠭᠦᠨ	TEGUN	tʰʊ:n	t}:n	tʰʊ:n	t}:n	his	1	CVC
15	A0014	ᠤᠵᠡ	UJE	}ts	}ts	}ts	}ts	to look	1	VC
16	A0015	ᠤᠯᠠᠨ	OLAN	ʊlʊn	UlUn	ʊlʊn	UlUn	more	2	V-CVC
17	A0016	ᠮᠥᠨ	MÖN	mɵ:n	m8:n	mɵ:n	m8:n	yes	1	CVC
18	A0017	ᠭᠠᠵᠠᠷ	GAJAR	kɵtsɵr	k6ts34	kɵtsɵr	k6ts3r\	land	2	CV-CVC
19	A0018	ᠬᠡᠷᠡᠭᠲᠡᠢ	HEREGTEI	kʰerɵktʰæ:	k_he4@\kt_h{:	kʰerɵχtʰæ:	k_he4@\Xt_h{:	need	3	CV-CVC-CV
20	A0019	ᠮᠠᠨ	MAN	mɐn	m6n	mɐn	m6n	we	1	CVC
21	A0020	ᠬᠠᠷ_ᠠ	HAR_A	xɐrʂ	x64	xɐrʂ	x64@_	black	1	CVC

图 4　索引库样本示意

2. 语音信号采集与"声样库"的建立

录音设备采用配置高性能外置声卡、调音台和定向性话筒的手提电脑、电声门仪（EGG）以及 DV 摄影机等。采样率为 22kHz、16bits，双通道记录，S/N 不低于 45dB。在低噪音环境中按照事先准备好的词句表进行语音信号和视频采集。当然，这些只是我们以往采用的方法，目前市场上有多种录音设备供选择。保证音质、选好发音人是本项工作的关键，必须认真对待。录制好的声音文件可以用 audacity 软件进行切音和命名。图 5 为声样库实例。

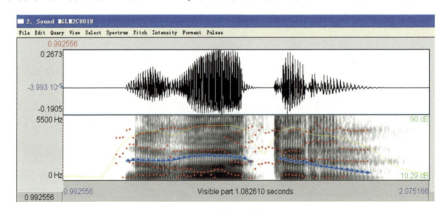

图 5　声样库实例

3．语音标注与"语音标注库"的建立

语音标注分三层（如图 6 所示），其中，第一层为音段标注，采用音素标记法，即怎么读怎么标记，呈现语音音变状况和音段时长；第二、第三层为音节和词标注，采用音位标记法，即根据目标语言的音位系统标记，呈现目标语言的音位系统或书面语面貌。从事语音标注的研究人员不但应具备扎实的语言功底和语言学、语音学知识，而且必须掌握声学语音学的理论知识和声学分析方法。

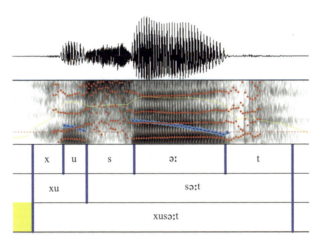

图 6　语音标注库实例

"语音标注库"是"语言声学参数库"研制工作的重要环节。该库能够呈现给读者或使用者每个音段的三维语图及其界限、音标，包括每个词的超音段特征，是图、声音和音标有机结合的语音基础研究的必备库。

4．声学参数标注、采集与"声学参数标注库"的建立

4.1　功能性字段集的设计

功能字段担负着查找和统计每一种语言、每一个词、每一个音节中每一个音段的声学参数的重任，因此它必须包含足够的信息量。为满足查找和统计统一平台中不同语言、处于不同位置和不同条件音段的信息和参数，需要设计统一的功能字段。通过二十几年的努力，我们已探索出以下 15 个功能字段。这些特征集，具有确定性、唯一性、全面性和权威性等特点，能够涵盖所有民族语言的特征。功能性字段分词层、音节层、音段层、发声类型层和声调类型层等 5 层 15 个字段（请见表 1）。

表 1 功能性字段及其说明

层级	字段名	字 段 说 明
词层	No. （物理序号）	No. 为物理序号，以行计，自动形成
	TNo. （分类序号）	TNo. 为分类序号，表示词在该语言"词表"的分类位置，与索引库的"编号"（发音词表）一致。A 为单音节词，B 为双音节词，C 为三音节词，D 为多音节词，P 为词组。如：A0001 代表单音节词表的第一个，B0001 代表双音节词表的第一个，C0001 代表三音节词表的第一个，D0001 代表多音节词表的第一个，P0001 代表词组表的第一个
	WN （声样文件名）	WN 为声样（音）文件名。与索引库的"文件名"字段一致。录音后切音时产生，是唯一的，共由 9 位代码（符号和数字）组成。其中，前 2 ~ 3 位符号为语种名称信息，取目标语言名称的音节首字母；第四位为发音人性别和代码信息，M 为男性，F 为女性；后 5 位与索引库的"编号"相同（请见 TNo.）。如：EWKM1A0001 中，EWK 代表鄂温克语，M1 代表男性 1 号发音人，A0001 代表单音节词的第一个词（句子参数库单独标）。如维吾尔语男性发音人的第一个句子文件名为 WWEM1JZ001，故事分解成句子后编号。词的序号采用千位，句子序号采用百位
	WP （词的读音）	WP 为词的读音，采用音位标记法标记。记音符号：用 IPA 和 SAMPA（Speech Assessment Methods Phonetic Alphabet）码
音节层	SN （词的音节个数）	SN 为词的音节个数，用 1 ~ 9 的阿拉伯数字表示
	S （音节读音）	S 为音节读音，采用音位标记法标记。记音符号：用 IPA 和 SAMPA
	ST （音节类型）	ST 为音节类型。根据以往所涉及语言的音节类型，我们初步确定为 15 类（可以追加）。如：1—V、2—VV、3—VC、4—VVC、5—VCC、6—VVCC、7—C、8—CV、9—CVV、10—CVC、11—CVVC、12—CVCC、13—CVVCC、14—CCVVCC、15—CC 等
	SL （音节位置）	SL 为音节位置。用 1 ~ 9 的阿拉伯数字表示。其中，1 为词首音节，2 ~ 8 为词腹音节，9 为词尾音节
音层	P （音位层标记）	P 为音段读音。记音符号：用 IPA 和 SAMPA。采用音位标记法标记
	PA （音素层标记）	PA 为音段读音。记音符号：用 IPA 和 SAMPA。采用音素标记法标记
	PN （音段序号）	PN 为音段序号，记录词中所有音段的序位。采用阿拉伯数字标记
	PV （音变标段记）	取消原来的数字标记，改用附加符号表示擦化、清化、浊化等音段音变现象。根据元音在语图上的声学表现，可分为正常元音、气化或擦化元音、清化元音（语图上有所表现，即有相应的位置，有时长和乱纹）和脱落（语图上没有任何表现）等四种

续表

层级	字段名	字　段　说　明
音层	PO（音段序位）	PO 为音节中的音段序位。根据以往所涉及语言的音节类型，我们把 C1C2V3V4C5C6 假设为最大音节并根据音节中音段的次序进行了编号。如，C1C2V3V4C5C6，其中 1 为音节首单辅音或复辅音的前置辅音 2 为音节首复辅音的后置辅音 3 为单元音或复合元音的前置元音 4 为复合元音的后置元音 5 为单辅音或复辅音的前置辅音 6 为复辅音的后置辅音
发声类型层	PT（发声类型）	PT 为发声类型（Phonation Type）。根据学者们的研究成果，我们采纳以下 7 种发声类型。如： 1 为正常嗓音（Modal Voice） 2 为紧喉嗓音（Creaky Voice） 3 为挤喉嗓音（Pressed Voice） 4 为气嗓音（Breathy Voice） 5 为气泡音（Fry Voice） 6 为假声（Falsetto） 7 为耳语音（Whisper） 如果目标语言的发声类型问题尚未解决，暂不填写
声调类型层	TT（声调类型）	TT 为声调类型，用阿拉伯数字代替传统的标调。适用于声调类型比较明确的语言。如：55 调标为 1，53 调标为 2，15 调标为 3，13 调标为 4 等

4.2　声学特征参数集的设计

声学特征参数负载着音段所有的声学特征信息，是观察了解音段特征及其变化的密钥，是语音描写研究的基石。为了对不同语言音段或超音段特征之间进行比较研究，需要设计一套统一的声学特征参数。经过二十几年的努力，我们已探索出以下 39 个声学特征参数。其中，除音节时长 SD（单位：毫秒）和词长 WD（单位：毫秒）外，元音和辅音各设计 14 个参数，包括时长，音强，共振峰频率及其前后过渡，清、浊辅音的强频集中区和共振峰频率（为统计分析上的方便采用该名称）；韵律特征设计 6 个参数，包括韵母总时长，调长，调型的起点、折点和终点频率，调型起点至折点的时间长度等；另外，还有辅音谱重心、相对于谱重心的谱偏移量和偏离度（低于谱重心的谱与高于谱重心的谱之比）等 3 个参数（请见表 2～4）。

表 2　辅音声学特征及定义

序　号	代　码	意　义	单　位
1	G	辅音无声间隙	毫秒（ms）
2	VOT	嗓音起始时间	毫秒（ms）
3	CD	辅音时长	毫秒（ms）
4	CA	辅音强度	分贝（db）
5	CF1	清辅音第一共振峰	赫兹（Hz）
6	CF2	清辅音第二共振峰	赫兹（Hz）
7	CF3	清辅音第三共振峰	赫兹（Hz）
8	CF4	清辅音第四共振峰	赫兹（Hz）
9	CF5	清辅音第五共振峰	赫兹（Hz）
10	VF1	浊辅音第一共振峰	赫兹（Hz）
11	VF2	浊辅音第二共振峰	赫兹（Hz）
12	VF3	浊辅音第三共振峰	赫兹（Hz）
13	VF4	浊辅音第四共振峰	赫兹（Hz）
14	VF5	浊辅音第五共振峰	赫兹（Hz）
15	COG	辅音谱重心	赫兹（Hz）
16	Dispersion	离散度	赫兹（Hz）
17	SKEW	倾斜度	无单位

表 3　元音声学特征及定义

序　号	代　码	意　义	单　位
1	VD	元音时长	毫秒（ms）
2	VA	元音强度	分贝（db）
3	TF1	元音前过渡第一共振峰	赫兹（Hz）
4	TF2	元音前过渡第二共振峰	赫兹（Hz）
5	TF3	元音前过渡第三共振峰	赫兹（Hz）
6	TF4	元音前过渡第四共振峰	赫兹（Hz）
7	F1	元音目标点第一共振峰	赫兹（Hz）
8	F2	元音目标点第二共振峰	赫兹（Hz）
9	F3	元音目标点第三共振峰	赫兹（Hz）
10	F4	元音目标点第四共振峰	赫兹（Hz）
11	TP1	元音后过渡第一共振峰	赫兹（Hz）
12	TP2	元音后过渡第二共振峰	赫兹（Hz）

序号	代　码	意　　义	单　位
13	TP3	元音后过渡第三共振峰	赫兹（Hz）
14	TP4	元音后过渡第四共振峰	赫兹（Hz）

表 4　韵律特征及定义

序号	代　码	意　　义	单　位
1	FD	韵母总时长	毫秒（ms）
2	TD	调长	毫秒（ms）
3	SF	调型的起点频率	赫兹（Hz）
4	BF	调型的折点频率	赫兹（Hz）
5	EF	调型的终点频率	赫兹（Hz）
6	BD	调型起点至折点的时间长度	毫秒（ms）

4.3　声学参数采集方法和原则

根据以往对汉语普通话和少数民族语言的生理和声学研究经验，经过多次讨论、反复修改，我们团队制定了下列统一的测量、采集方法和标准（请见表 5 ~ 6）。

表 5　声学特征参数及其测量采集方法和原则（辅音部分）

音段	声学特征参数	测量采集方法和原则
辅音	CD（音长）	（1）塞音和塞擦音的音长是无声段和噪音起始时间的总和，即 CD = GAP + VOT；（2）音节末或词末弱短元音（不构成音节的元音）的音长归其前位辅音并在备注中加以说明
	GAP（无声段）	（1）暂不测量词首塞音、塞擦音的 GAP；（2）不测量浊塞音和浊塞擦音的无声段。浊塞音和浊塞擦音冲直条和噪音横杠（Voice bar）之间出现的 GAP 归 – VOT
	VOT（噪音起始时间）	（1）VOT 起始点的规定：噪音起始时间通常指破裂音除阻到后面元音声带振动起始的时间，我们把元音第二共振峰的出现点作为 VOT 的起始点；（2）浊音 – VOT 时长的测量：从 Voice bar 的起始点到浊塞音的冲直条（破裂点），同时要参照上面"浊塞音和浊塞擦音冲直条和噪音横杠（Voice bar）之间出现的 GAP 归 – VOT"的规定
	CA（音强）	（1）测量点：目标位置上的强度；（2）目标位置的确定，目标位置因辅音而异，如塞音的目标位置一般在其冲直条上，塞擦音、擦音和鼻音的目标位置一般在有声段时长的前1/3 处（理由：该位置较少受前后音段的影响）；（3）要参照目标位置附近的最大能量

续表

音段	声学特征参数	测量采集方法和原则
辅音	CF （清辅音共振峰）	（1）测量清辅音的 1～5 个共振峰（CF1～CF5）；（2）测量点：清塞音、清塞擦音、清擦音目标位置上的 5 个共振峰；（3）目标位置的确定与 CA 项相同，即塞音的目标位置一般在其冲直条上，塞擦音、擦音和鼻音的目标位置一般在有声段时长的前 1/3 处，该标准也适用于复辅音；（4）参考因素：采集清辅音共振峰时参考辅音与前位和后续元音共振峰之间的延续性和对应性，但测量第五共振峰（CF5）时，不宜与元音共振峰联系，要独立测量，还可以参考 View Spectral Clice
	VF （浊辅音共振峰）	（1）测量浊辅音的 1～5 个共振峰（VF1～VF5）；（2）测量范围：浊塞音、浊塞擦音和鼻冠音的浊音（鼻音）部分，浊擦音共振峰、半元音和 [r, l] 等辅音的共振峰；（3）采集方法：浊塞音、浊塞擦音的噪音横杠 Voice bar 的参数填入 VF1，而 Voice bar 之后的频率填入同一行的 CF1～CF5 中，鼻冠音虽是一个音位，但分两行填写参数，即鼻冠音的前半部分——鼻音部分的参数填入第一行的相应参数 VF1～VF4 中，后半部分的参数填入第二行

表 6　声学特征参数及其测量采集方法和原则（元音和韵律部分）

音段	声学参数	测量采集方法和原则
元音	VD （音长）	（1）元音音长的测量方法：元音音长一般以第二共振峰的时长为准；（2）词末元音的音长问题：以波形没有周期信号为准；（3）半元音与元音界限的判断方法：（a）音强差别，半元音的音强比元音弱；（b）音长差别，半元音时长比元音相对短，一般在 40ms 左右；（c）成阻差别，与元音相比半元音有较明显的摩擦成分，这是它与元音之间的主要差别；（4）复合元音的测量方法：首先要找到两个元音的目标点，然后把中间的过渡段一分为二分给两个元音，复合元音的元音音长不一定是等长的；（5）波形可以作为判断半元音与元音、二合元音前后位元音界限的参考依据
	VA（音强）	采集音强曲线峰值，同时兼顾元音是否在目标位置附近
	TF （共振峰前过渡）	元音 4 个共振峰前过渡（TF1～TF4）的测量方法：测量点选在元音起始点
	F （共振峰）	（1）测量采集原则：测量点选在元音共振峰（F1～F4）目标位置；（2）元音共振峰目标位置的特点：（a）相对平稳；（b）共振峰模式典型；（c）能量相对强；（3）测量方法：在 CV 音节中，目标位置尽量选择相对靠后的点，在 VC 音节中目标位置尽量选择相对靠前的点，在 CVC 音节中目标位置尽量选择中间位置；（4）测量元音共振峰时可以参考如下原则：在所有元音中 [i] 的 F1 和 F2 的距离最远，[a] 的 F1 最高，F1 与 F2 较接近，[u] 的 F1 和 F2 最低、最近，[e] 的 F1、F2、F3 分布较均匀
	TP （共振峰后过渡）	元音共振峰后过渡 TP1～TP4 的测量方法：测量点选在元音结束处

续表

音段	声学参数	测量采集方法和原则
韵律	FD （韵母总时长）	韵母的定义：音节中除了声母，后面都是韵母（元音或元音＋鼻韵尾等辅音），非声调语言不测量
	TD （调长）	测量方法：测声调语言调型段内元音（韵母）的音高曲线长度（不包括调型的弯头降尾部分），非声调语言不测量
	SF（调型起点） BF（调型折点） EF（调型终点） BD （调型起点至折点时长）	（1）调型的起点 SF 频率的测量方法：不包括弯头部分，声调和非声调语言均以元音测量，数据放在元音记录行； （2）调型的折点 BF 频率的测量方法：声调中断问题的解决方法，暂采用人工自然连接的方式； （3）调型的终点 EF 频率的测量方法：不包括降尾部分； （4）调型起点至折点 BD 的时间长度的测量方法：无特别提示

4.4　标注原则与方法

自 2012 年 2 月我们课题组开始着手编写 PRAAT 脚本程序，到目前为止已投入使用的工具（程序）有以下几种。（1）自动添加 8 层标注层工具。该工具能够自动生成八层标注文件，分别为：P（音素）、S（音节）、W（词）、PI（音高）、IN（音强）、FO（共振峰）、BS（嗓音横杠和冲直条）、CS（辅音谱重心、偏移量、偏移度）等。其中，第 1 ~ 3 层为语音标注层，第 4 ~ 8 层为参数标注层。（2）自动增加 5 层标注层工具。该工具在原 1 ~ 3 层语音标注层的基础上能够自动增加第 4 ~ 8 层标注层和词边界。（3）自动转换标注文件工具。该工具能够将同一种语言或方言的一位发言人的标注文件转化成另一位发言人的标注文件，节约语音标注时间。（4）自动反转前三层并加五层工具。该工具能够自动反转前三层并增加五层。（5）参数自动标注工具（3.1 版）。该工具目前能够自动标注除第 4 层（PI）和第 7 层（BS）以外的参数。（6）参数自动提取工具（3.9 版）。该工具目前能够自动提取 1 ~ 8 层的参数并自动转化成 TXT 文件。

4.4.1　标注层

以下为 1 ~ 8 层标注层的内容和标记、标注方法。

第一层 P（Phone）为音素（音段 segment）层。该层以音段为单元进行标注。要标注目标词每一个音段的准确界限并按照 "音位变体标记原则"[①]

[①] 从音位学理论的视角看，第一层为音位变体标注层，第二、第三层为音位标注层；在具体标注时，第一步需要标注第三层词的界限，然后再标注第一或第二层。

（发音人怎么说就怎么记，即完全按照声学特征标音）进行标音。

第二层 S（Syllable）为音节层。该层以音节为单元进行标注。在第一层的基础上，要标注目标词每一个音节的界限并按照"音位标记原则"（按照目标语言音位系统）进行标音。

第三层 W（Word）为词层。该层以词为单元进行标注。在第一、第二层的基础上，标注目标词界限并按照"音位标记原则"进行标音。

第四层 PI（Pitch）为音高曲线标注层。该层以音节为单元进行标注。要采集每个音节音高曲线的起始点、折点和结束点等三个点的音高参数，避开音高曲线的"弯头降尾"。音高曲线如果出现"断线"现象，可以人为地延伸。该层尚未自动化。

第五层 IN（Intensity）为音段音强标注层。该层以音段为单元进行标注，只采集每个音段最强点的参数。如果是多音节词，一定要采集每个音节的最强点。该层已实现自动化。

第六层 FO（Formant）为音段共振峰标注层。该层以音段为单元进行标注，要采集每个音段包括元音、浊辅音和清辅音的共振峰和强频集中区频率，统称共振峰频率。其中，元音共振峰要采集三个点，即前、后过渡和目标点频率；清、浊辅音只采集一个点，即目标点共振峰频率。缺少的共振峰用","号（必须是英文逗号）替代。如，200,,3200,,4600，表示没有 F2 和 F4。该层虽然已实现自动化，但对清辅音共振峰提取错误率较高，提取完参数后必须严格检查。目的：一要检验数据的准确性，二要检查没有显示共振峰的","号，特别是清辅音的 F1 一般都不显示。这时一定要手动修改，如:,1200,3200,3800,4600……标记所提取的共振峰位置时，特别注意要避开盲点。

第七层 BS（Voice Bar & Spike）为塞音，包括塞音、塞擦音浊音横杠或冲直条标注层，是音长参数标注层。（1）清塞音和塞擦音，要分词首和非词首。其中，要标记非词首的冲直条位置，不标记词首的，用词界限代替。（2）浊塞音和塞擦音，要标记所有浊塞音和塞擦音的冲直条位置。其中，非词首的有两种情况。第一种为如果嗓音横条（Voice Bar）之前有 GAP，要标记嗓音横杠起始点位置和冲直条位置。第二种为如果嗓音横杠之前没有 GAP，即嗓音横杠直接与前音节元音的 F1 连接时，只标记冲直条位置。这种情况下，只有嗓音横杠长度和 VOT 长度。该层尚未自动化。

第八层 CS（Consonant Spectrum）为除塞音（塞音和塞擦音）以外其他辅音的谱重心、偏移量和偏移度标注层。该层已实现自动化，只标记词的界限即可（参见图 7）。

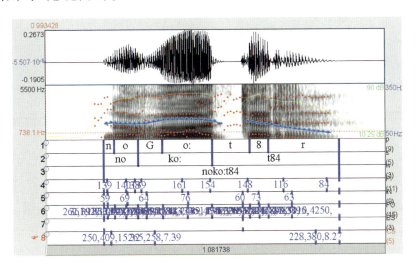

图 7　声学参数标注实例

提示：（1）"参数自动标注"程序的用法：一定要用 PRAAT 的 Open PRAAT script 打开；先标注完后，run 改程序。注意：run 之前要检查光标是否在 TextGrid 上（不能在 Sound 上）；要检查 PI、IN、FO 等是否显示；PRAAT 的 run 完之后，要检查数据。其中，特别注意检查清辅音共振峰数据。如果有修改部分，不能再 run，一定要保存。（2）关于 PRAAT 有些参数的设定问题。Formant Settings：分析男性发音人语料时，设定为 5000Hz；女性为 5500Hz。Pitch Settings：分析男性发音人语料时，设定为 75～300Hz；女性为 100～500Hz。这些设定，对参数的影响不会很大。上述设定是开发 PRAAT 软件的工程师们的建议，我们应该遵循。

4.4.2　辅音的声学表现

辅音在语图（spectrogram）上的声学表现可以分解为以下基本模式。

冲直条（Spike）：塞音破裂产生的脉冲频谱，表现为一直条，时程很短，10～20ms，意味在所有的频率成分上都有能量分布。

无声空间（Gap）：在塞音和塞擦音破裂之前有一段空白，这是辅音成阻、持阻时段的表现，造成清塞音的效果；这一段虽是空白，但对塞音感知来说是不可缺少的。

嗓音横杠（Voice bar）：这是声带振动的浊音流经鼻腔辐射到空气中在语图上的表现，冲直条之前若有一条500Hz以下较宽的嗓音横条，说明这是浊塞音。

乱纹（Fills）：这是气流流经口腔某部位狭窄通道造成的湍流，所有的擦音在语图上都表现为乱纹。

共振峰（Formant）：其定义与元音相同，鼻音、边音都有共振峰。

CS（Consonant Spectrum）：代表辅音的谱重心、偏移量、偏移度。

4.4.3 清辅音共振峰标注原则与方法

元音和辅音在词中的每个共振峰都是围绕各自的一条线上下移动。这些线就像一条橡皮带，随着共振峰的变化而上下摆动。因此，就像图8~10（为读者展示我们"语音标注库"原始面貌保留SAMPA码标注方式，下同）中所显示的那样，词中元音和辅音的每一个共振峰都会绘制一条完美的波浪线。原因：每个人的共鸣腔是固定的，决定上下移动幅度的是舌位（高低前后）。这完全符合发音机理。图8~10中几种语言词的共振峰波浪线对于元音和辅音共振峰的理解和采集，特别是对于清塞音、塞擦音和擦音共振峰的准确采集具有非常重要的意义。我们采用"顺藤摸瓜"的方法，可以比较容易地找到清塞音、塞擦音和擦音的几个共振峰。词中元音和辅音的共振峰对应规律为：

F1⇔VF1⇔CF1；F2⇔VF2⇔CF2；F3⇔VF3⇔CF3；

F4⇔VF4⇔CF4；F5⇔VF5⇔CF5

其中，CF1不稳定，有时比较明显，有时不明显，根据具体表现确定是否采集该参数。有关清辅音共振峰模式，请见图8~10。

4.4.4 鼻音对其前后音段共振峰的影响问题

如果一个词中有鼻音［m，n，ŋ］，可能会中断或打乱共振峰连接。这是因共鸣腔的改变或转换而发生的变化，主要表现在元音的F2和F3之间会出现"多余"的共振峰，即传统语音学中所说的"鼻化"。在这种情况下，忽略鼻音的影响而找到元音共振峰的准确位置是非常必要的（参见图11）。

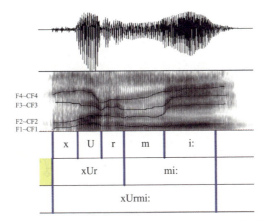

图 8　土族语［xʊrmiː］"裙子"一词的 CF "波浪线"

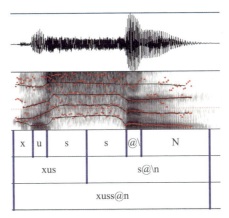

图 9　蒙古语［xussəŋ］"所希望的"一词的 CF "波浪线"

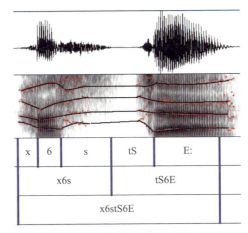

图 10　蒙古语［xɐstʃɛː］"减了"一词的 CF "波浪线"

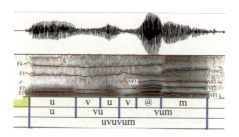

图 11 锡伯语［uvuvəm］"卸（货）"一词的 CF "波浪线"

4.4.5 闪音声学表现及其标注原则与方法

在蒙古、土、东部裕固、鄂温克、鄂伦春和哈萨克等族语言中都有/r/～/ɾ/辅音音位。在这些语言中，该音位的出现频率也相当高。目前，我们发现了以下四种变体［ɾ, r, ʒ～z̧, ɹ］。其中，我们对闪音［ɾ］[①] 语图的认识是随着分析语言的增多而逐渐深入的。典型闪音语图是"浊音横杠＋无声段＋浊音横杠"。在以往的研究（呼和，2009）中，我们把无声段之后的浊音横杠处理成弱短元音。通过比较上述阿尔泰语系诸多语言闪音之后，我们觉得处理成弱短元音不妥，因为该部分正是把闪音归为浊音的主要依据。通过分析发现，不管出现在什么样的语境下，如元音之间（-VɾV-）、音节首（-ɾV-）和音节末（-CVɾ-）等，闪音都能够保持其"浊音横杠＋无声段＋浊音横杠"模式。目前我们区分闪音与颤音的标准只限定在所颤的数量上，即颤一次为闪，两次或两次以上为颤音，即 r = ɾ + ɾ + ……。

图 12～17 是不同语言和不同位置、不同语境中出现的闪音实例。标注时，以其前元音结束段为起始点（包括暂短的无声短）一直到后面的浊音横杠的结束点作为其音长。

闪音在清辅音之前（–Vɾ/C 清–）有时会清化为［ɹ］音。这种变体在蒙古语中较多，蒙古语族其他语言中也会出现（请见图 16）。

4.4.6 音高曲线三点的标记原则与方法

为了准确无误地采集每一个音节音高曲线，我们制定了以下标记方法。因为阿尔泰语系语言没有声调，为此研究描写词重音时我们只需采集三点

---

① 闪音共振峰参数只采集中间目标位置，不采集前后过渡段。参数填入与该闪音相应的浊辅音字段中，即 VF1～VF4。闪音音强采集点应与其共振峰目标点一致。颤音：标注和时长、共振峰的采集方法与闪音相同，颤音音强采集点应与其共振峰目标点一致。

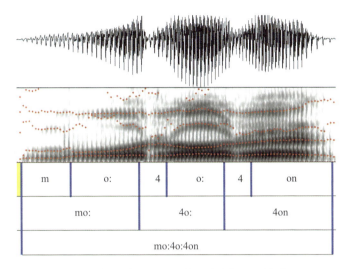

图 12　鄂伦春语［moːɾoːɾon］"呻吟"一词的波形图、
三维语图和标注实例

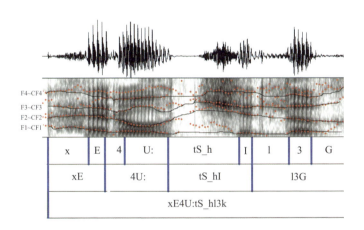

图 13　蒙古语［xɛɾʊːʧʰilɜɣ］"责任"一词的波形图、
三维语图和标注实例

即可。图 18 为音高曲线采集原则和方法。

5. 声学参数自动标注与提取系统

尽管通过二十多年的语音实验研究和描写研究实践，我们团队对语音声学特征有了新的认识，积累了测量和采集声学特征参数的丰富经验，但是声学参数采集工作仍然非常艰难。这是因为仅仅依靠手工标注和采集，一方面，工作量大，错误率高，效率低，无法保证实验方法和实验数据的

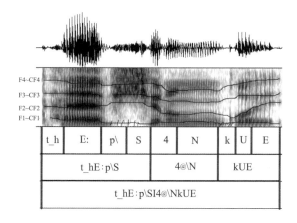

图 14 蒙古语 [tʰɛːɸʃɾŋkʊɛ] "安详的" 一词的
波形图、三维语图和标注实例

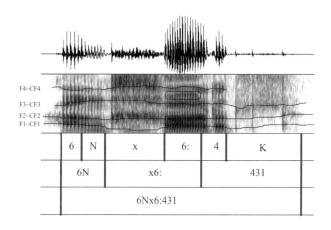

图 15 蒙古语 [ɐŋxeːɾl] "注意力" 一词的
波形图、三维语图和标注实例

可重复性，更无法实现语音声学研究工作的规范化和标准化；另一方面，由于声学特征定义及其提取方法和标准难以统一等原因，导致了语言之间难以相互比较、研究成果无法相互借鉴的后果。为了避免上述弊端，必须解决语音声学参数库研制工作的自动化问题，语音声学参数自动标注和提取是首先要解决的问题。

为推动语音声学实验研究工作的规范化和标准化进程，自 2013 年年初开始，根据多年积累的语音声学参数库研制经验，在呼和研究员的倡导下，由周学文副研究员编写完成并投入使用了"语音声学参数自动标注/提取系

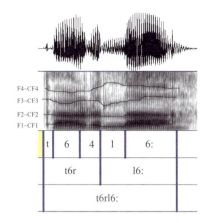

**图 16　东部裕固语［tɕrleː﹣］"兴盛"一词的
波形图、三维语图和标注实例**

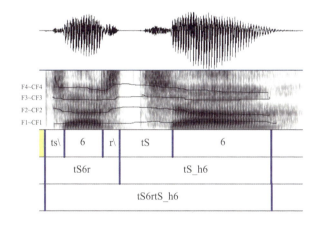

**图 17　东部裕固语［ʧɛɹʧʰɐ］"雇工"一词的
波形图、三维语图和标注实例**

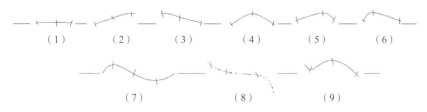

图 18　音节音高曲线模式及其测量方法示意图

统"（周学文、呼和，2014）。该系统具有标准统一、数据完整、简单高效、可校对、能容错的特点。与手动采集声学参数相比，该系统能够减少大量的填写数据的工作量，减少人工标注的随意性，既减少工作量，又降低错误率，能够有效提高语音声学参数库研制效率，确保实验方法和实验数据的准确性和可重复性。

声学参数自动标注和自动提取两个工具共有源代码大约 1500 行，自动标注实现了除冲直条外所有声学参数的自动标注，自动提取软件增加了谱重心、偏移量、韵律参数等新的参数的自动计算和提取，两款软件经过了多个用户、大量数据的运行实践和改进，证明了其稳定和高效，极大提高了参数标注和提取的工作效率。

表 7　八层标注文件结构实例

第一层：音素	音素
第二层：音节	音节
第三层：词	词
第四层：音高	音高（每音节取三点：起点、折点、终点）
第五层：音强	音强（每音素最大音强）
第六层：共振峰	共振峰（辅音一点、元音三点，每点最多五个共振峰）
第七层：浊音杠与冲直条	塞音/塞擦音的浊音杠和冲直条位置（除词首清塞音和清塞擦音以外）
第八层：辅音谱	除塞音/塞擦音以外辅音的谱特征

为了对声学参数进行标准化标注和自动提取以及减少人工标注的随意性，在提出八层标注文件结构（请见表 7）的同时，制订了归一化的标注标准和标注点。该结构涵盖了音段和超音段主要声学特征。标注方法如下：在 PRAAT 环境下将标注文件与语音文件同时打开后，用户按照统一的标注标准和方法，选定标注位置（音高、音强、共振峰和浊音杠与冲直条），执行自动标注软件，系统把具体值自动标注到所选位置上，用户只需校对、修改和确认即可。有了该系统，语音实验人员可以把主要精力集中到对语音特征的分析和比较上，不再为手工填写大量数据而发愁。这样既减少工作量，又降低错误率。

图 19 为自动提取软件运行界面。自动提取软件是一款高效而稳定的软件，它主要完成如下工作。（1）根据 SAMPA-C 码定义，判断音素的元音/

辅音属性。如果是辅音，还要判断其清/浊、塞音塞擦音/非塞音塞擦音属性。（2）根据音节内音素的组合，判断音节类型并得到类型号、音节位置和数量、词/音节/音素长度，将音高值赋予音素，将共振峰值串（可能有逗号分隔的缺省值）分解得到 F1~F5，并根据元音/辅音属性，分别赋予各自的共振峰，将音高赋予音节的属性。（3）根据第七层的冲直条和浊音杠标记，与第一层的音素进行匹配，根据词首/非词首、清/浊属性，将各个标记解释为冲直条或浊音杠，计算得到 GAP、VOT 和音长，再赋值给音素。（4）第八层将计算得到的辅音谱特征值赋予辅音等。

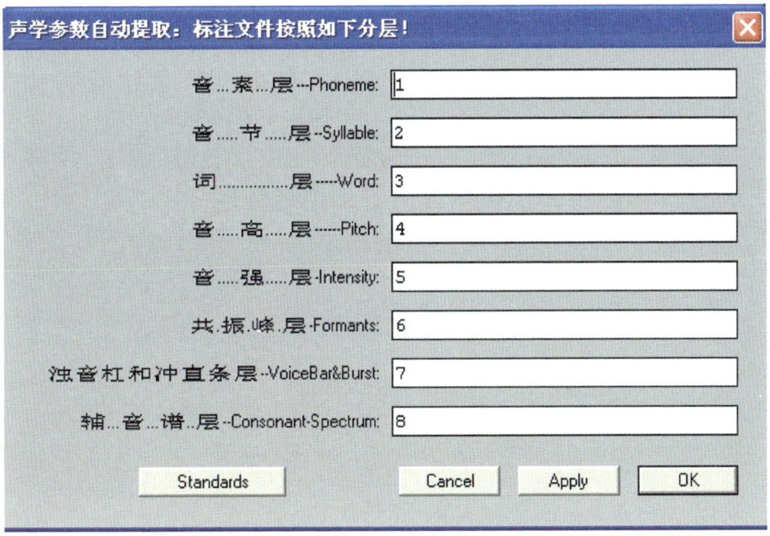

图 19　自动提取软件运行界面

　　语音声学参数自动标注/提取是我们整个工作的关键。语音声学参数的准确而高效提取能够有效提高语音声学参数库研制效率，确保实验方法和实验数据的准确性和可重复性。声学参数提取技术上的改进为逐步实现语音声学参数库研制工作的全面自动化，推动语音声学参数库研制和语音声学实验研究工作的规范化和标准化进程。类似资源库创建中计算机技术的运用，将需要计算机技术人员和语言学者互相结合、协同作战、进行攻关。

（二）语音声学参数统一平台建设

　　我们正在建设的统一平台是构建少数民族语言统一（通用）的自然语

言语音处理平台。统一平台将利用现代科技，以数据库（量化和数字化）的形式完整地保存少数民族语言音段和超音段的声学参数。出于对多语种语音系统的全面考虑，选择能有效表征目标语言语音系统各种语音现象的声学特征，把所分析、测量到的数据集合成一个完整的语音声学参数库。在此基础上，研发统一平台。用户利用统一平台可以完成查询检索多语种语音声学参数内所有的信息，可以任意设定查询的组合条件，可以对结果集按照任意字段排序，可以在结果集合中查询词/音素之间任意切换，可以手动/自动对查询结果集进行选择并把选择的结果输出到 EXCEL 等。统一平台还有统计、分析和分类等功能。随着容纳更多语言声学参数库，可以根据用户需求，改进界面的友好性和系统的强壮性（鲁棒性 Robustness）。图 20 是目前使用的统一平台界面。

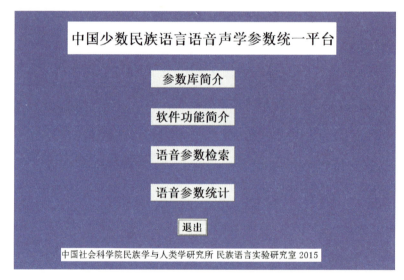

图 20 "中国少数民族语言语音声学参数统一平台"界面

基于几种语言语音声学参数库上搭建的统一平台的特点如下。（1）实用性：基本上包含了所有音段的主要声学特征，能够满足所有的参数提取、统计分析和比较研究；（2）稳定性：确保了数据库主要结构的稳定性（参数库的扩充不影响其稳定性），这样才能有利于声学参数的积累；（3）扩充性：确保了数据库的可扩充性，以便满足新参数和结构的微调。该平台能够确保数据库内容的维护，包括增加、删除、修改、查询；确保方便提取所有参数，满足相关研究。

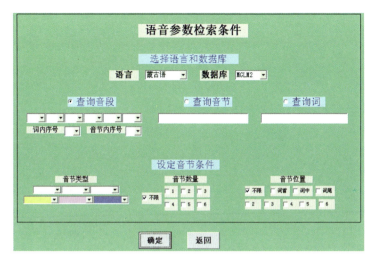

图 21 语音参数检索条件

二 丛书的研究思路、方法和内容

"中国少数民族语言方言实验研究丛书"是基于"统一平台"的研究成果，是我们团队多年合作研究的结晶。该丛书在以往研究的基础上，针对民族语言语音研究的历史和现状，从解决所面临的实际问题出发，采用声学语言学的理论和方法，对目标语言的元音、辅音等音段特征和词重音等超音段特征进行了较全面、系统的定量和定性分析。

（一）在元音研究方面

（1）对每一个元音进行系统的统计分析，统计参数（项）包括音长、音强、目标位置共振峰及其前后过渡频率。统计内容有平均值、标准差、变异系数、最大值、最小值等。

（2）基于参数平均值，确定每一个元音的音值，并列举每一个元音的三维语图作为旁证。

（3）根据每一个元音在声学空间中的分布格局，分析探讨其过去、现在和未来的变化规律。

（4）观察分析音节数量与元音声学参数之间的关系问题、音节类型与元音声学参数之间的关系问题、辅音音质对元音共振峰的影响问题、辅音位置对元音共振峰的影响问题等。

（二） 在辅音研究方面

（1） 对每个辅音进行系统的统计分析，统计参数（项）包括音长、音强、目标位置共振峰（CF1～CF3）等，统计内容有平均值、标准差、变异系数、最大值、最小值等。

（2） 通过统计每一个辅音在词中不同位置中的出现频率，确定其在词中的出现频率特点。

（3） 基于三维语图，阐述每一个辅音声学特点（声学表现）。

（4） 根据每一个辅音的共振峰分布模式，确定其在声学空间中的分布特点。

（5） 用 VOT－GAP 二维坐标观察分析塞音、塞擦音的声学格局。

（6） 用 COG（辅音谱重心，简称谱重心）、STD（相对于谱重心的谱偏移量，简称谱偏移量）和 SKEW（偏离度，低于谱重心的谱与高于谱重心的谱之比）等三个参数探讨了清擦音和浊辅音的谱特点和谱参数分布规律。

（7） 观察分析词中位置对辅音的影响问题、后续元音音质对辅音共振峰的影响问题。

（三） 在词重音研究方面

从单词韵律模式和词重音问题入手，阐述了语音四要素与目标语言词重音性质之间的关系问题；基于声学参数分析了词重音功能与作用问题，并从类型学的视角对词重音位置问题进行了解释。

（四） 在音系研究方面

基于实验音系学理论和方法，对目标语言的音系进行了较全面系统的分析和归纳。

（五） 在语音学理论方面

通过解读声学元音图（元音声学空间动态分布图）中不同元音音位及其变体之间的叠加现象，元音阴阳（松紧）属性与和谐律之间的差异性，阐述了音位与变体、属性与规则、规则与实施等层面的绝对性和相对性问题，即语音学理论的相对性和绝对性等问题。

第一章
鄂温克语研究概况

鄂温克语属阿尔泰语系满—通古斯语族，通古斯语支语言。属于该语支的语言有：涅吉达尔语、埃文基语（或真通古斯语）、拉穆特语和索伦语。① 鄂温克语属跨境语言，除中国外，俄罗斯远东地区也有语言分布。鄂温克语是黏着型语言，没有声调，没有文字；以单词为基本单位，一个单词由若干个音节组成；有比较复杂的附加词缀系统。根据 2010 年第六次全国人口普查统计数据显示，中国境内鄂温克族人口有 30875 人。中国境内鄂温克语具有代表性的三大方言是辉河方言、莫尔格勒河方言、敖鲁古雅河方言。其中，辉河方言简称辉方言，历史上被称为"索伦语"或"索伦鄂温克语"。使用辉方言的鄂温克人分布在内蒙古自治区呼伦贝尔鄂温克族自治旗、莫力达瓦达斡尔族自治旗、鄂伦春族自治旗、阿荣旗、扎兰屯市以及黑龙江省讷河和嫩江等旗县。使用该方言人口占鄂温克族总人口的 90%以上。莫尔格勒河方言简称莫方言或陈方言，历史上被称为"通古斯语"或"通古斯鄂温克语"。使用该方言的鄂温克人主要分布在内蒙古自治区呼伦贝尔市陈巴尔虎旗莫尔格勒鄂温克苏木、鄂温克族自治旗锡尼河东苏木和孟根楚鲁苏木。敖鲁古雅方言简称敖方言，曾被称作"雅库特语"或"雅库特鄂温克语"。该方言主要分布在内蒙古自治区额尔古纳左旗敖鲁古雅鄂温克民族乡和鄂伦春自治旗。② 根据鄂温克人相关历史文献及其现行语言实际情况，本文采用了索伦方言、通古斯方言、雅库特方言等称谓。

---

① N. 鲍培著，周建奇译，照日格图审校，《阿尔泰语言学导论》，内蒙古教育出版社，2004 年，第 33 页。

② 朝克：《鄂温克语研究》，民族出版社，1995，第 3 页。

通古斯方言情况比较复杂。居住在莫尔格勒河流域的哈姆尼堪人操着哈姆尼堪蒙古和哈姆尼堪鄂温克两种语言。其中，哈姆尼堪鄂温克语为以上所说的鄂温克语通古斯方言。该方言包含宝如金和纳美达两个土语。哈姆尼堪蒙古语是整个哈姆尼堪人内部所使用的通用语言，它与其他蒙古语方言土语有所差别。哈姆尼堪鄂温克语只使用于哈姆尼堪鄂温克家庭内部，其使用范围非常有限。通古斯方言与雅库特方言或鄂伦春语之间较接近。哈姆尼堪鄂温克人属双语人，他们同时掌握着哈姆尼堪蒙古语和哈姆尼堪鄂温克语。鄂温克语三个方言具有一些相同的基本词汇，它们之间的语音差异较大。三个方言之间无法用鄂温克语交流，需借助蒙古语或汉语。除中国的鄂温克族以外，在俄罗斯远东地区也居住着部分鄂温克人，他们被称为埃文或埃文基人。本书只讨论中国境内鄂温克语索伦方言的语音特点。

国外对鄂温克语乃至通古斯语支语言的研究工作，早在 18 世纪初就开始了。德国和俄罗斯的语言学家对俄罗斯境内的通古斯语进行了详细的调查研究。其中，首次对鄂温克语进行田野调查的是德国民族学学者 G. 威森。他于 1705 年，在威斯巴登出版了《鄂温克语词汇笔记原稿》。其后，俄国语言学家阿力克桑德尔和伊瓦诺夫斯基分别出版了《通古斯诸语语法教科书》（1856 年）和《索伦语与达斡尔语》（1894 年），第一次向世人较系统地展示了鄂温克语语音、词汇、语法等方面的基本特征。在 20 世纪中前期，苏联诸多语言学家对通古斯语支语言进行了大量的研究，撰写出版了诸多较有价值的论著。① 除此之外，还有蒙古国学者 B. 仁钦的

---

① 如，施密特的《涅吉达尔语》（《拉脱维亚大学学报》，1922）、《鄂伦春人的语言》（《拉脱维亚大学学报》，1927）；清齐乌斯的《埃文语（拉穆特语）语法纲要》（列宁格勒，1947）、《通古斯满洲语比较语音学》（列宁格勒，1949）、《论满—通古斯语基本词汇的比较研究》（《列宁格勒师范学院学报》，1954）；清齐乌斯与戈尔柴夫斯卡娅合著的《苏联境内的满—通古斯语的研究》（《列宁格勒师范学院学报》，1960）；清齐乌斯和里舍斯合编的《俄埃词典》（莫斯科，1952）；清齐乌斯与戈尔柴夫斯卡娅合著的《满—通古斯语比较词典（词源资料）》（第 1 卷）（列宁格勒，1975）；梅尔尼科娃和清齐乌斯合著的《涅吉达尔语研究资料》、《通古斯语集》（一）（列宁格勒，1931）；本清的《通古斯语比较语法试编》（威斯巴登，1955）、《拉穆特语语法》（威斯巴登，1955）、《通古斯语》（威斯巴登，1956）；格鲁伯的《附有其他通古斯方言参考资料的果德词汇表》（圣彼得堡，1900）；鲍培的《索伦语资料》（列宁格勒，1931）；瓦西列维奇编写《通古斯满洲语分类问题》（《语言学问题》，1960）、《埃文基（通古斯语）语法纲要》（列宁格勒，1940）；诺维科娃的《通古斯满洲语语音统一标音方案》（莫斯科—列宁格勒，1961）、《艾文语方言纲要》（莫斯科—列宁格勒，1960）；苏尼克的《通古斯满洲语中的动词》（转下页注）

《蒙古国哈穆尼堪语》（乌兰巴托，1969）和日本学者津曲敏郎[①]和风间仲次郎等[②]的成果。还有芬兰学者尤哈·杨虎嫩的《中国东北哈姆尼堪人的语言》、《鄂温克语的未来》（《蒙古学情报与资料》，1991）等论文。

上述文献从语音、语法、词汇等方面较深入地探讨了俄罗斯境内的包括鄂温克语在内的通古斯语支语言。但他们的研究很少涉及中国境内的鄂温克语。

与国外相比，国内的鄂温克语研究虽然起步较晚，但硕果累累。如，贺兴格等主编的《鄂温克语词汇》（民族出版社，1983），胡增益、朝克等撰写的《鄂温克语简志》（民族出版社，1986）和朝克先生的多部成果。[③]除此之外，还有涂吉昌等编著《鄂温克汉语对照词汇》（1999），乌热尔图的

（接上页注①）（莫斯科—列宁格勒，1962）、《满—通古斯语句法纲要》（列宁格勒，1947）、《论满—通古斯语群的类型特征》（《语言学问题》，1957）。另外还有苏尼克和阿尔科尔合编的《埃文基（通古斯）民间文学资料》（莫斯科—列宁格勒，1936）；康斯坦丁诺娃的《埃文基语、语音、词法》（莫斯科—列宁格勒，1964）和康斯坦丁诺娃和列伯德娃合编的《埃文基语》（《中等师范学校教学参考书》，莫斯科—列宁格勒，1953）；鲍古拉兹的《拉穆特语资料》（一）（《通古斯集》，列宁格勒，1931）；阿甫罗林的《满—通古斯语分类》（莫斯科，1960）；戈尔柴夫斯卡娅的《满—通古斯语研究纲要》（列宁格勒，1959）；波伊卓娃的《埃文基语中的人称范畴》（莫斯科，1940）；科特维奇的《巴尔古津地区的通古斯方言》（《东方学论丛》，1932）；希罗科戈罗夫编写的《通古斯语词典》（通古斯语—俄语和俄语—通古斯语）（日本东京，1944）；瓦西列维奇编写的《埃俄词典》（莫斯科，1940），《俄鄂词典》（《俄通词典》，莫斯科，1948）、《鄂俄方言词典》（列宁格勒，1934）、《鄂俄词典》（莫斯科，1958）、《埃俄词典》（莫斯科，1958）、《埃俄方言学词典》（列宁格勒，1934）；列文编写的《埃俄简明词典》（列宁格勒，1936）等诸多词典。

① 津曲敏郎等《通古斯语的类型和差异》（1990）、《关于通古斯诸语及相关语言的所有式和让步式》（1992）、《通古斯诸语言以及文化》（1995）、《满通古斯语言文化研究的新进展》（1996）、《温克语敖鲁古雅方言》（1997）、《中国的通古斯诸语言》（2003）；津曲敏郎与黑田新一郎合著的《通古斯语言文化论文集》（1991）。

② 风间仲次郎等《关于通古斯诸语言方位名词》（1993）、《通古斯诸语言基本名词》（1997）、《通古斯诸语言基础词汇里的动词和形容词》（1998）、《关于通古斯诸语言的确定宾格》（1999）、《关于通古斯诸语言表示让步的后缀》（2001）、《关于通古斯诸语言动词使动态的形态变化》（2002）。

③ 朝克的《鄂温克语基础词汇集》（日本东京外国语大学，1991）、《鄂温克语研究》（民族出版社，1995）、《鄂温克语形态音论及语法形态论》（日本外国语大学，2003）、《基础鄂温克语》（日本东京大学书林，2005）、《鄂温克语参考语法》（中国社会科学出版社，2009）等；朝克与津曲敏郎、风间仲次郎合编的《索伦语基本列文集》日文版（日本北海道大学，1991）；朝克著，津曲敏郎编的《鄂温克三大方言（转下页注）

《鄂温克族历史词语》（2005），吉特格勒图的《鄂温克语研究》（蒙文，2008），斯仁巴图的《鄂温克语与蒙古语语音及名词语法范畴比较研究》（博士学位论文，2007），森德玛的《哈穆尼堪鄂温克人及其他们的口语》（《内蒙古大学学报》，2007），杜·道尔吉的《鄂温克汉语词典》（内蒙古文化出版社，1998）。其中，《鄂温克汉语词典》是目前在国内出版的唯一一部大型鄂温克语词典。但这些成果几乎都集中在索伦方言（辉方言），涉及通古斯方言和雅库特方言的研究较少，并且都是基于传统语言学理论和方法上的研究成果。

对鄂温克语语音进行较系统的实验研究是自 2008 年呼和研究员所承担的教育部语信司项目"达斡尔、鄂温克、鄂伦春语语音参数数据库"（MZ115-77）开始的。在该项目的资助下，该团队建立了较大型的"鄂温克语语音声学参数数据库"，并利用该参数库撰写发表了系列论文。例如，乌日格喜乐图、哈斯其木格、呼和的《鄂温克语短元音声学分析》（《满语研究》，2010）；乌日格喜乐图、呼和的《鄂温克语双音节词韵律模式研究》[第十一届全国人机语音通讯学术会议（NCMMSC2011），2011 年 10 月，西安]；乌日格喜乐图的《基于语音声学参数数据库的鄂温克语辅音研究》（《实验语言学》，2013）；呼和的《鄂温克语词首音节短元音声学分析》[《中央民族大学学报》（哲社版），2016]；乌日格喜乐图的《鄂温克语辅音研究》（《中国社会科学院民族学与人类学研究所第二届青年论坛论文集》，2015）；乌日格喜乐图的《关于鄂温克语音节》（《蒙古语文》，2015）；乌日格喜乐图的《鄂温克语前音元音声学分析》（《民族语文》，2014）；乌日格喜乐图的《鄂温克语元音和谐律研究》[《中央民族大学学报》（哲社版），2014]；乌日格喜乐图的《鄂温克语词末短元音实验研究》（《满语研究》，2017）。

（接上页注①）对照基础语汇集》（日本小樽商科大学，1995）和《中国通古斯诸语基础词汇对照》（日本小樽商科大学，1997）。

第二章
鄂温克语元音声学特征

一 鄂温克语元音基本特征

（1）元音音长具有对比功能。鄂温克语有长短对立的［ɐ，ə，i，ɪ，e，ɔ，ʊ，o，u］和［ɐː，əː，iː，ɪː，eː，ɔː，ʊː，oː，uː］等9对基本元音音位。我们的实验结果证明，鄂温克语长、短元音不但在音长方面有所差异，它们之间也存在一定的音值差异。不过人的耳朵是不能够区别它们之间的这一细微差别的。

（2）有［ɐi，əi，ʊi，ui］等二合元音。二合元音其实不是两个单元音的简单组合，而是从一个音过渡到另一个音的一串音，是结合十分密切的整体。二合元音的首、后位元音的音质与单元音有所差别。它的发音过程至少有起始段、过渡段和结束段，并且过渡段决定结束段的趋向。为此，描写二合元音时不能忽视过渡段音。

（3）鄂温克语元音有松、紧（阴阳）之分。松（ə，əː；i，iː；o，oː；u，uː；əi，ui）和紧（ɐ，ɐː，e，eː，ɪ，ɪː，ɪə，ɔ，ɔː，ʊ，ʊː，ei，ʊi）两类元音的共振峰分布有明显的规律性。主要表现为所有紧元音的F1都比松元音的F1大，在生理上体现为松元音的舌位都比紧元音高。在声学元音图上构成"松在上，紧在下，互不重叠"（呼和，2009）的格局。

（4）具有均匀而较严紧的元音和谐律。鄂温克语元音和谐律的核心内容是：在同一个词中前、后元音之间的相互影响和相互制约的关系问题。

（5）词中位置对鄂温克语元音音长和音色的影响较大。如，在类似 S－S、S－S－S 或 L－L、L－L－L（这里的 S 代表短元音，L 代表长元音）等含有同类元音的双音节或三音节词中，词首音节元音都比非词首音节元音相对长，依次分别为：词首音节元音长度＜词中音节元音长度＜词尾音节元音长度。这里所指的长、短指物理长度，而不是指音系学上的长、短。

（6）非词首音节短元音有了央化或［ɘ］化趋势。

总之，鄂温克语元音系统中存在如下对立：长、短对立；圆、展唇对立；单、复对立；松、紧对立。

二 元音声学特征参数及分析方法

（一）共振峰

在描写和阐述元音声学特征时，首先要阐述其共振峰问题。因为共振峰是元音音质最主要的声学特征（标志），由声带振动作为激励源经声腔共鸣而形成。因不同元音有其不同的声腔形状，故有其不同的共振峰模式（Formant Pattern）。一般说来每个元音有 5 个共振峰，习惯用 F1、F2、F3、F4、F5 等符号表示。本书主要利用 F1、F2 和 F3 等参数描写鄂温克语元音的音质特征。其中，F1 和 F2 对元音音色起到重要的作用，圆唇作用（唇形面积减小），虽然会使所有共振峰频率降低，但受影响的程度是不同的，F2 的影响更明显；F3 与舌尖翘舌动作有关，舌尖上翘越向后移（卷舌动作）舌面下凹，舌根微抬，此时声道被明显地分割成三个腔体，F3 会出现明显的下降。舌尖元音也有类似倾向（鲍怀翘，2005）。图 2.1 显示了男性发音人（M1）所说的［miːr］"肩膀"、［nɐːl］"手"和［tʃuː］"家"等词中［iː］［ɐː］［uː］等元音的共振峰分布模式。

（二）声学元音图

在语音学研究中共振峰参数是十分重要的。但也只有把它与元音的舌位状态联系起来并能有效、形象地说明它们之间的区别时，才有意义。就像元音舌位图一样给人以直观、逼真的视觉效应。声学元音图（元音共振峰图）是利用共振峰的数值将元音安排在适当的位置上，既能与舌位图相比较，又能符合听感上的区别距离（鲍怀翘，2005）。Eli Fischer-Jrgensen（1958）认为，声学元音图应成为能安排某一特定语言音位及其变体的声学

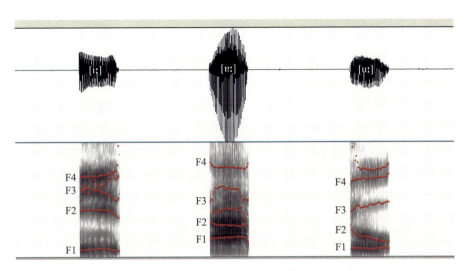

图 2.1　鄂温克语 [iː，eː，uː] 等元音的共振峰分布模式（M）

空间。从该目的出发，人们一直在尝试用各种数值单位和不同坐标系统的
声学元音图。如，Joos 型声学元音图（1948），Fant 型声学元音图（1958）
和 Ladefoged 型声学元音图（1976）等。本书将使用 Joos 型声学元音图分析
和阐述鄂温克语元音的声学模型（格局）。如，图 2.2 为男性发音人的词首
音节长、短元音的声学元音图（均值）。

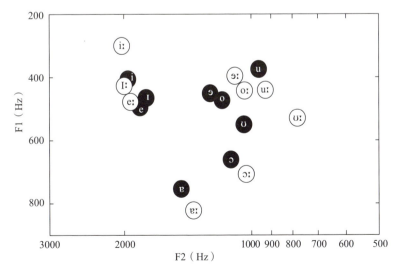

图 2.2　鄂温克语词首音节长（空心圆）和短元音
（实心圆）声学元音图（M）

（三）元音的音长、音高和音强

元音声学特征除共振峰外，还有音长、音高和音强等特征。对于像鄂温克语这种元音音长具有对比功能的音长语言（Quantity Language）来说，音长特征尤为重要。如，从图2.3中，我们可以看到如下有趣的现象，随着词首音节长元音、词首音节短元音和非词首音节短元音的发音时间（音长）的相对缩短，元音舌位三角形变小，构成了大、中、小三个不同的三角形。

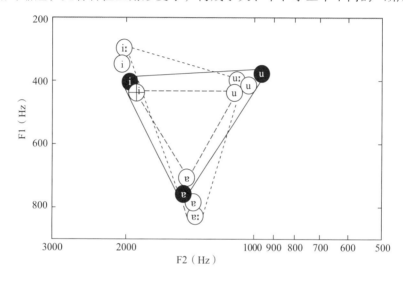

图2.3 词首音节长元音（空心圆）、短元音（实心圆）和非词首音节长元音、
短元音（空心十字圆）的舌位三角形图（M）

三 词首音节短元音

在"鄂温克语语音声学参数数据库"中共出现了 [ɐ, ə, i, ɪ, e, ɔ, ʊ, o, u] 等9个短元音。按照传统语音学的分类，[ɐ, ɪ, e, ɔ, ʊ] 为紧元音，[ə, i, o, u] 为松元音；[ɐ, e, ə, i, ɪ] 为展唇元音，[ɔ, ʊ, o, u] 为圆唇元音。

（一）[ɐ] 元音

1. 参数平均值及其音质定位

表2.1为 [ɐ] 元音声学参数统计。该统计表显示男女发音人 [ɐ] 元

音的平均时长 M = 82ms，F = 90ms，平均音强 M = 63.87dB，F = 67.8 dB。该元音 F1 和 F2 的频率均值分别为 M：F1 = 754Hz，F2 = 1468Hz；F：F1 = 936Hz，F2 = 1774Hz。

表 2.1　［ɐ］元音声学参数统计

单位：VD 为 ms，VA 为 dB，F 为 Hz，变异系数为%，M 为男发音人，

F 为女发音人（下同）

	M					F				
	VD	VA	F1	F2	F3	VD	VA	F1	F2	F3
平均值	82	63.87	754	1468	2169	90	67.8	936	1774	2945
标准差	31	5.32	96.3	148.3	249	20	2.45	106	203	557
变异系数	38%	8%	13%	10%	11%	22%	4%	11%	11%	19%
变化范围	191	76	1282	1907	3689	170	74	1358	2384	3836
	21	42	441	909	1269	40	56	469	912	1558

据本次实验和以往的研究（乌日格喜乐图、呼和，2010），我们认为该元音为低（开）、央、展唇、紧元音，用国际音标［ɐ］标记接近其实际音值。图 2.4 为男性发音人［ɐpʊltɐŋ］"缺少"一词的波形图、三维语图和三层标注图（简称三维语图，下同）。图中词首元音［ɐ］的目标位置1~4 共振峰（F1~F4）分别为 743Hz、1392Hz、2058Hz、3767Hz。这是［ɐ］元音比较典型的声学语图。图 2.5 为男女发音人［ɐ］元音在声学元音图中的位置（均值）及其声学空间中的分布模式（其中上图为女发音人的，下图为男发音人的，下同）。显然，该元音在声学空间中的分布相对离散，主要在舌位高低维度上↑↓扩散。

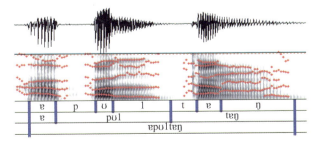

图 2.4　［ɐpʊltɐŋ］"缺少"一词的波形图、三维语图和三层标注图

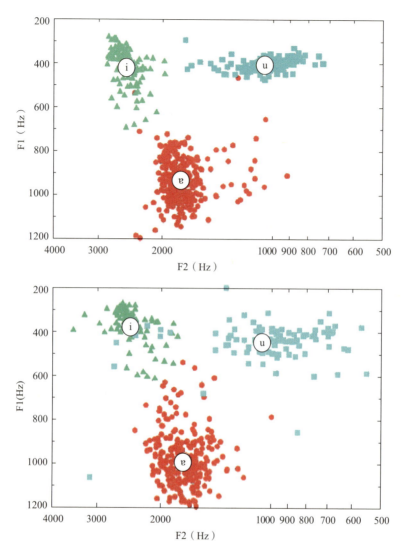

图 2.5 ［ɤ］元音在声学元音图中的位置及其声学空间中的分布模式
（上图为女发音人 **F**，下图为男发音人 **M** 的，下同。
以下用 **F&M** 表示）

与目标位置共振峰频率相比男女发音人［ɤ］元音第一共振峰的前、后过渡段（TF1、TP1）频率虽然都相对下降，但后过渡段频率的下降比较明显。两位发音人［ɤ］元音第二共振峰前、后过渡段频率的表现不一致。其中，男发音人［ɤ］元音第二共振峰后过渡段（TF2、TP2）频率出现上升趋势，而女发音人的则呈现下降趋势（前、后过渡段频率数据和图表略，下同）。

2. 音节数量与声学参数之间的关系

音节数量与音段声学特征之间的关系是研究黏着型语言必须面临的问题。表 2.2 为 [ɐ] 元音在单音节和多音节单词中出现的频率统计。可以看出，51%（M）和 46%（F）的 [ɐ] 元音是在三音节词中出现的；35%（M）和 36%（F）的 [ɐ] 元音是在双音节词中出现的。

表 2.2 [ɐ] 元音在单音节和多音节单词中出现频率统计

[ɐ] 元音	单音节词		双音节词		三音节词		四及以上音节		共计	
	M	F	M	F	M	F	M	F	M	F
出现次数	3	2	94	113	138	146	36	55	271	316
百分比			35%	36%	51%	46%	13%	17%		

表 2.3 为 [ɐ] 元音在单音节词（A），双音节词（B）、三音节词（C）和四音节词（D）中的音长（VD）、音强（VA）、共振峰目标值（F）的统计。从表 2.3 中可以看出，该元音音长随着音节数量的增加而相对缩短，而其音强随着音节数量的增多相对变弱。如，

M：100ms（A）→ 90ms（B）→ 80ms（C）→ 60ms（D）；
67dB（A）→ 65.3dB（B）→ 63.3dB（C）→ 62.0dB（D）
F：120ms（A）→100ms（B）→ 90ms（C）→ 80ms（D）；
68dB（A）→ 67.8dB（B）→ 67.7dB（C）→ 67.8dB（D）

（1）[ɐ] 元音目标位置共振峰呈现两种趋势，即男发音人开口度（见表 2.3）与词中音节数量呈正相关，而女发音人开口度与词中音节数量呈负相关。如，M：F1 = 773Hz（A），F1 = 766Hz（B），F1 = 760Hz（C），F1 = 700Hz（D）；F：F1 = 896Hz（A），F1 = 922Hz（B），F1 = 950Hz（C），F1 = 931Hz（D）；（2）与该元音目标位置共振峰相比其第一共振峰前、后过渡段频率都相对下降，但后过渡段频率的下降比较明显；（3）F2 的标准差几乎都超过 100，显然 F2 受前后音的影响相对大。

表 2.3　不同音节词中［ɐ］元音声学参数统计

		M					F				
		VD	VA	F1	F2	F3	VD	VA	F1	F2	F3
单音节词（A）	平均值	100	67	773	1436	2056	120	68	896	1882	2604
	标准差	30	4.9	63	82	39	20	1.41	163	60	755
	变异系数	30%	7%	8%	6%	2%	17%	1%	18%	3%	29%
	变化范围	140	71	836	1518	2095	140	69	1011	1924	3137
		60	60	710	1354	2017	100	67	781	1839	2070
双音节词（B）	平均值	90	65.3	766	1480	2164	100	67.8	922	1750	2719
	标准差	30	5.2	82.6	149	209	20	2.3	85	230	591
	变异系数	33%	8%	11%	10%	10%	20%	3%	9%	13%	22%
	变化范围	190	76	905	1794	2902	140	73	1123	2081	3620
		40	49	441	1057	1633	60	62	743	912	1558
三音节词（C）	平均值	80	63.3	760	1470	2194	90	67.7	950	1785	3065
	标准差	30	5.1	103	144	261	20	2.6	104	182	510
	变异系数	38%	8%	14%	10%	12%	22%	4%	11%	10%	17%
	变化范围	170	74	1282	1907	3689	170	74	1188	2353	3836
		20	42	490	1097	1493	50	56	469	1046	1711
四音节词（D）	平均值	60	62.0	700	1428	2093	80	67.8	931	1791	3101
	标准差	30	5.5	86.4	157	281.4	20	2.3	140	202	446
	变异系数	50%	10%	12%	11%	13%	25%	3%	15%	11%	14%
	变化范围	130	75	880	1677	2747	120	73	1358	2384	3722
		30	50	458	909	1269	40	63	539	1111	1865

3. 音节类型与声学参数之间的关系

表 2.4 为［ɐ］元音在不同音节类型中的频率统计。可以看出，［ɐ］元音主要出现在 CV 和 CVC 音节中。其中，男发音人 96 个、女发音人 120 个［ɐ］元音出现在 CV 音节中，占 36%～38%；男发音人 82 个，女发音人 95 个［ɐ］元音出现在 CVC 音节中，各占 30%。

表 2.4　［ɐ］元音在不同音节类型中的频率统计

结果	统计项	音节类型					共计
		V	VC	CV	CVC	其他	
出现次数	M	46	42	96	82	4	270
	F	49	50	120	95	2	316

结果 　　统计项		音节类型					共计
		V	VC	CV	CVC	其他	
百分比（%）	M	17	15	36	30		
	F	16	16	38	30		

表 2.5 为不同音节类型中 [ɐ] 元音的声学参数统计。可以看出（1）[ɐ] 元音音长受其所处音节类型的影响。如，以 V 开始的音节中的时长比以 C 开始的音节中的时长相对长，而其音强不受音节类型的影响。（2）在 CV、CVC 等以辅音开头的音节中 [ɐ] 元音的第一共振峰相对下降。如，M：在 V、VC 等以元音开头的音节中 [ɐ] 元音 F1 的均值为 789 Hz 和 779 Hz，而在 CV、CVC 等以辅音开头的音节中 [ɐ] 元音 F1 的均值为 761Hz 和 724Hz，大约下降 40Hz；F：在 V、VC 等以元音开头的音节中 [ɐ] 元音的 F1 均值为 1041 Hz 和 1004 Hz，而在 CV、CVC 等音节中 [ɐ] 元音的 F1 均值为 901Hz 和 889Hz，比以 V、VC 等以元音开头的音节大约下降 100Hz。显然，词首辅音降低其后置元音第一共振峰的频率，即提升舌位高度。音节类型对 [ɐ] 元音的 F2（舌位前后）没有明显的影响，请见图 2.6。（3）无论在开音节还是在闭音节中，与 [ɐ] 元音目标位置共振峰频率相比，其第一共振峰的后过渡段（TP1）频率比其目标位置第一共振峰频率相对低，而其第二共振峰的后过渡段（TP2）频率则出现男女发音人不一致的现象。男发音人第二共振峰的后过渡段（TP2）频率比其目标位置第二共振峰频率相对高，而女发音人第二共振峰后过渡段（TP2）频率比其目标位置第二共振峰频率相对低。请见图 2.7 ~ 2.8。

表 2.5　不同音节类型中 [ɐ] 元音的声学参数统计

		M					F				
		VD	VA	F1	F2	F3	VD	VA	F1	F2	F3
V	平均值	91	63	789	1445	2157	100	67.5	1041	1774	3009
	标准差	35	5.9	108	159	365	20	2.7	72	141	558
	变异系数	38%	10%	14%	11%	17%	20%	4%	7%	8%	19%
	变化范围	168	72	1282	1726	3689	160	72	1358	2291	3719
		21	42	551	909	1269	50	56	944	1492	1875

续表

		M					F				
		VD	VA	F1	F2	F3	VD	VA	F1	F2	F3
VC	平均值	93	63.6	779	1482	2156	100	66.8	1004	1747	2860
	标准差	30	5.1	71	124	164	20	2.4	88	197	622
	变异系数	32%	8%	9%	8%	8%	20%	4%	8%	11%	22%
	变化范围	169	74	909	1796	2516	150	71	1123	2063	3722
		35	50	577	1271	1794	70	62	469	1158	1849
CV	平均值	81	64.8	761	1465	2165	90	68.2	901	1773	3007
	标准差	29	4.7	81	159	229	20	2.5	86	217	481
	变异系数	36%	8%	11%	11%	11%	22%	4%	9%	12%	14%
	变化范围	191	76	962	1907	3113	160	74	1245	2353	3699
		29	51	441	1057	1701	40	61	714	912	1704
CVC	平均值	71	63.4	724	1477	2190	90	67.9	889	1790	2881
	标准差	25	5.4	105	136	227	20	2.2	94.4	217	601
	变异系数	35%	8%	15%	9%	10%	33%	3%	11%	12%	21%
	变化范围	157	75	1165	1755	3235	170	73	1072	2384	3836
		28	49	458	1091	1633	50	63	539	1046	1558

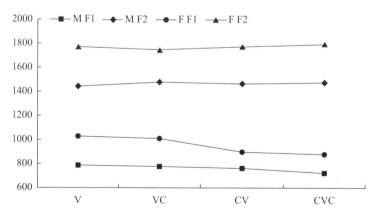

图 2.6 不同音节中 [ɐ] 元音的第一共振峰（F1）及第二共振峰（F2）比较图
（M 为男发音人，F 为女发音人，下同）

4. 辅音音质与元音声学参数之间的关系

图 2.7～2.8 为出现在词首音节（包括单音节词）［w-, tʃʰ-, tʰ-, l-,

x-, j-, t-, s-, pʰ-, p-, k-, tʃ-, m-, n-] 等辅音之后和 V 开头音节（无前置辅音）中［ɐ］元音音长比较图。可以看出，辅音音质与元音音长之间几乎没有相关性。

辅音对其后置元音共振峰的影响主要表现在 F1 和 F2 的前过渡 TF1 和 TF2 上。图 2.9 ~ 2.10 为男女发音人词首音节（包括单音节词）不同辅音 [t-, p-, k-, tʰ-, pʰ-, n-, m-, l-, s-, x-, tʃ-, tʃʰ-, w-, j-] 等之后［ɐ］元音 TF1、TF2、TF3 三个共振峰前过渡变化图。其中，图 2.9 以 TF1 的上升为准排列，即以舌位自高至低排列，图 2.10 以 TF2 的上升为准排列，即以舌位自后至前排列。

从图 2.9 ~ 2.10 中可以看到，在 [x-, tʰ-, pʰ-] 等清擦音和送气塞音之后［ɐ］元音第一共振峰前过渡频率（TF1）有上升趋势（与其均值相比），而在 [tʃ-, j-] 之后该元音第二共振峰前过渡频率（TF2）相对上升。说明前置辅音音质对元音共振峰频率有一定的影响，具有一定的相关性，即该元音舌位受其前置辅音发音部位和发音方法的影响。也就是说，前置辅音既降低其后置元音的舌位高度，也能够前移其后置元音的舌位。那么，前置辅音发音部位和发音方法的哪一个对其后置元音的影响较大？根据对蒙古语标准话元音的分析结果，我们认为前置辅音发音方法影响其后置元音的舌位高度（影响相对大），而前置辅音发音部位影响其后置元音的舌位前后（影响相对大）。有关这一问题有待进一步探讨。

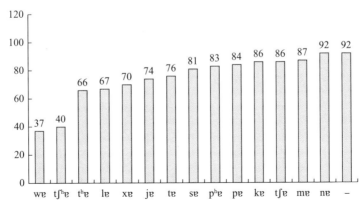

图 2.7　词首音节不同辅音之后和无前置辅音音节中［ɐ］元音音长比较图（M）

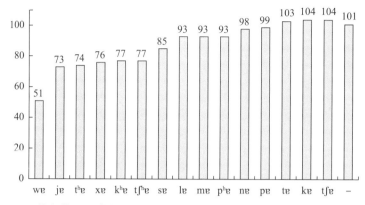

图 2.8 词首音节不同辅音之后和无前置辅音音节中 [ɐ] 元音音长比较图 （F）

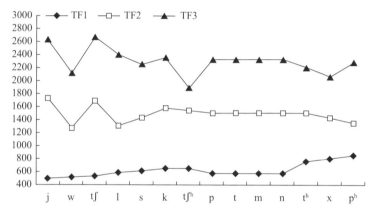

图 2.9 - 1 词首音节不同辅音之后的 [ɐ] 元音三个共振峰前过渡 TF1，TF2，
TF3 变化示意图 （M，以 TF2 排序，下同）

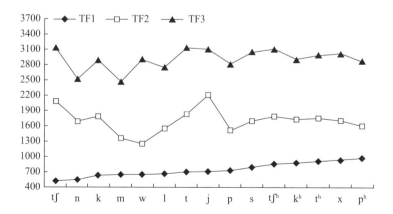

图 2.9 - 2 词首音节不同辅音之后的 [ɐ] 元音三个共振峰前过渡 TF1，TF2，
TF3 变化示意图 （F，以 TF1 排序，下同）

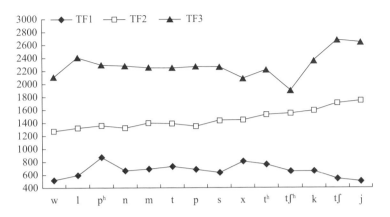

图 2.10 - 1　词首音节不同辅音之后的 [ɐ] 元音三个共振峰前过渡 TF1、TF2、TF3 变化示意图（M，以 TF2 排序，下同）

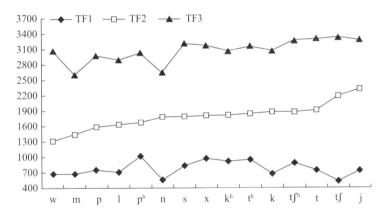

图 2.10 - 2　词首音节不同辅音之后的 [ɐ] 元音三个共振峰前过渡 TF1、TF2、TF3 变化示意图（F，以 TF2 排序，下同）

（二）[ə] 元音

1. 参数平均值及其音质定位

表 2.6 为 [ə] 元音声学参数统计。该表显示男女发音人 [ə] 元音的平均时长、平均音强分别为 M = 77ms，F = 93ms；M = 64.4dB，F = 68dB，其目标位置 F1 和 F2 的频率均值分别为 M：F1 = 452Hz，F2 = 1246Hz；F：F1 = 466Hz，F2 = 1384Hz。

表 2.6　[ə] 元音声学参数统计

	M					F				
	VD	VA	F1	F2	F3	VD	VA	F1	F2	F3
平均值	77	64.4	452	1246	2397	93	68	466	1384	3160
标准差	26	4.7	115	253	313	24	2.6	38	257	185
变异系数	34%	8%	25%	20%	13%	26%	4%	8%	19%	6%
变化	162	77	1414	2603	3850	172	74	645	2310	3647
范围	26	4.72	115	253	313	36	60	389	903	1925

　　该元音为半高（闭）、央、展唇、松元音，用［ə］音标标记该元音接近其实际音值。图 2.11 为男发音人［əruː］"不好的"一词的三维语图。其中，词首［ə］元音的目标位置 F1～F4 共振峰分别 452Hz、1246Hz、2397Hz、3708Hz。这是［ə］元音比较典型的声学语图。图 2.12 为男女发音人［ə］元音在声学元音图中的位置（均值）及其声学空间中的分布模式。显然，该元音在声学空间中的分布相对离散，主要在舌位前后维度上←→扩散。

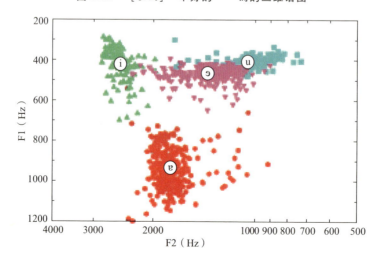

图 2.11　［əruː］"不好的"一词的三维语图

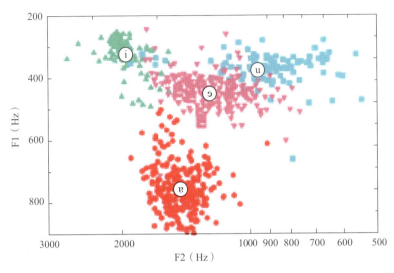

图 2.12　[ə] 元音在声学元音图中的位置及其声学
空间中的分布模式（F&M）

与目标位置共振峰频率相比，男女发音人 [ə] 元音第一共振峰前、后过渡段频率都相对下降，但后过渡段频率的下降比较明显。两位发音人 [ə] 元音第二共振峰后过渡段的共振峰频率出现上升趋势。

2. 音节数量与声学参数之间的关系

表 2.7 为 [ə] 元音在单音节和多音节单词中的出现频率统计，约 50%（M）和 47%（F）的 [ə] 元音出现在三音节词中，约有 42%（M）和 41%（F）的 [ə] 元音出现在双音节词里。

表 2.7　[ə] 元音在单音节和多音节单词中出现频率统计

	单音节词		双音节词		三音节词		四及以上音节		共计	
	M	F	M	F	M	F	M	F	M	F
次数	2	1	89	99	106	113	16	30	213	243
百分比			42%	41%	50%	47%	8%	12%		

表 2.8 为 [ə] 元音在单音节词（A）、双音节词（B）、三音节词（C）和四音节词（D）中的音长、音强、共振峰统计。从表中看出，该元音的音长随着音节数量的增多而相对缩短。男发音人音强随着音节数量的增多相对变弱，而女发音人音强数据则未随音节数量的增加而出现变化。如，

M：78ms（A）→ 83ms（B）→ 74ms（C）→ 56ms（D）；

75.5dB（A）→64.3dB（B）→ 64.7dB（C）→ 62.2dB（D）

F：136ms（A）→98ms（B）→ 90ms（C）→ 88ms（D）；

69dB（A）→ 67dB（B）→ 68dB（C）→ 69dB（D）

从表 2.8 中还可以看出（1）［ə］元音目标位置共振峰呈现两种趋势，即男发音人［ə］的舌位（开口度）与词中音节数量基本上呈正相关，而女发音人［ə］的舌位（开口度）与词中音节数量基本上呈负相关。如，M：$F1 = 452Hz$（A），$F1 = 449Hz$（B），$F1 = 451Hz$（C），$F1 = 473Hz$（D）；F：$F1 = 498Hz$（A），$F1 = 465Hz$（B），$F1 = 465Hz$（C），$F1 = 474Hz$（D）；（2）与该元音目标位置共振峰相比其第一共振峰前、后过渡段频率都相对下降，但后过渡段频率的下降比较明显；（3）F2 的标准差几乎都超过 100，说明 F2 受前后音的影响相对大。

表 2.8　不同类型词中［ə］元音的声学参数统计

		M					F				
		VD	VA	F1	F2	F3	VD	VA	F1	F2	F3
单音节词（A）	平均值	78	75.5	452	1115	2255	136	69	498	1249	3221
	标准差	17	2.1	9.2	121	67.9					
	变异系数	22%	2%	2%	11%	3%					
	变化范围	90	77	458	1200	2303					
		66	74	445	1029	2207					
双音节词（B）	平均值	83	64.3	449	1293	2377	98	67	465	1401	3148
	标准差	25	4.7	150	279	360	24	2.5	37	249	206
	变异系数	30%	8%	33%	22%	15%	24%	4%	8%	18%	7%
	变化范围	162	73	1414	2603	3735	172	72	586	2149	3483
		33	46	247	848	1377	36	60	413	1020	1925
三音节词（C）	平均值	74	64.7	451	1227	2427	90	68	465	1393	3165
	标准差	26	4.23	83.5	229	282	22	2.6	37	265	178
	变异系数	35%	6%	19%	19%	12%	24%	4%	8%	19%	6%
	变化范围	143	74	1127	2272	3850	170	74	645	2310	3647
		31	46	307	761	1854	47	61	389	937	2673

续表

		M					F				
		VD	VA	F1	F2	F3	VD	VA	F1	F2	F3
四音节词（D）	平均值	56	62.2	473	1123	2330	88	69	474	1299	3177
	标准差	19	6.18	76.7	210	234	24	2.2	43	247	134
	变异系数	34%	10%	16%	19%	10%	27%	4%	9%	19%	4%
	变化范围	143	74	1127	2272	3850	16	73	617	2286	3367
		27	44	376	802	1616	55	63	419	903	2839

3. 音节类型与声学参数之间的关系

表 2.9 为 ［ə］元音在不同音节类型中的出现频率统计。可以看出，男发音人 52 个和女发音人 72 个 ［ə］出现在 V 音节中，占 24% ~ 33%；男发音人的 52 个和女发音人 61 个 ［ə］出现在 CV 音节中，占 24% ~ 27%；男发音人 77 个和女发音人 79 个 ［ə］出现在 CVC 音节中，各占 36%。可以说，［ə］元音主要在 V、CV、CVC 音节中出现。

表 2.9　不同音节类型中 ［ə］元音的出现频率统计表

	发音人	音节类型							共计
		V	VC	VCC	CV	CVC	CVCC	其他	
出现次数	M	52	28		52	77		5	214
	F	72	9		61	79		3	221
百分比	M	24%	13%		24%	36%			
	F	33%	4%		27%	36%			

表 2.10 为不同音节类型中 ［ə］元音的声学参数统计。从表 2.10 中看出，（1）［ə］元音音长与其所出现的音节类型之间具有一定的相关性。如，在 V 和 VC 等以元音开头音节中 ［ə］元音音长一般长于在 CV 和 CVC 音节中的音长。其音强不受音节类型的影响；（2）［ə］元音在 CV、CVC 等以辅音开头的音节中的第一共振峰频率比其在 V、VC 等以元音开头的音节中的频率相对低。如，M：在 V、VC 等以元音开头的音节中其 F1 均值为 487Hz 和 457Hz，而在 CV、CVC 等以辅音开头的音节中其 F1 的均值为 425Hz 和 443Hz，大约下降 60Hz 和 6Hz；F：在 V、VC 等以元音开头的音节中的 F1

均值为 461 Hz 和 481 Hz，而在 CV、CVC 等音节中的 F1 均值为 464 Hz 和 468 Hz，F1 未发生明显变化，F2 下降 13 Hz。显然，词首辅音能够降低其后置元音第一共振峰频率，即提升其舌位高度。

[ə] 元音在 CV、CVC 等以辅音开头的音节中的第二共振峰频率，比其在 V、VC 等以元音开头的音节中的频率相对高。见图 2.13。显然，词首辅音提升其后置元音第二共振峰的频率，即使其后置元音舌位前移。

表 2.10 不同音节类型中 [ə] 元音的声学参数统计

		M					F				
		VD	VA	F1	F2	F3	VD	VA	F1	F2	F3
V	平均值	87	63.4	487	1140	2401	102	67	461	1241	3195
	标准差	23	4.79	131	257	422	20	2.7	36	133	141
	变异系数	26%	8%	27%	23%	18%	20%	4%	8%	11%	4%
	变化范围	143	72	1414	2603	3850	160	73	617	1745	3544
		43	46	384	792	1377	61	60	419	903	2812
VC	平均值	75	64.3	457	1169	2379	103	68	481	1283	3269
	标准差	22	3.42	64.4	189	235	24	2	44	141	167
	变异系数	29%	4%	14%	16%	10%	20%	3%	9%	11%	5%
	变化范围	114	72	602	1669	2880	17	70	593	1624	3502
		27	58	263	822	1936	65	61	427	1081	2786
CV	平均值	86	65.1	425	1257	2357	94	68	464	1426	3105
	标准差	31	3.86	39.6	218	203	26	2.4	35	268	175
	变异系数	36%	4%	9%	17%	9%	28%	3%	8%	19%	6%
	变化范围	162	73	512	1761	2841	172	73	539	2310	3518
		27	54	344	761	2002	51	61	405	937	2484
CVC	平均值	63	64.8	443	1343	2428	81	68	468	1515	3131
	标准差	20	5.48	143	256	310	20	2.7	39	286	210
	变异系数	31%	7%	32%	19%	13%	25%	3%	11%	19%	7%
	变化范围	135	77	1354	2301	3632	163	74	645	2182	3647
		31	44	247	864	1713	36	62	389	1020	1925

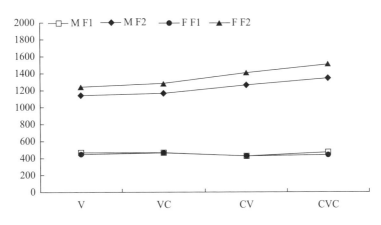

图 2.13　男女发音人不同音节中 [ə] 元音的第一共振峰
（**F1**）及第二共振峰（**F2**）比较图

4. 辅音音质与元音声学参数之间的关系

图 2.14 ~ 2.15 为出现在词首音节（包括单音节词）[p-, t-, k-, pʰ-, tʰ-, n-, m-, s-, x-, tʃ-, j-] 等辅音之后和 V 开头音节（无前置辅音）中 [ə] 元音音长比较图。从这两个图中可以看出，男女发音人数据不一致，辅音音质与其后置元音音长之间几乎没有相关性。

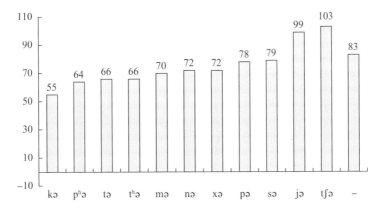

图 2.14　词首音节不同辅音之后和无前置辅音
音节中 [ə] 元音音长比较图（**M**）

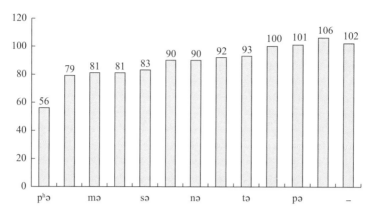

图 2.15　词首音节不同辅音之后和无前置辅音音节中 [ɘ] 元音音长比较图（F）

图 2.16 ~ 2.17 为男女发音人词首音节（包括单音节词）[p-，t-，k-，pʰ-，tʰ-，kʰ-，n-，m-，s-，x-，tʃ-，j-] 等辅音之后 [ɘ] 元音第一、第二和第三共振峰前过渡 TF1、TF2、TF3 的变化示意图。其中，图 2.16 以 TF1 的上升为准排列，即以舌位从高至低排列示意图；图 2.17 以 TF2 的上升为准排列，即以舌位从后至前排列示意图。

图 2.16 ~ 2.17 显示，除辅音 [j] 之外，男女发音人前置辅音音质与其后置 [ɘ] 元音共振峰前过渡频率之间几乎没有相关性。

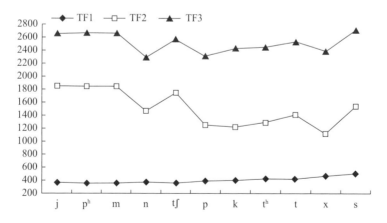

图 2.16 - 1　词首音节不同辅音之后的 [ɘ] 元音三个共振峰前过渡TF1、TF2、TF3 变化示意图（M）

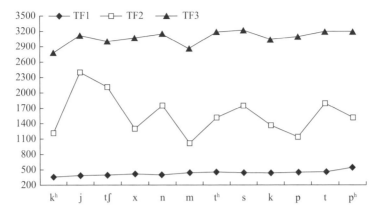

图 2. 16 – 2 词首音节不同辅音之后的 ［ɘ］元音三个共振峰前过渡
TF1、TF2、TF3 变化示意图（F）

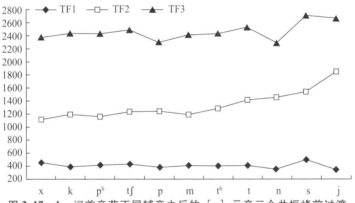

图 2. 17 – 1 词首音节不同辅音之后的 ［ɘ］元音三个共振峰前过渡
TF1、TF2、TF3 变化示意图（M）

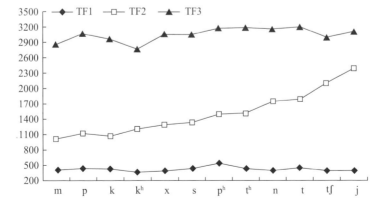

图 2. 17 – 2 词首音节不同辅音之后的 ［ɘ］元音三个共振峰前过渡
TF1、TF2、TF3 变化示意图（F）

（三）[i] 元音

1. 参数平均值及其音质定位

表 2.11 为 M 和 F 的 [i] 元音参数统计。该统计表显示男女发音人 [i] 元音的平均时长、平均音强分别为 M = 82ms，F = 87ms；M = 62dB，F = 66dB，其 F1 和 F2 的频率均值分别为 M：F1 = 329Hz，F2 = 1960Hz；F：F1 = 423Hz，F2 = 2510Hz。

表 2.11　[i] 元音声学参数统计

M	M					F				
	VD	VA	F1	F2	F3	VD	VA	F1	F2	F3
平均值	82	62	329	1960	2827	87	66	423	2510	3190
标准差	39	3.99	55.7	193	299	25	3	85	179	188
变异系数	48%	6%	17%	10%	11%	29%	5%	20%	7%	6%
变化范围	27	73	493	2696	3519	164	74	698	2844	3588
	25	53	255	1518	2141	40	59	283	1973	2552

我们认为该元音为高（闭）、前、展唇、中性元音，用国际音标的 [i] 音标标记该元音接近其实际音值。图 2.18 为男性发音人 [inəkə] "日子" 一词的三维语图。其中，词首元音 [i] 的目标位置的 F1 ~ F4 共振峰分别为 329Hz、1960Hz、2827Hz、3667Hz。这是 [i] 元音比较典型的声学语图。图 2.19 为男女发音人 [i] 元音在声学元音图中的位置（均值）及其声学空间中的分布模式。显然，该元音在声学空间中的分布相对离散，其分布特点为舌位高低维度上↑↓扩散。

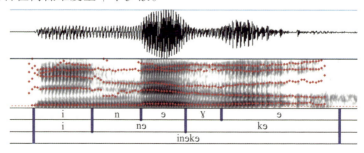

图 2.18　[inəkə] "日子" 一词的三维语图

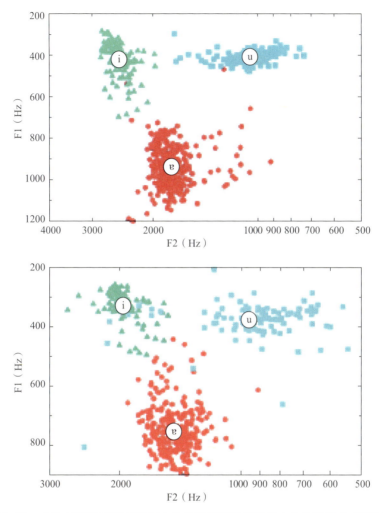

图 2.19　[i] 元音在声学元音图中的位置及其声学空间中的分布模式（F&M）

与目标位置共振峰频率相比，女发音人 [i] 元音第一共振峰的前、后过渡段频率都相对下降，但男发音人 [i] 元音第一共振峰的前、后过渡段频率都高于目标位置的共振峰频率。两位发音人元音 [i] 的第二共振峰后过渡段的共振峰频率均出现上升趋势。

2. 音节数量与声学参数之间的关系

表 2.12 为 [i] 元音在单音节和多音节单词中的出现频率统计。可以看出，约 56%（M）和 52%（F）的 [i] 元音是在三音节词中出现，约有 29%（M）和 33%（F）的 [i] 元音是在双音节词中出现的。

表 2.12　　[i] 元音在单音节和多音节单词中出现频率统计

音节数目	单音节词		双音节词		三音节词		四及以上音节		共计	
	M	F	M	F	M	F	M	F	M	F
出现次数	3	1	25	39	48	62	9	19	85	120
百分比			29%	33%	56%	52%	11%	15%		

　　表 2.13 为 [i] 元音在单音节词（A）、双音节词（B）、三音节词（C）和四音节词（D）中的音长、音强、共振峰统计。该元音的音长随着音节数量的增加而相对缩短，而男发音人音强随着音节数量的增多相对变弱；女发音人音强没有随着音节数量的增加而发生变化。这一问题有待进一步探讨。如，

M：169ms（A）→94ms（B）→ 76ms（C）→ 51ms（D）；

　　61.7dB（A）→ 62.7dB（B）→ 62.1dB（C）→ 61.1dB（D）

F：89ms（B）→ 88ms（C）→ 81ms（D）；

　　66dB（B）→ 66dB（C）→ 66dB（D）

表 2.13　　不同类型词中 [i] 元音的声学参数统计

		M					F				
		VD	VA	F1	F2	F3	VD	VA	F1	F2	F3
单音节词（A）	平均值	169	61.7	368	1996	2722					
	标准差	72	4.1	85.3	148	131					
	变异系数	43%	6%	23%	7%	5%					
	变化范围	116	67	487	2111	2898					
		27	57	290	1787	2585					
双音节词（B）	平均值	94	62.7	315	1947	2813	89	66	417	2509	3184
	标准差	30	4.5	31	191	279	27	3	78	175	212
	变异系数	31%	8%	10%	10%	10%	30%	5%	19%	7%	7%
	变化范围	154	72	406	2531	3288	164	74	608	2844	3588
		31	53	264	1552	2267	40	59	290	2216	2826

续表

		M					F				
		VD	VA	F1	F2	F3	VD	VA	F1	F2	F3
三音节词（C）	平均值	76	62.1	331	1966	2831	88	66	430	2522	3216
	标准差	34	3.82	58.5	206	310	24	2	90	169	162
	变异系数	45%	6%	18%	10%	10%	27%	3%	20%	7%	5%
	变化范围	205	73	483	2696	3519	162	72	698	2826	3584
		26	53	255	1518	2141	48	61	283	2076	2815
四音节词（D）	平均值	51	61.1	341	1952	2880	81	66	411	2471	3119
	标准差	15	3.11	68.8	128	317	23	3	83	216	209
	变异系数	29%	5%	20%	7%	11%	28%	5%	20%	9%	7%
	变化范围	80	66	493	2117	3468	123	72	664	2734	3466
		25	55	266	1712	2432	46	60	315	1973	2552

3. 音节类型与声学参数之间的关系

表 2.14 为出现在不同音节类型中 ［i］元音频率统计。可以看出，男发音人 22 个，女发音人 25 个［i］在 V 音节中出现，占男女发音人所有［i］的 21% ~26%。男发音人的 14 个，女发音人 15 个［i］在 VC 音节中出现，占男女发音人所有［i］的 13% ~16%。男发音人的 27 个，女发音人 37 个［i］都在 CV 音节中出现的，占男女发音人所有［i］的 31% ~44%。男发音人的 19 个，女发音人 38 个［i］都在 CVC 音节中出现的，占男女发音人所有［i］的 22% ~32%。可以说，［i］元音主要在 V、VC、CV、CVC 等四种音节中出现。

表 2.14　［i］元音在不同音节类型中的出现频率统计

	发音人	音节类型							共计
		V	VC	VCC	CV	CVC	CVCC	其他	
出现次数	M	22	14		27	19		3	85
	F	25	15		37	38		5	120
百分比	M	26%	16%		44%	22%			
	F	21%	13%		31%	32%			

从表 2.15 中可以看出，（1）音长与音节类型之间具有一定的相关性。如，[i] 元音在 V 和 VC 等以元音开头的音节中的音长普遍长于其在 CV 和 CVC 音节中的音长。而 [i] 元音音强则不受音节类型的影响。（2）[i] 元音出现在 CV、CVC 等以辅音开头音节中第二共振峰的频率比其在 V、VC 等以元音开头音节中出现的频率相对低。显然，词首辅音降低其后置元音第二共振峰频率，能使其舌位后移。请见图 2.20。

表 2.15　出现在不同音节类型中 [i] 元音的声学参数统计

		M					F				
		VD	VA	F1	F2	F3	VD	VA	F1	F2	F3
V	平均值	89	62.2	301	2013	3008	101	66	370	2648	3273
	标准差	42	3.96	31.3	104	141	29	4	70	114	168
	变异系数	50%	6%	10%	5%	5%	29%	6%	19%	4%	5%
	变化范围	205	72	371	2264	3218	162	72	564	2826	3584
		40	54	255	1746	2731	56	59	283	2458	2900
VC	平均值	92	60.9	308	2074	3063	106	66	382	2651	3299
	标准差	24	3.78	38	241	366	21	2	52	104	187
	变异系数	26%	5%	12%	12%	12%	20%	3%	14%	4%	6%
	变化范围	14	68	389	2696	3519	15	68	481	2844	3588
		52	53	265	1615	2141	74	61	290	2496	2888
CV	平均值	80	62.5	349	1880	2637	83	66	432	2456	3144
	标准差	47	4.44	60.6	159	212	24	3	82	169	168
	变异系数	58%	6%	17%	8%	8%	29%	5%	19%	7%	5%
	变化范围	27	73	487	2111	2959	164	72	685	2743	3551
		25	53	276	1518	2238	40	62	291	1979	2815
CVC	平均值	70	62.7	347	1938	2738	76	67	464	2419	3140
	标准差	29	3.21	60.6	219	250	16	3	84	160	191
	变异系数	41%	5%	17%	11%	9%	21%	4%	18%	7%	6%
	变化范围	146	72	493	2531	3288	107	74	698	2724	3427
		36	59	273	1552	2354	48	60	344	1973	2552

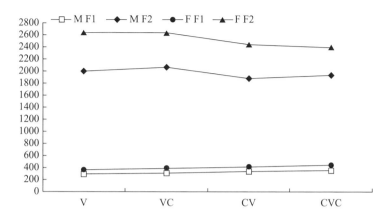

图 2.20 在不同音节中 [i] 元音的第一共振峰 (F1)
及第二共振峰 (F2) 分布图 (M&F)

4. 辅音音质与元音声学参数之间的关系

图 2.21～2.22 为男女发音人词首音节（包括单音节词）[j-, k-, kʰ-, p-, pʰ-, n-, m-, l-, t-, tʰ-, tʃ-, s-, ʃ, x-] 等辅音之后和 V 开头音节（无前置辅音）中 [i] 元音音长比较图。可以看出，[i] 元音音长与辅音音质之间几乎没有相关性。从总体上看不送气塞音、塞擦音和鼻音之后出现的 [i] 元音比送气塞音、塞擦音和清擦音和边音之后出现的相对长。

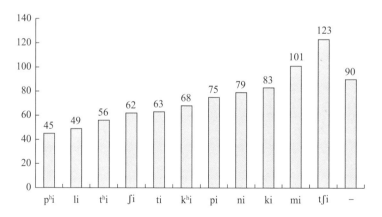

图 2.21 出现在词首音节不同辅音之后和无前置辅音
音节中 [i] 元音音长比较图 (M)

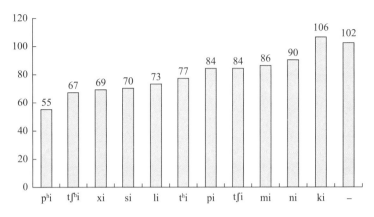

图 2.22　出现在词首音节不同辅音之后和无前置辅音音节中 [i] 元音音长比较图（F）

　　图 2.23～2.24 为男女发音人词首音节（包括单音节词）[k-，kʰ-，p-，pʰ-，n-，m-，t-，tʰ-，tʃ-，x-] 等辅音之后的 [i] 元音第一、第二和第三共振峰前过渡 TF1、TF2、TF3 的变化示意图。其中，图 2.23 以 TF1 的上升为准排列，即以舌位从高至低排列示意图，图 2.24 以 TF2 的上升为准排列，即以舌位从后至前排列示意图。

　　从图 2.23～2.24 中可以看到，[i] 元音与其前置辅音音质之间几乎没有相关性。

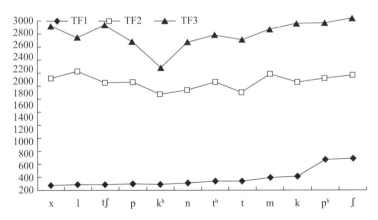

图 2.23 - 1　词首音节不同辅音之后 [i] 元音的三个共振峰前过渡 TF1、TF2、TF3 变化示意图（M）

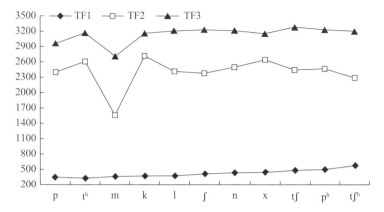

图 2.23 - 2　词首音节不同辅音之后 [i] 元音的三个共振峰前过渡
TF1、TF2、TF3 变化示意图（F）

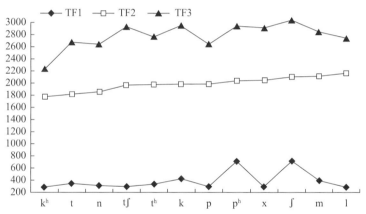

图 2.24 - 1　词首音节不同辅音之后 [i] 元音的三个共振峰前过渡
TF1、TF2、TF3 变化示意图（M）

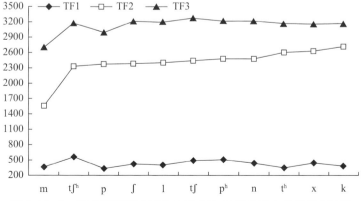

图 2.24 - 2　词首音节不同辅音之后 [i] 元音的三个共振峰前过渡
TF1、TF2、TF3 变化示意图（F）

（四）［ɪ］元音

1. 参数平均值及其音质定位

表 2.16 为 ［ɪ］元音声学参数统计。该统计表显示，男女发音人 ［ɪ］元音的平均时长，平均音强分别为 M = 84ms，F = 107ms；M = 63.8dB，F = 66 dB。其 F1 和 F2 的频率均值分别为 M：F1 = 495Hz，F2 = 1841Hz；F：F1 = 511Hz，F2 = 2460Hz。

表 2.16　［ɪ］元音声学参数统计

	M					F				
	VD	VA	F1	F2	F3	VD	VA	F1	F2	F3
平均值	84	63.8	495	1841	2633	107	66	511	2460	3244
标准差	26	4.5	144	203	232	35	3	80	272	221
变异系数	30%	8%	29%	11%	9%	33%	5%	16%	11%	7%
变化范围	141	71	1262	2665	3675	225	72	803	2779	3611
	22	47	307	1175	2202	41	60	318	1159	2523

我们认为，该元音为次高（闭）、前、展唇、紧元音。用国际音标的 ［ɪ］标记该元音接近其实际音值。图 2.25 为男性发音人 ［ɪlɛn］"三"一词的三维语图。其中，词首元音 ［ɪ］的目标位置的 F1 ~ F4 共振峰分别为 514 Hz、1965 Hz、2706 Hz、3753 Hz。这是 ［ɪ］元音比较典型的声学语图。图 2.26 为男女发音人 ［ɪ］元音在声学元音图中的位置（均值）及其声学空间中的分布模式。可以看出，男发音人的 ［ɪ］元音分布相对低，接近于国际音标的 ［e］元音。为此，也可以用 ［e］音标标记该元音。显然，该元音在声学空间中的分布相对离散，其分布特点为舌位高低维度上↑↓扩散。

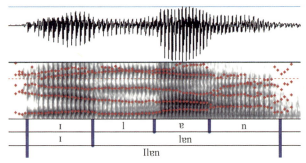

图 2.25　［ɪlɛn］"三"一词的三维语图

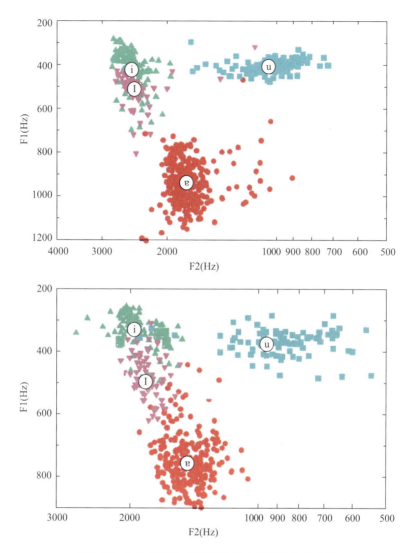

图 2.26　［ɪ］元音在声学元音图中的位置及其声学
空间中的分布模式（F & M）

与目标位置共振峰频率相比女发音人［ɪ］元音第一共振峰的前、后过渡段频率都相对下降，但男发音人［ɪ］元音第一共振峰的前、后过渡段频率都高于目标位置的共振峰频率。两位音人［ɪ］元音第二共振峰后过渡段的共振峰频率均出现上升趋势。

2. 音节数量与声学参数之间的关系

表 2.17 为［ɪ］元音在单音节和多音节单词中出现的频率统计，约

64%（M）和 61%（F）的［ɪ］元音是在三音节词中出现，约有 27%（M）和 27%（F）的［ɪ］元音是在双音节词中出现的。

表 2.17　［ɪ］元音在单音节和多音节单词中出现频率统计

音节数目	单音节词		双音节词		三音节词		四及以上音节		共计	
	M	F	M	F	M	F	M	F	M	F
出现次数	1		18	16	42	36	5	7	66	59
百分比			27%	27%	64%	61%	8%	12%		

表 2.18 为［ɪ］元音在单音节词（A），双音节词（B）三音节词（C）和四音节词（D）中的音长、音强、共振峰统计。从表 2.18 中可以看出，该元音的音长随着音节数量的增加而相对缩短。但其音强表现因人而异。如，男发音人音强随着音节数量的增多而相对减弱，而女发音人的语料未出现上述规律。如，

M：115ms（A）→83ms（B）→ 86ms（C）→64ms（D）

70dB（A）→ 63.8dB（B）→64.3dB（C）→ 58.4dB（D）

F：105ms（B）→ 108ms（C）→ 83ms（D）

66dB（B）→66dB（C）→ 67dB（D）

表 2.18　不同类型词中［ɪ］元音的声学参数统计

		M					F				
		VD	VA	F1	F2	F3	VD	VA	F1	F2	F3
单音节（A）	平均值	115	70	419	2014	2890					
双音节词（B）	平均值	83	63.8	489	1774	2562	105	66	505	2394	3183
	标准差	20	4.6	73	189	153	41	9	108	430	467
	变异系数	24%	8%	15%	11%	6%	39%	14%	21%	18%	15%
	变化范围	12	70	613	1992	2878	225	72	803	2779	3611
		38	56	307	1175	2368	35	3	80	272	221

续表

		M					F				
		VD	VA	F1	F2	F3	VD	VA	F1	F2	F3
三音节词（C）	平均值	86	64.3	488	1841	2624	108	66	511	2506	3291
	标准差	27	3.8	123	175	206	35	3	77	179	190
	变异系数	31%	6%	25%	10%	8%	32%	5%	15%	7%	6%
	变化范围	14	71	1131	2665	3239	225	71	803	2744	3611
		22	53	359	1534	2202	43	60	430	1953	2572
四音节词（D）	平均值	64	58.4	584	2047	2914	83	67	531	2220	3137
	标准差	20	7.2	383	349	449	25	2	120	477	268
	变异系数	31%	12%	66%	17%	15%	30%	5%	23%	21%	9%
	变化范围	92	67	1262	2634	3675	11	70	715	2505	3331
		42	47	359	1747	2483	41	63	318	1159	2551

3. 音节类型与声学参数之间的关系

根据表 2.19，男发音人的 16 个，女发音人 18 个［ɪ］在 V 音节中出现，占男女发音人所有［ɪ］的 24% ~ 30%；男发音人的 10 个、女发音人的 8 个［ɪ］在 VC 音节中出现，占男女发音人所有［ɪ］的 14% ~ 15%；男发音人的 18 个，女发音人 14 个［ɪ］都在 CV 音节中出现的，占男女发音人所有［ɪ］的 24% ~ 27%；男发音人的 22 个，女发音人 19 个［ɪ］在 CVC 音节中出现的，约占男女发音人所有［ɪ］的 32%。可以说，［ɪ］元音主要在 V、VC、CV、CVC 音节中出现。

表 2.19　［ɪ］元音在不同音节类型中的出现频率统计

	发音人	音节类型							共计
		V	VC	VCC	CV	CVC	CVCC	其他	
出现次数	M	16	10		18	22			66
	F	18	8		14	19			59
百分比	M	24%	15%		27%	33%			
	F	30%	14%		24%	32%			

从表 2.20 为不同音节类型中［ɪ］元音的声学参数统计。可以看出，（1）音节类型与音长之间具有一定的相关性。如，［ɪ］元音在 V 和 VC 等以元音开头音节中的音长比其在 CV 和 CVC 等以辅音开头音节中的音长要

长。而音节类型与元音音强之间几乎没有相关性；（2）出现在 CV、CVC 等以辅音开头音节中的第一共振峰频率比其在 V、VC 等以元音开头的音节中的频率相对高。与之相反，出现在 CV、CVC 等以辅音开头的音节中的第二共振峰频率比其在 V、VC 等以元音开头的音节中的频率要低。请见图 2.27。

表 2.20　不同音节类型中 [ɪ] 元音的声学参数统计

| | | M | | | | | F | | | | |
		VD	VA	F1	F2	F3	VD	VA	F1	F2	F3
V	平均值	101	62.9	453	1841	2632	115	67	481	2538	3272
	标准差	23	2.7	69	97.6	202	24	2	36	176	242
	变异系数	23%	5%	15%	5%	8%	21%	3%	7%	7%	7%
	变化范围	0.14	67	588	2036	2969	152	70	532	2760	3611
		0.06	56	360	1655	2322	79	62	428	1953	2572
VC	平均值	79	62.5	489	1914	2785	108	67	499	2620	3293
	标准差	29	4.9	232	365	233	17	2	64	102	187
	变异系数	37%	8%	47%	19%	8%	16%	3%	13%	4%	6%
	变化范围	127	69	1131	2665	3239	122	72	606	2779	3442
		22	53	307	1175	2403	68	65	446	2491	2859
CV	平均值	81	64.11	481	1816	2592	123	67	531	2422	3266
	标准差	27	3.6	75.2	85.3	151	47	3	85	307	249
	变异系数	33%	6%	16%	5%	6%	38%	4%	16%	13%	8%
	变化范围	135	70	619	1952	2919	225	72	715	2744	3596
		38	58	359	1682	2368	64	60	443	1441	2523
CVC	平均值	75	64.8	538	1829	2599	85	66	528	2346	3182
	标准差	19	5.9	172	233	286	31	3	106	325	192
	变异系数	25%	9%	32%	13%	11%	36%	5%	20%	14%	6%
	变化范围	115	71	1262	2634	3675	156	70	803	2607	3346
		36	47	395	1534	2202	41	62	318	1159	2551

4. 辅音音质与元音声学参数之间的关系

图 2.28～2.29 为男女发音人词首音节（包括单音节词）[k-、p-、t-、tʰ-、pʰ-、n-、m-、tʃ-、ʃ-、x-] 等辅音之后的 [ɪ] 元音音长比较图。如图所示，辅音音质与其后置元音音长之间具有一定的相关性。如，从总体上看，在鼻音、不送气塞音和塞擦音之后出现的 [ɪ] 元音音长比其在清擦音、送气塞音之后的音长要长。

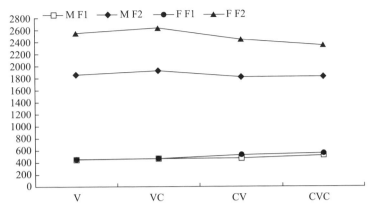

图 2.27 不同音节中 [ɪ] 元音的第一共振峰（F1）及
第二共振峰（F2）分布图（M&F）

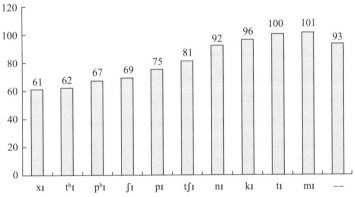

图 2.28 出现在词首音节不同辅音之后和无前置辅音音节中
[ɪ] 元音音长比较图（M）

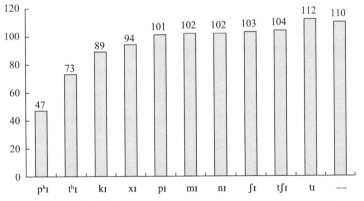

图 2.29 出现在词首音节不同辅音之后和无前置辅音音节中
[ɪ] 元音音长比较图（F）

图 2.30 ~ 2.31 为男女发音人词首音节（包括单音节词）［k-，p-，t-，tʰ-，pʰ-，n-，m-，ŋ-，tʃ-，ʃ-，x-］等辅音之后的［ɪ］元音第一、第二和第三共振峰前过渡 TF1、TF2、TF3 的变化示意图。其中，图 2.30 为以 TF1 的上升为准排列，即以舌位从高至低排列示意图，图 2.31 为以 TF2 的上升为准排列，即以舌位从后至前排列示意图。

从图 2.30 中可以看到，鄂温克语［ɪ］元音第一共振峰与其前置辅音音质之间具有一定的相关性。如，［ɪ］元音在清擦音和送气塞音之后的第一共振峰前过渡频率有所上升。该问题有待进一步研究。

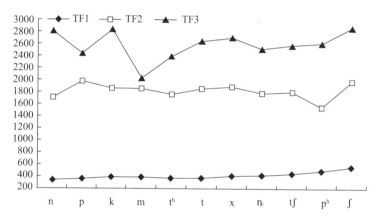

图 2.30 - 1　词首音节不同辅音之后的［ɪ］元音三个共振峰前过渡变化示意图（M）

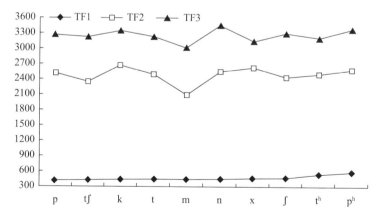

图 2.30 - 2　词首音节不同辅音之后的［ɪ］元音三个共振峰前过渡变化示意图（F）

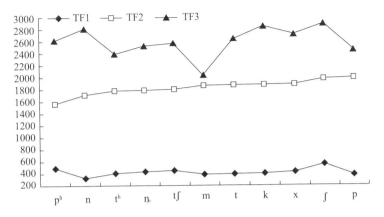

图 2.31 - 1 词首音节不同辅音之后 [ɪ] 元音三个共振峰的前过渡变化示意图（M）

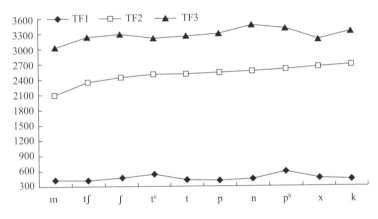

图 2.31 - 2 词首音节不同辅音之后 [ɪ] 元音三个共振峰的前过渡变化示意图（F）

（五）[ɔ] 元音

1. 参数平均值及其音质定位

表 2.21 为 [ɔ] 元音声学参数统计。该统计表显示，男女发音人 [ɔ] 元音的平均时长，平均音强分别为 M = 80ms，F = 100ms；M = 65dB，F = 68dB。其 F1 和 F2 的频率均值分别为 M：F1 = 662Hz，F2 = 1112Hz；F：F1 = 817Hz，F2 = 1360Hz。

表 2.21　[ɔ] 元音声学参数统计

	M					F				
	VD	VA	F1	F2	F3	VD	VA	F1	F2	F3
平均值	80	65	662	1112	2216	100	68	817	1360	2978
标准差	37	6.2	73.8	129	281	31	3	106	147	430
变异系数	46%	9%	11%	11%	13%	30%	4%	13%	10%	14%
变化范围	208	75	799	1529	3524	24	76	1065	1815	3577
	12	38	415	794	1545	38	59	444	941	1471

　　我们认为该元音为半低（开）、后、圆唇、紧元音。用国际音标的 [ɔ] 音标标记它接近其实际音值。图 2.32 为男性发音人 [ɔrɔ] "床铺"一词的三维语图。其中，词首元音 [ɔ] 的目标位置 F1～F4 共振峰分别为 662Hz、1111Hz、2215Hz、3698Hz。这是 [ɔ] 元音比较典型的声学语图。图 2.33 为男女发音人 [ɔ] 元音在声学元音图中的位置（均值）及其声学空间中的分布模式。显然，该元音在声学空间中的分布相对离散，其分布特点为舌位前后← →和高低↑↓维度上都有所扩散。

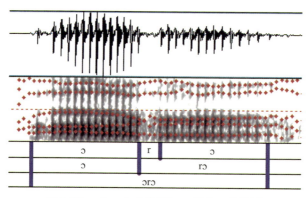

图 2.32　[ɔrɔ] "床铺"一词的三维语图

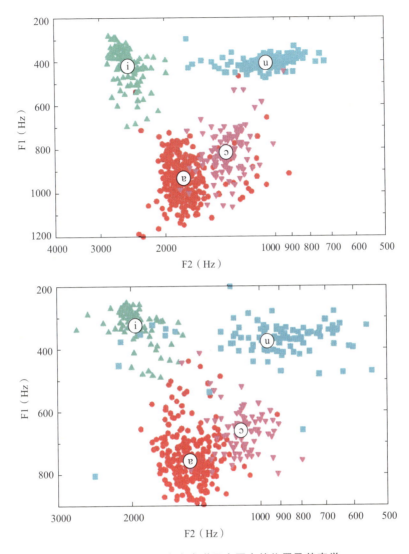

**图 2.33　[ɔ] 元音在声学元音图中的位置及其声学
空间中的分布模式（F&M）**

与目标位置共振峰频率相比，男女两位发音人 [ɔ] 元音第一共振峰的
前、后过渡段频率都相对下降，但两位发音人 [ɔ] 元音第二共振峰后过渡
段的共振峰频率均出现上升趋势。

2. 音节数量与声学参数之间的关系

表 2.22 为 [ɔ] 元音在单音节和多音节单词中的出现频率统计。可以
看出，约 49%（M）和 47%（F）的 [ɔ] 元音是在三音节词中出现的，约

有 36% （M） 和 39% （F） 的 ［ɔ］ 元音是在双音节词中出现的。

表 2.22　　［ɔ］元音在单音节和多音节单词中出现频率统计

	单音节词		双音节词		三音节词		四及以上音节		共计	
	M	F	M	F	M	F	M	F	M	F
出现次数	2	3	28	42	38	51	10	12	78	108
百分比			36%	39%	49%	47%	13%	11%		

表 2.23 为 ［ɔ］ 元音在单音节词 （A）、双音节词 （B）、三音节词 （C） 和四音节词 （D） 中的音长、音强和共振峰统计。从表 2.23 中可以看出，该元音音节数量与声学参数之间具有一定的相关性。如，该元音音长随着音节数量的增加而相对缩短。而其音强变化因人而异。如，男发音人音强随着音节数量的增多而相对变弱，而女发音人音强参数没有显示这种规律。请见下列数据：

M：114ms （A） →88ms （B） → 74ms （C） →75ms （D）；

73dB （A） → 66dB （B） → 65dB （C） → 63dB （D）

F：170ms （A） →103ms （B） → 97ms （C） → 83ms （D）；

66dB （A） →68dB （B） → 68dB （C） → 69dB （D）

表 2.23　　不同类型词中 ［ɔ］ 元音的声学参数统计

		M					F				
		VD	VA	F1	F2	F3	VD	VA	F1	F2	F3
单音节词（A）	平均值	114	73	656	936	2220	170	66	817	1417	3034
	标准差	74	3.5	36.1	5.66	124	61	6	69.5	56.5	263
	变异系数	65%	5%	5%	1%	6%	36%	9%	9%	4%	9%
	变化范围	166	75	681	940	2308	240	71	886	1472	3222
		62	70	630	932	2132	127	59	747	1359	2733
双音节词（B）	平均值	88	66	674	1073	2155	103	68	832	1344	2920
	标准差	41	5.4	64.9	118	180	23	3	106	131	442
	变异系数	47%	8%	10%	10%	8%	20%	4%	12%	9%	15%
	变化范围	208	73	795	1309	2410	167	76	1065	1815	3540
		24	54	554	794	1704	62	62	610	1099	1828

续表

		M					F				
		VD	VA	F1	F2	F3	VD	VA	F1	F2	F3
三音节词（C）	平均值	74	65	664	1130	2251	97	68	820	1360	3009
	标准差	30	5.6	74.2	126	286	32	3	101	162	467
	变异系数	40%	9%	11%	11%	13%	32%	4%	12%	11%	16%
	变化范围	154	74	799	1529	3524	192	75	1005	1736	3577
		34	52	445	904	1903	38	61	444	941	1471
四音节词（D）	平均值	75	63	626	1184	2253	83	69	750	1398	3037
	标准差	41	9.7	96.3	125	474	19	1	116	154	207
	变异系数	54%	14%	15%	10%	21%	23%	1%	15%	11%	7%
	变化范围	135	71	724	1387	3346	116	71	915	1589	3416
		12	38	415	1027	1545	52	68	530	1082	2808

3. 音节类型与声学参数之间的关系

表 2.24 为 [ɔ] 元音在不同音节类型中出现频率的统计。表 2.24 显示，男发音人的 11 个、女发音人 10 个 [ɔ] 在 V 音节中出现，占男女发音人所有 [ɔ] 的 9% ~ 14%；男发音人的 11 个、女发音人 14 个 [ɔ] 在 VC 音节中出现的，占男女发音人所有 [ɔ] 的 13% ~ 14%；男发音人的 38 个，女发音人 35 个 [ɔ] 在 CV 音节中出现的，占男女发音人所有 [ɔ] 的 32% ~ 49%；男发音人的 26 个、女发音人 49 个 [ɔ] 在 CVC 音节中出现的，占男女发音人所有 [ɔ] 的 24% ~ 33%。显然，[ɔ] 元音主要在 CV、CVC 音节中出现。

表 2.24 [ɔ] 元音在不同音节类型中出现频率统计

	发音人	音节类型				
		V	VC	CV	CVC	共计
出现次数	M	11	11	38	26	78
	F	10	14	35	49	108
百分比	M	14%	14%	49%	33%	
	F	9%	13%	32%	24%	

表 2.25 为不同音节类型中 [ɔ] 元音的声学参数统计，图 2.34 为男女发音人不同音节中 [ɔ] 元音的第一、第二共振峰分布图。从表 2.25 中可

以看出，音节类型与［ɔ］元音音长之间具有一定的相关性。如，［ɔ］元音在 V 和 VC 等以元音开头音节中的音长相对长于其在 CV 和 CVC 等以辅音开头音节中的音长。而其音强则不受音节类型的影响。从表 2.25 和图 2.34 中可以看出，与其他元音相比，音节类型与［ɔ］元音共振峰频率之间没有明显的相关性（弱相关）。如，［ɔ］元音在 CV、CVC 等以辅音开头的音节中第一共振峰相对上升。如，M：［ɔ］元音在 V、VC 等以元音开头的音节中 F1 的均值为 696Hz 和 653Hz，而在 CV、CVC 等以辅音开头的音节中其 F1 均值为 652Hz 和 663Hz，大约下降 30Hz；F：在 V、VC 等以元音开头的音节中［ɔ］元音的 F1 均值为 865Hz 和 826Hz，而在 CV、CVC 等音节中［ɔ］元音的 F1 均值为 813Hz 和 807Hz，大约下降 40Hz。而音节类型与［ɔ］元音第二共振峰之间几乎没有相关性。

表 2.25　不同音节类型中［ɔ］元音的声学参数统计

		M					F				
		VD	VA	F1	F2	F3	VD	VA	F1	F2	F3
V	平均值	105	64	696	1118	2125	118	68	865	1361	2936
	标准差	35	4.1	49.5	72.7	162	21	3	71.9	87.8	587
	变异系数	30%	6%	7%	7%	7%	18%	4%	8%	6%	20%
	变化范围	154	69	773	1218	2493	167	75	965	1472	3499
		52	57	622	1007	1928	91	63	743	1232	1646
VC	平均值	73	63	653	1130	2178	102	68	826	1363	2847
	标准差	30	6	70.7	100	276	23	3	41.1	82.7	582
	变异系数	41%	10%	10%	9%	13%	23%	4%	5%	6%	20%
	变化范围	138	74	753	1309	2551	139	73	906	1528	3353
		34	52	522	945	1545	62	62	770	1233	1471
CV	平均值	92	65	652	1100	2256	104	69	813	1358	3031
	标准差	43	7.5	72.8	132	353	33	3	110	142	419
	变异系数	46%	10%	11%	12%	16%	31%	4%	14%	10%	14%
	变化范围	208	73	786	1461	3524	192	73	1055	1815	3577
		12	38	415	927	1891	57	62	529	1008	1828
CVC	平均值	60	66	663	1116	2225	92	68	807	1360	2986
	标准差	18	5.3	83.7	155	227	31	3	120	175	351
	变异系数	30%	7%	13%	14%	10%	33%	4%	15%	13%	12%
	变化范围	90	75	799	1529	2705	240	76	1065	1736	3416
		30	56	445	794	1704	38	59	444	941	1714

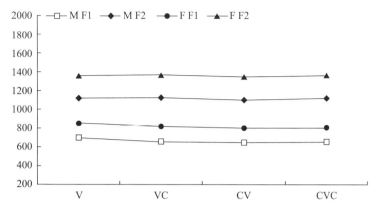

图 2.34　不同音节中 ［ɔ］元音的第一共振峰 （F1） 及
第二共振峰 （F2） 分布图 （M&F）

4. 辅音音质与元音声学参数之间的关系

图 2.35 ~ 2.36 为男女发音人词首音节（包括单音节词） ［j-, l-, p-,
n-, m-, t-, tʰ-, tʃ-, s-, k-, x-］等辅音之后的 ［ɔ］元音音长比较图。如
图所示，辅音音质与 ［ɔ］元音音长之间几乎没有相关性。

图 2.37 ~ 2.38 为词首不同辅音之后（包括单音节词） ［ɔ］元音三个共
振峰的前过渡 TF1、TF2、TF3 变化示意图。其中，图 2.37 是以 TF1 的上升
为准排列的，即以舌位从高至低排列示意图，图 2.38 是以 TF2 的上升为准
排列的，即以舌位从后至前排列示意图。从图 2.37 中可以看到，辅音音质

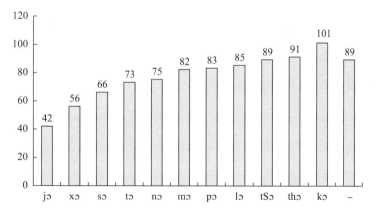

图 2.35　出现在词首音节不同辅音之后和无前置辅音
音节中 ［ɔ］元音音长比较图 （M）

与 [ɔ] 元音声学参数之间具有一定的相关性。如，男女发音人 [ɔ] 元音的 TF1 在 [s-，x-，tʰ-，pʰ-] 等清擦音和送气塞音之后分别上升到 600 Hz ~ 700 Hz（与均值相比 M：F1 = 662 Hz），830 Hz ~ 900 Hz（与均值相比 F：F1 = 817 Hz）。图 2.38 显示，除 [tʃ-] 之外其他辅音音质与 [ɔ] 元音第二共振峰前过渡（TF2）频率之间的相关性不稳定。

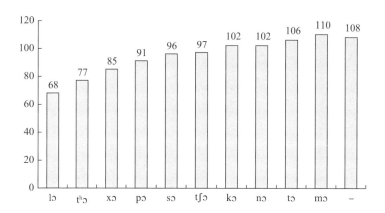

图 2.36　出现在词首音节不同辅音之后和无前置辅音
音节中 [ɔ] 元音音长比较图（F）

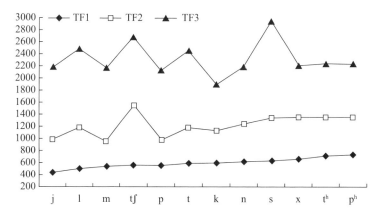

图 2.37 – 1　词首音节不同辅音之后 [ɔ] 元音三个共振峰的
前过渡 TF1、TF2、TF3 变化示意图（M）

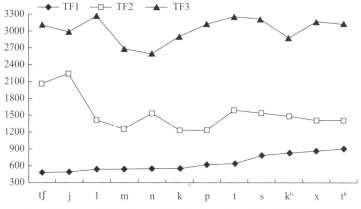

图 2.37 – 2　词首音节不同辅音之后［ɔ］元音三个共振峰的前
过渡 TF1、TF2、TF3 变化示意图（F）

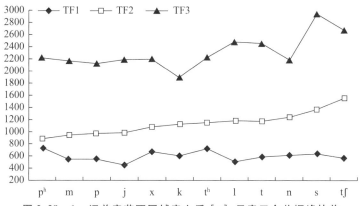

图 2.38 – 1　词首音节不同辅音之后［ɔ］元音三个共振峰的前
过渡 TF1、TF2、TF3 变化示意图（M）

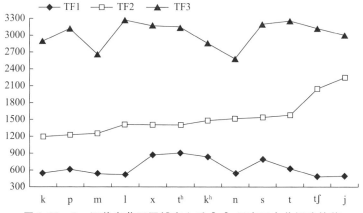

图 2.38 – 2　词首音节不同辅音之后［ɔ］元音三个共振峰的前
过渡 TF1、TF2、TF3 变化示意图（F）

（六）[ʊ] 元音

1. 参数平均值及其音质定位

表 2.26 为 [ʊ] 元音参数统计。该统计表显示，男女发音人 [ʊ] 元音的平均时长，平均音强分别为 M = 84ms，F = 96ms；M = 64dB，F = 66 dB。其 F1 和 F2 的频率均值分别为 M：F1 = 555Hz，F2 = 1036Hz；F：F1 = 581Hz，F2 = 1211Hz。

表 2.26　[ʊ] 元音声学参数统计

	M					F				
	VD	VA	F1	F2	F3	VD	VA	F1	F2	F3
平均值	84	64	555	1036	2373	96	66	581	1211	3103
标准差	32	5.3	110	248	280	26	2	82	172	206
变异系数	38%	8%	20%	24%	12%	27%	3%	14%	14%	7%
变化	173	77	1433	2749	3740	185	71	869	1647	3518
范围	2251	24	42	385	680	1777	47	59	424	895

我们认为该元音为中高、后、圆唇、紧元音，用国际音标的 [o] 标记该元音接近其实际音值。但本书遵循传统语音学的标音方法，采用了 [ʊ] 音标。图 2.39 为男性发音人 [tʰʊtʃi]"铅"一词的三维语图。其中，词首元音 [ʊ] 目标位置的第一至第四共振峰（F1 ~ F4）分别为 555Hz、1036Hz、2373Hz、3650 Hz。这是 [ʊ] 元音比较典型的声学语图。图 2.40 为男女发音人 [ʊ] 元音在声学元音图中的位置（均值）及其声学空间中的分布模式。显然，该元音在声学空间中的分布相对离散，在舌位前后← →和高低↑↓维度上都有所扩散。

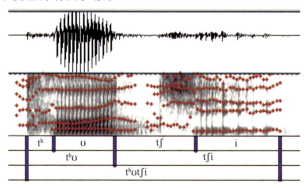

图 2.39　[tʰʊtʃi]"铅"一词的三维语图

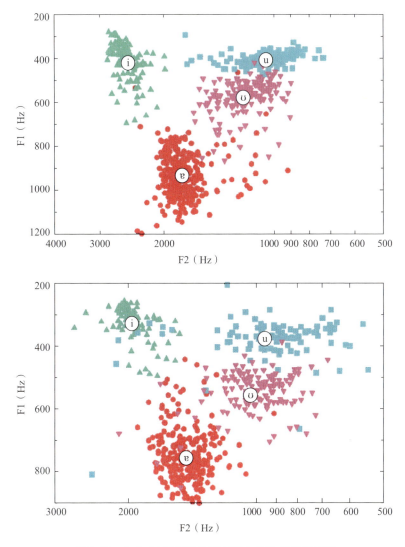

**图 2.40　〔ʊ〕元音在声学元音图中的位置及其声学
空间中的分布模式（F&M）**

与目标位置共振峰频率相比，男女两位发音人〔ʊ〕元音第一共振峰的
前、后过渡段频率都相对下降，两位发音人〔ʊ〕元音第二共振峰后过渡段
的共振峰频率均出现上升趋势。

2. 音节数量与声学参数之间的关系

表 2.27 为〔ʊ〕元音在单音节和多音节单词中的出现频率统计。可以
看出，约 53%（M）和 54%（F）的〔ʊ〕元音是在三音节词中出现的，约

有 37%（M）和 34%（F）的［ʊ］元音是在双音节词中出现的。

表 2.27　［ʊ］元音在单音节和多音节单词中出现频率

	双音节词		三音节词		四及以上音节		共计	
	M	F	M	F	M	F	M	F
出现次数	52	50	74	80	13	18	139	148
百分比	37%	34%	53%	54%	10%	12%		

表 2.28 为［ʊ］元音在双音节词（B）、三音节词（C）和四音节词（D）中的音长、音强、共振峰统计。可以看出，该元音的音节数量与声学参数之间具有一定的相关性。如，该元音音长随着音节数量的增加而相对缩短；而音强与音节数量之间出现了因人而异的关系。如，男发音人音强随着音节数量的增多而相对变弱，而女发音人音强数据中未出现这类现象。如，

$$M：91ms（B）\rightarrow 81ms（C）\rightarrow 67ms（D）；$$
$$65dB（B）\rightarrow 64dB（C）\rightarrow 61dB（D）$$
$$F：105ms（B）\rightarrow 95ms（C）\rightarrow 75ms（D）；$$
$$66dB（B）\rightarrow 66dB（C）\rightarrow 67dB（D）$$

表 2.28　不同音节词中［ʊ］元音的声学参数统计

		M					F				
		VD	VA	F1	F2	F3	VD	VA	F1	F2	F3
双音节词（B）	平均值	91	65	556	991	2373	105	66	556	1178	3137
	标准差	33	5.2	92.2	152	231	29	3	68	159	193
	变异系数	36%	8%	17%	15%	10%	28%	5%	12%	13%	6%
	变化范围	173	77	1079	1347	3304	185	71	806	1531	3518
		24	45	442	680	1999	47	59	424	900	2572
三音节词（C）	平均值	81	64	555	1050	2380	95	66	592	1216	3082
	标准差	30	5	122	292	314	23	2	91	167	224
	变异系数	37%	8%	21%	27%	13%	24%	3%	15%	14%	7%
	变化范围	172	72	1433	2749	3740	160	70	869	1635	3430
		33	43	385	763	2019	51	60	472	911	2251

续表

		M					F				
		VD	VA	F1	F2	F3	VD	VA	F1	F2	F3
四音节词（D）	平均值	67	61	549	1142	2332	75	67	600	1279	3101
	标准差	30	6.4	104	267	269	19	1	65	209	145
	变异系数	44%	10%	19%	23%	12%	25%	1%	10%	16%	5%
	变化范围	132	66	848	1686	2915	117	70	749	1647	3273
		36	42	429	739	1777	47	64	510	895	2693

3. 音节类型与声学参数之间的关系

表 2.29 为 [ʊ] 元音在不同音节类型中的出现频率统计。根据表 2.29，男发音人的 32 个，女发音人 34 个 [ʊ] 在 V 音节中出现，占男女发音人所有 [ʊ] 的 23%；男发音人的 8 个，女发音人 12 个 [ʊ] 都在 VC 音节中出现的，占男女发音人所有 [ʊ] 的 6% ~ 8%；男发音人的 53 个，女发音人 60 个 [ʊ] 都在 CV 音节中出现的，占男女发音人所有 [ʊ] 的 38% ~ 41%；男发音人的 44 个，女发音人 42 个 [ʊ] 都在 CVC 音节中出现的，占男女发音人所有 [ʊ] 的 28% ~ 32%。显然，[ʊ] 元音主要在 V、CV、CVC 等音节中出现。

表 2.29　　[ʊ] 元音在不同音节类型中的出现频率统计

	发音人	音节类型							共计
		V	VC	VCC	CV	CVC	CVCC	其他	
出现次数	M	32	8		53	44		2	139
	F	34	12		60	42			148
百分比	M	23%	6%		38%	32%			
	F	23%	8%		41%	28%			

表 2.30 为不同音节类型中 [ʊ] 元音的声学参数统计，图 2.41 为男女发音人不同音节中 [ʊ] 元音的第一共振峰（F1）及第二共振峰（F2）分布图。从表 2.30 中可以看出，音长与音节类型之间具有一定的相关性。如，[ʊ] 元音在 V 和 VC 等以元音开头音节中的音长比其在 CV 和 CVC 等以辅音开头音节中的音长要长；音节类型与 [ʊ] 元音音强之间没有相关性。

从表 2.30 和图 2.41 中可以看出，音节类型与 [ʊ] 元音共振峰之间有一定的相关性，即在 CV、CVC 等以辅音开头音节中的 [ʊ] 元音第一、第二共振峰频率比以 V、VC 等以元音开头的音节中的频率相对高。如，M：［ʊ］元音在 F1 均值为 516Hz 和 525Hz，而其在 CV、CVC 等以辅音开头的音节中的 F1 均值为 563Hz 和 578Hz，约上升 50Hz；F：［ʊ］元音在 V、VC 等以元音开头音节中的 F1 均值为 545Hz 和 534Hz，而其在 CV、CVC 等以辅音开头的音节中的 F1 均值为 591Hz 和 609Hz，约上升 50Hz；再如，M：［ʊ］元音在 V、VC 等以元音开头的音节中的 F2 均值为 935Hz 和 942Hz，而其在 CV、CVC 等以辅音开头的音节中的 F2 均值为 1059Hz 和 1098Hz，大约上升 100Hz；F：［ʊ］元音在 V、VC 等以元音开头的音节中 F2 的均值为 1108Hz 和 1113Hz，而其在 CV、CVC 等以辅音开头的音节中 F2 的均值为 1279Hz 和 1225Hz，大约上升 100Hz。显然，词首辅音能够提升其后置［ʊ］元音的共振峰频率，即降低其舌位高度。

表 2.30　不同音节类型中［ʊ］元音的声学参数统计

		M					F				
		VD	VA	F1	F2	F3	VD	VA	F1	F2	F3
V	平均值	100	63	516	935	2404	113	66	545	1108	3198
	标准差	35	5.1	62.6	136	237	24	2	40	82.1	176
	变异系数	35%	8%	12%	14%	10%	21%	3%	7%	7%	6%
	变化范围	172	72	721	1508	2975	158	70	644	1329	3430
		37	52	385	726	2019	52	60	439	926	2736
VC	平均值	86	65	525	942	2477	108	66	534	1113	3156
	标准差	29	4.6	38	140	198	21	2	49	92.4	227
	变异系数	34%	8%	7%	15%	8%	19%	4%	9%	8%	7%
	变化范围	129	71	577	1135	2688	136	68	610	1252	3334
		51	59	464	742	2177	64	61	479	956	2491
CV	平均值	83	65	563	1059	2288	90	66	591	1279	3129
	标准差	31	4.5	129	267	181	29	2	89	163	163
	变异系数	37%	8%	23%	25%	8%	32%	4%	15%	13%	5%
	变化范围	173	72	1433	2749	3033	185	70	869	1647	3518
		33	43	459	785	1999	47	59	424	987	2572
CVC	平均值	72	64	578	1098	2434	86	66	609	1225	2974
	标准差	26	6.3	113	279	381	17	2	90	203	219
	变异系数	36%	9%	20%	25%	16%	20%	4%	15%	17%	7%
	变化范围	132	77	1079	2113	3740	131	71	851	1553	3273
		24	42	442	680	1777	47	62	495	895	2251

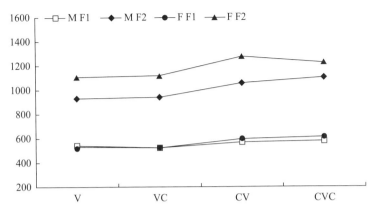

图 2.41　不同音节中［ʊ］元音的第一共振峰（F1）及
第二共振峰（F2）分布图（M&F）

4. 辅音音质与元音声学参数之间的关系

图 2.42 为男女发音人词首音节（包括单音节词）［n-，m-，l-，p-，t-，k-，tʰ-，x-，s-］等辅音之后 V 开头音节（无前置辅音）中［ʊ］元音的音长比较图。该图显示，辅音音质与元音音长之间没有相关性。

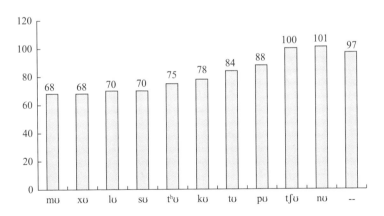

图 2.42 − 1　出现在词首音节不同辅音之后和无前置辅音
音节中［ʊ］元音音长比较图（M）

图 2.43 ~ 2.44 为男女发音人词首音节（包括单音节词）［n-，m-，l-，p-，t-，k-，tʰ-，x-，s-］等辅音之后［ʊ］元音第一、第二和第三共振峰的前过渡 TF1、TF2、TF3 的变化示意图。其中，图 2.43 以 TF1 的上升为准排

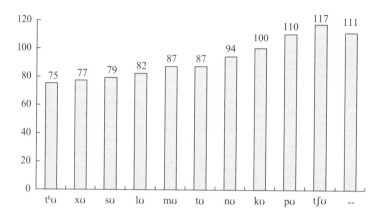

图 2.42 - 2　出现在词首音节不同辅音之后和无前置辅音
音节中 [ʊ] 元音音长比较图 (F)

列，即以舌位从高至低排列示意图，图 2.44 为以 TF2 的上升为准排列，即以舌位从后至前排列示意图。从图 2.43 中看出，辅音音质与 [ʊ] 元音声学参数之间具有一定的相关性。如，[ʊ] 元音在 [s-，x-，tʰ-] 等清擦音和送气塞音之后的 TF1 和 TF2 频率相对高。图 2.44 显示，除 [tʃ-] 之外其他辅音音质与 [ʊ] 元音第二共振峰前过渡（TF2）频率之间的相关性不稳定。

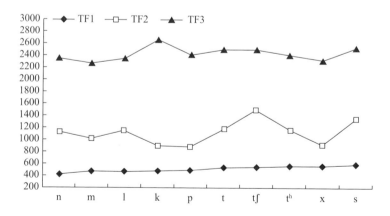

图 2.43 - 1　词首音节不同辅音之后 [ʊ] 元音三个共振峰的前过渡
TF1、TF2、TF3 等的变化示意图 (M)

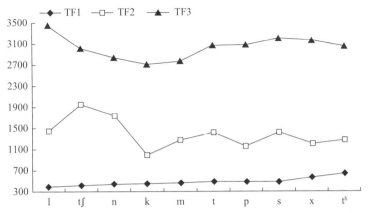

图 2.43 - 2　词首音节不同辅音之后［ʊ］元音三个共振峰的前过渡
TF1、TF2、TF3 等的变化示意图（F）

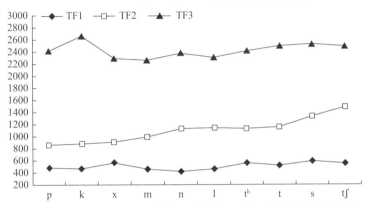

图 2.44 - 1　词首音节不同辅音之后［ʊ］元音三个共振峰的前过渡
TF1、TF2、TF3 等的变化示意图（M）

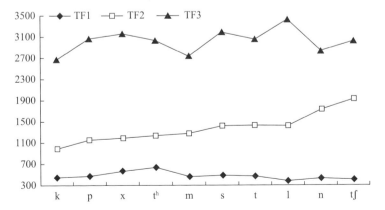

图 2.44 - 2　词首音节不同辅音之后［ʊ］元音三个共振峰的前过渡
TF1、TF2、TF3 等的变化示意图（F）

（七）［o］元音

1. 参数平均值及其音质定位

表 2.31 为［o］元音声学参数统计。该统计表显示男女发音人［o］元音的平均时长、平均音强分别为 M = 79ms，F = 110ms；M = 66dB，F = 69 dB。据该元音 F1 和 F2 的频率均值分别为 M：F1 = 469Hz，F2 = 1174Hz；F：F1 = 465Hz，F2 = 1133Hz。虽然［o］元音的出现次数较少（出现频率较低），但该元音具有音位功能。为此，我们进行了单独统计分析和阐述。

表 2.31　［o］元音声学参数统计

	M					F				
	VD	VA	F1	F2	F3	VD	VA	F1	F2	F3
平均值	79	66	469	1174	2399	110	69	465	1133	3186
标准差	32	7.6	158	379	224	18	2	53	183	192
变异系数	40%	12%	34%	32%	9%	16%	3%	11%	16%	6%
变化范围	127	76	830	1970	2718	140	73	537	1311	3438
	42	55	289	804	2012	96	67	405	830	2941

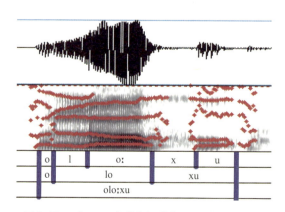

图 2.45　［olo:xu］"虚假的"一词的三维语图

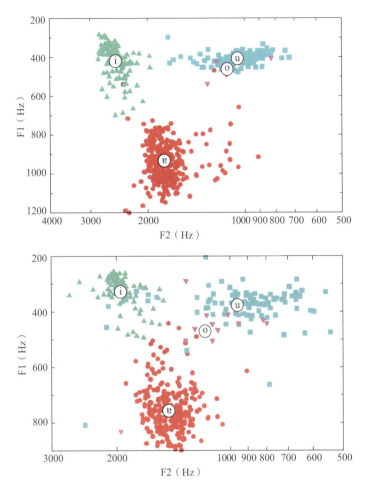

**图 2.46　［o］元音在声学元音图中的位置及其声学
空间中的分布模式（F&M）**

　　我们认为该元音为次高、后、圆唇、松元音，用国际音标的［ʊ］音标
标记该元音接近其实际音值，但本书遵循传统语音学的标音方法，采用了
［o］音标。图 2.45 为男性发音人［oloːxu］"虚假的"一词的三维语图。其
中，词首元音［o］的目标位置 F1～F4 共振峰分别为 469 Hz、1174 Hz、
2399 Hz、3551 Hz。这是［o］元音比较典型的声学语图。图 2.46 为男女发
音人［o］元音在声学元音图中的位置（均值）及其声学空间中的分布模
式。该元音的出现次数相对少。其中，女发音人的［o］元音相对靠上，男
发音人的相对靠下、靠前。

2. 音节数量与声学参数之间的关系

表2.32为［o］元音在单音节和多音节单词中的出现频率统计，约38%（M）和20%（F）的［o］元音是在三音节词中出现的，约有50%（M）和60%（F）的［o］元音是在双音节词中出现的。

表 2.32　［o］元音在单音节和多音节单词中出现频率统计

	单音节词	双音节词		三音节词		四及以上音节		共计	
		M	F	M	F	M	F	M	F
出现次数		4	3	3	1	1	1	8	5
百分比		50%	60%	38%	20%				

表2.33为男女发音人的［o］元音在双音节词（B）、三音节词（C）和四音节词（D）中的音长、音强、共振峰统计。从表上看，该元音音节数量与声学参数之间的关系具有一定的相关性。可以看出该元音的音长随着音节数量的增加而相对缩短。男发音人音强随着音节数量的增多相对变弱；而女发音人音强数据未出现此类规律。如，

$$M：105ms（B）\rightarrow 51ms（C）\rightarrow 59ms（D）；$$
$$70dB（B）\rightarrow 60dB（C）\rightarrow 70dB（D）$$
$$F：119ms（B）\rightarrow 96ms（C）\rightarrow 97ms（D）；$$
$$70dB（B）\rightarrow 70dB（C）\rightarrow 68dB（D）$$

表 2.33　不同类型词中［o］元音的声学参数统计

		M					F				
		VD	VA	F1	F2	F3	VD	VA	F1	F2	F3
双音节词（B）	平均值	105	70	531	1189	2259	119	70	454	1042	3079
	标准差	21	6.5	200	529	167	19	3	44	183	150
	变异系数	20%	10%	38%	44%	7%	15%	4%	9%	18%	5%
	变化范围	127	76	830	1970	2378	14	73	490	1149	3238
		80	61	410	804	2012	103	67	405	830	2941

续表

		M					F				
		VD	VA	F1	F2	F3	VD	VA	F1	F2	F3
三音节词（C）	平均值	51	60	401	1271	2480	96	70	423	1230	3257
	标准差	14	7.6	107	90.7	185					
	变异系数	27%	13%	26%	7%	7%					
	变化范围	67	69	503	1325	2686					
		42	55	289	1166	2330					
四音节词（D）		59	70	429	824	2718	97	68	537	1311	3438

3. 音节类型与声学参数之间的关系

表 2.34 为 [o] 元音在不同音节类型中的频率统计。虽然数量较少，没有统计学意义，但为了感受该元音的某些特点，我们还是进行了一些统计。

表 2.34　[o] 元音在不同音节类型中的出现频率统计

	发音人	音节类型							共计
		V	VC	VCC	CV	CVC	CVCC	其他	
出现次数	M	2		2	1	3			8
	F	2			1	2			5
百分比	M	25%		25%		38%			
	F	40%			20%	40%			

从表 2.35 中可以看出，音长与音节类型之间具有一定的相关性。如，[o] 元音在 V 和 VC 等以元音开头音节中的音长相对短于其在 CV 和 CVC 音节中的音长。该元音音强则不受音节类型的影响。

表 2.35　不同音节类型中 [o] 元音的声学参数统计

		M					F				
		VD	VA	F1	F2	F3	VD	VA	F1	F2	F3
V	平均值	51	64	421	995	2571	97	69	480	1271	3348
	标准差	12	9.2	12	242	209	1	1	81	57.3	128
	变异系数	23%	14%	3%	24%	8%	1%	1%	17%	4%	4%
	变化范围	59	70	429	1166	2718	97	70	537	1311	3438
		42	57	412	824	2423	96	68	423	1230	3257

续表

		M					F				
		VD	VA	F1	F2	F3	VD	VA	F1	F2	F3
VC	平均值	56	62	396	1323	2508					
	标准差	16	9.9	151	2.83	252					
	变异系数	29%	16%	385	0.10%	10%					
	变化范围	67	69	503	1325	2686					
		45	55	289	1321	2330					
CV	平均值	127	61	441	804	2336	140	67	405	830	2941
CVC	平均值	97	73	560	1317	2234	108	71	479	1148	3148
	标准差	19	3.5	234	567	195	1	3	16	2.12	127
	变异系数	19%	5%	42%	43%	9%	1%	4%	3%	0.10%	4%
	变化范围	117	76	830	1970	2378	113	73	490	1149	3238
		80	69	410	958	2012	103	69	468	1146	3058

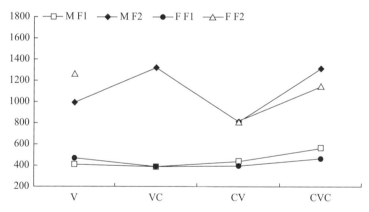

2.47 不同音节中 ［o］元音的第一共振峰（F1）和
第二共振峰（F2）分布图（M&F）

（八）［u］元音

1. 参数平均值及其音质定位

表 2.36 为男女发音人 ［u］元音的声学参数统计。该统计表显示了男女发音人 ［u］元音的平均时长、平均音强分别为 M = 85ms，F = 94ms；M =

62.5dB，F＝66 dB。该元音第一、第二共振峰（F1、F2）频率均值分别为 M：F1＝377Hz，F2＝959Hz；F：F1＝407Hz，F2＝1054Hz。

表 2.36　［u］元音声学参数统计

M	M					F				
	VD	VA	F1	F2	F3	VD	VA	F1	F2	F3
平均值	85	62.5	377	959	2599	94	66	407	1054	2893
标准差	34	3.5	71	337	398	33	2	28	175	264
变异系数	40%	6%	19%	35%	15%	35%	3%	68%	16%	9%
变化范围	178	70	808	2447	3634	321	71	478	1730	4078
	32	54	205	422	2071	33	61	298	728	2066

我们认为该元音为高、后、圆唇、松元音，用国际音标的［u］标记接近其实际音值。图 2.48 为男性发音人［xuttə］"轮子"一词的三维语图。其中，词首元音［u］的目标位置 F1～F4 共振峰分别为 377Hz、959Hz、2599Hz、3693Hz。这是［u］元音比较典型的声学语图。图 2.49 为男女发音人［u］元音在声学元音图中的位置（均值）及其声学空间中的分布模式。显然，该元音在声学空间中的分布相对离散，其分布特点为舌位前后维度上← →扩散。

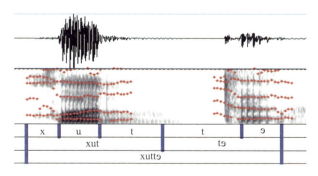

图 2.48　［xuttə］"轮子"一词的三维语图

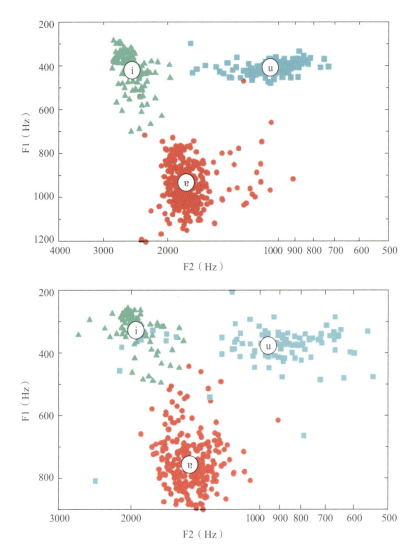

图 2.49 ［u］元音在声学元音图中的位置及其声学
空间中的分布模式（F&M）

与目标位置共振峰频率相比女发音人［u］元音第一共振峰的前、后过
渡段频率都相对下降，但男发音人［u］元音第一共振峰的前过渡段相对下
降，后过渡段相对上升。男女发音人［u］元音第二共振峰后过渡段频率均
出现上升趋势。

2. 音节数量与声学参数之间的关系

表 2.37 为［u］元音在单音节和多音节单词中的出现频率统计，约 63%（M）和 47%（F）的［u］元音是在三音节词中出现的，约有 25%（M）和 39%（F）的［u］元音是在双音节词中出现的。

表 2.37　［u］元音在单音节和多音节单词中出现频率统计

	单音节词		双音节词		三音节词		四及以上音节		共计	
	M	F	M	F	M	F	M	F	M	F
出现次数		2	25	54	63	66	12	17	100	139
百分比			25%	39%	63%	47%	12%	9%		

表 2.38 为［u］元音在单音节词（A）、双音节词（B）、三音节词（C）和四音节词（D）中的音长、音强、共振峰统计。从表 2.38 中可以看出，该元音的音长随着音节数量的增加而相对缩短。男发音人音强随着音节数量的增多相对变弱；而女发音人音强数据则未随音节数量的增加而出现变化。如，

M：91ms（B）→ 82ms（C）→86ms（D）；
63.6dB（B）→62.3dB（C）→ 61.1dB（D）

F：197 ms（A）→ 98ms（B）→ 90ms（C）→ 82ms（D）；
66dB（A）→65dB（B）→66dB（C）→ 67dB（D）

表 2.38　不同类型词中［u］元音的声学参数统计

		M					F				
		VD	VA	F1	F2	F3	VD	VA	F1	F2	F3
单音节词（A）	平均值						197	66	431	987	3019
	标准差						176	1	28	147	144
	变异系数						89%	2%	6%	15%	5%
	变化范围						321	66	451	1091	3121
							72	65	411	883	2917

续表

		M					F				
		VD	VA	F1	F2	F3	VD	VA	F1	F2	F3
双音节词（B）	平均值	91	63.6	379	919	2527	98	65	412	1049	2915
	标准差	32	3.8	43.8	218	316	25	2	26	153	274
	变异系数	35%	6%	12%	24%	12%	26%	3%	6%	15%	9%
	变化范围	158	69	485	1785	3485	321	71	478	1730	4078
		39	57	292	670	2071	58	61	354	828	2311
三音节词（C）	平均值	82	62.3	379	942	2607	90	66	401	1062	2867
	标准差	31	3.4	83.3	333	426	28	2	29	195	267
	变异系数	38%	5%	21%	35%	16%	31%	3%	7%	18%	9%
	变化范围	157	70	808	2447	3634	179	69	473	1730	4078
		32	54	205	422	2097	33	61	298	728	2066
四音节词（D）	平均值	86	61.1	365	1141	2704	82	67	413	1049	2905
	标准差	47	2.6	42.3	502	406	25	2	25	171	227
	变异系数	54%	5%	12%	43%	15%	30%	3%	6%	16%	8%
	变化范围	178	66	456	2141	3464	136	70	454	1359	
		34	56	306	558	2275	45	64	365	767	2240

3. 音节类型与声学参数之间的关系

表 2.39 为出现在不同音节类型中［u］元音频率统计。可以看出，男发音人的 29 个，女发音人 32 个［u］在 V 音节中出现，占男女发音人所有［u］的 23% ~29%。男发音人的 12 个，女发音人 16 个［u］在 VC 音节中出现，占男女发音人所有［u］的 12%。男发音人的 33 个，女发音人 52 个［u］在 CV 音节中出现，占男女发音人所有［u］的 33% ~37%。男发音人的 22 个，女发音人 37 个［u］在 CVC 音节中出现，占男女发音人所有［u］的 22% ~27%。可以说，［u］元音主要在 V、CV、CVC 音节中出现。

表 2.39　［u］元音在不同音节类型中的出现频率统计

	发音人	音节类型							共计
		V	VC	VCC	CV	CVC	CVCC	其他	
出现次数	M	29	12		33	22	3	1	100
	F	32	16		52	37	2		139

发音人		音节类型							共计
		V	VC	VCC	CV	CVC	CVCC	其他	
百分比	M	29%	12%		33%	22%			
	F	23%	12%		37%	27%			

表 2.40 为不同音节类型中［u］元音的声学参数统计，图 2.50 为不同音节中［u］元音的第一共振峰（F1）及第二共振峰（F2）分布图。表 2.40 显示，音长与音节类型之间具有一定的相关性。如［u］元音在 V 和 VC 等以元音开头音节中的音长相对长于在 CV 和 CVC 音节中的音长。该元音音强不受音节类型的影响。

图 2.50 显示，音节类型与元音共振峰之间具有一定的相关性，即词首辅音抬高其后置元音第一、第二共振峰频率上升。如在 CV、CVC 等以辅音开头的音节中［u］元音的第一共振峰相对上升。如，M：在 V、VC 等以元音开头的音节中［u］元音 F1 的均值为 361Hz，而在 CV、CVC 等以辅音开头的音节中其 F1 的均值为 397Hz 和 383Hz，大约上升 30Hz；F：在 V、VC 等以元音开头的音节中［u］元音的 F1 均值为 387Hz 和 393Hz，而在 CV、CVC 等音节中［u］元音的 F1 均值为 412Hz 和 424Hz，大约上升 50Hz；M：在 V、VC 等以元音开头的音节中［u］元音 F2 的均值为 809Hz 和 932Hz，而在 CV、CVC 等以辅音开头的音节中其 F2 的均值为 1011Hz 和 1060Hz，大约上升 100Hz；F：在 V、VC 等以元音开头的音节中［u］元音的 F2 均值为 957Hz 和 954Hz，而在 CV、CVC 等音节中［u］元音的 F2 均值为 1085Hz 和 1117Hz，大约上升 100Hz。可以看出，音节类型对第二共振峰频率的影响相对显著。

表 2.40 不同音节类型中［u］元音的声学参数统计

		M					F				
		VD	VA	F1	F2	F3	VD	VA	F1	F2	F3
V	平均值	102	62	361	809	2638	108	66	387	957	2803
	标准差	33	3.3	35	225	455	19	2	18	77.1	331
	变异系数	32%	5%	9%	28%	17%	17%	3%	5%	8%	11%
	变化范围	178	70	422	1664	3634	159	69	428	1084	4078
		52	57	244	422	2097	63	61	333	817	2066

续表

		M					F				
		VD	VA	F1	F2	F3	VD	VA	F1	F2	F3
VC	平均值	90	60	361	932	2559	109	66	393	954	2715
	标准差	36	4.2	39	238	378	25	2	22	94.2	315
	变异系数	40%	15%	10%	25%	14%	23%	3%	6%	10%	12%
	变化范围	15	67	416	1577	3609	179	69	425	1086	3239
		43	54	284	645	2254	73	61	359	749	2240
CV	平均值	75	63	397	1011	2614	94	66	412	1085	2956
	标准差	33	3.3	90.6	364	395	43	2	27	175	219
	变异系数	44%	4%	22%	36%	15%	45%	3%	7%	16%	7%
	变化范围	158	68	808	2447	3488	321	71	463	1730	3537
		32	56	284	666	2071	48	62	298	728	2345
CVC	平均值	72	63	383	1060	2569	77	66	424	1117	2962
	标准差	26	3.3	86.1	393	354	21	2	24	188	175
	变异系数	36%	5%	22%	37%	14%	27%	3%	6%	17%	6%
	变化范围	133	69	663	2141	3429	129	70	478	1713	3322
		34	57	205	542	2159	33	62	361	828	2473

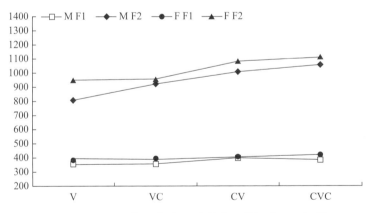

图 2.50　不同音节中［u］元音的第一共振峰（F1）及
第二共振峰（F2）分布图（M&F）

4. 辅音音质与元音声学参数之间的关系

图 2.51～2.52 为男女发音人词首音节（包括单音节词）［p-, t-, k-, x-, pʰ-, tʰ-, kʰ-, n-, m-, l-, s-, tʃ-, tʃʰ-］等辅音之后和 V 开头音节

（无前置辅音）中的［u］元音音长比较图。可以看出，［u］元音音长与辅音音质之间的相关性不稳定，即男女发音人的数据未呈现比较一致的规律。

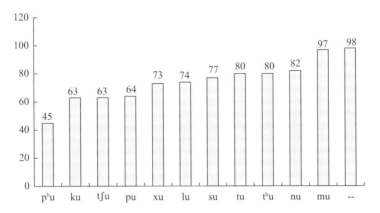

图 2.51　出现在词首音节不同辅音之后和无前置辅音
音节中［u］元音音长比较图（M）

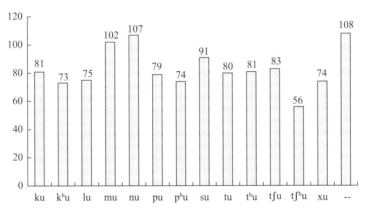

图 2.52　出现在词首音节不同辅音之后和无前置辅音
音节中［u］元音音长比较图（F）

　　图 2.53～2.54 为男女发音人词首音节（包括单音节词）［p-、t-、k-、x-、pʰ-、tʰ-、kʰ-、n-、m-、l-、s-、tʃ-、tʃʰ-］等辅音之后的［u］元音第一、第二和第三共振峰前过渡 TF1、TF2、TF3 的变化示意图。其中，图 2.53 以 TF1 的上升为准排列，即以舌位从高至低排列示意图，图 2.54 以 TF2 的上升为准排列，即以舌位从后至前排列示意图。从图 2.53～2.54 中看出，除［p］和［tʃ-］之外其他辅音音质与［u］元音第一、第二共振峰前过渡（TF1 和 TF2）频率之间的相关性不稳定。

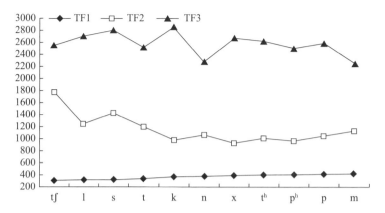

图 2.53 - 1　词首音节辅音之后的 ［u］元音三个共振峰前过渡
TF1、TF2、TF3 等的变化示意图 （M）

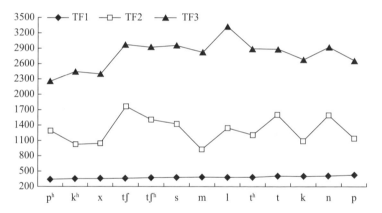

图 2.53 - 2　词首音节辅音之后的 ［u］元音三个共振峰前过渡
TF1、TF2、TF3 等的变化示意图 （F）

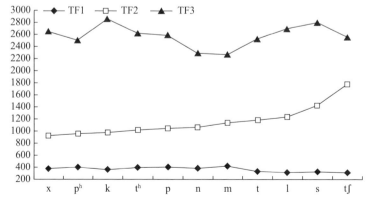

图 2.54 - 1　词首音节辅音之后的 ［u］元音三个共振峰前过渡
TF1、TF2、TF3 等的变化示意图 （M）

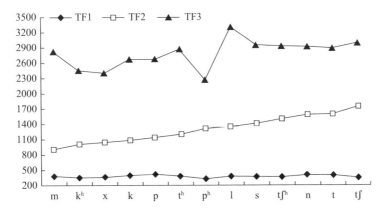

图 2.54 – 2 词首音节辅音之后的 [u] 元音三个共振峰前过渡
TF1、TF2、TF3 等的变化示意图（F）

（九）［e］元音

1. 参数平均值及其音质定位

表 2.41 为 M 和 F 的 ［e］元音声学参数统计。该统计表显示男女发音人 ［e］元音的平均时长、平均音强分别为 M = 79ms，F = 127ms；M = 65dB，F = 67dB。其 F1 和 F2 的频率均值分别为 M：F1 = 467Hz，F2 = 1774Hz；F：F1 = 547Hz，F2 = 2440Hz。需要说明的是，［e］元音的出现次数虽然较少（出现频率较低），并且在声学元音图上与 ［ɪ］元音重叠，但该元音仍具有音位功能。为此，我们进行了单独统计分析和阐述。

表 2.41 ［e］元音声学参数统计

	M					F				
	VD	VA	F1	F2	F3	VD	VA	F1	F2	F3
平均值	79	65	467	1774	2507	127	67	547	2440	3184
标准差	44	4	52	90.1	90.7	54	3	106	231	216
变异系数	55%	6%	11%	5%	4%	43%	4%	19%	9%	7%
变化范围	162	68	537	1863	2623	193	71	719	2726	3429
	43	57	385	1629	2387	67	63	451	2151	2870

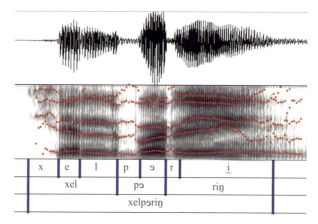

图 2.55　［xelpəriŋ］"蓝色的"一词的三维语图

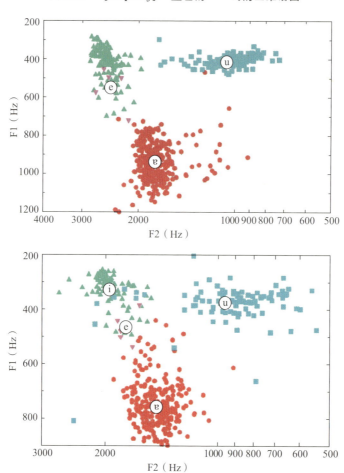

图 2.56　［e］元音在声学元音图中的位置及其声学空间中的分布模式（F&M）

图 2.55 为男性发音人 [xelpəriŋ]“蓝色的”一词的三维语图。其中，词首元音 [e] 的目标位置的 F1 ~ F4 共振峰分别为 467Hz、1774Hz、2507Hz、3693 Hz。这是 [e] 元音比较典型的声学语图。图 2.56 为男女发音人 [e] 元音在声学元音图中的位置（均值）及其声学空间中的分布模式。我们认为该元音为半高、前、展唇元音。

2. 音节数量与声学参数之间的关系

表 2.42 为 [e] 元音在单音节和多音节单词中的出现频率统计，可以看出，50%（M）和 40%（F）的 [e] 元音是在双音节词中出现的；有 34%（M）和 20%（F）的 [e] 元音是在三音节词中出现的；有 16%（M）和 40%（F）的 [e] 元音是在单音节词中出现的。虽然数量少没有统计意义，但为了展示该元音某些特点我们还是列举了相关数据。

表 2.42　　[e] 元音在单音节和多音节单词中出现频率统计

音节数目	单音节词		双音节词		三音节词		四以上音节	共计	
	M	F	M	F	M	F		M	F
出现次数	1	2	3	2	2	1		6	5
百分比	16%	40%	50%	40%	34%	20%			

表 2.43 为 [e] 元音在单音节词（A）、双音节词（B）、三音节词（C）中的音长、音强、共振峰统计。该元音的音长随着音节数量的增加而相对缩短。男发音人音强随着音节数量的增多相对变弱；而女发音人音强数据则未随音节数量的增加而出现变化。如，

M：43ms（A）→102ms（B）→ 62ms（C）；
　　68dB（A）→64dB（B）→67dB（C）

F：179 ms（A）→ 99ms（B）→81ms（C）；
　　69dB（A）→65dB（B）→69dB（C）

表 2.43　不同类型词中［e］元音的声学参数统计

		M					F				
		VD	VA	F1	F2	F3	VD	VA	F1	F2	F3
单音节词	平均值	43	68	2544	494	1618	179	69	646	2439	3271
	标准差						21	3	103	407	43.1
	变异系数						11%	4%	16%	17%	1%
	变化范围						193	71	719	2726	3301
							164	67	573	2151	3240
双音节词	平均值	102	64	2482	455	1695	99	65	473	2527	3150
	标准差	55	6	96	69	140	45	2	31	66.5	395
	变异系数	54%	9%	4%	15%	8%	45%	3%	7%	3%	13%
	变化范围	162	68	2579	499	1810	131	66	495	2574	3429
		53	57	2387	375	1539	67	63	451	2480	2870
三音节词	平均值	62	67	2527	447	1728	81	69	498	2270	3082
	标准差	6	2	136	28	71.4					
	变异系数	10%	3%	5%	6%	4%					
	变化范围	66	68	2623	467	1778					
		57	65	2430	427	1677					

3. 音节类型与声学参数之间的关系

表 2.44 为出现在不同音节类型中［e］元音频率统计。可以看出，男发音人的 3 个、女发音人 2 个［e］都在 CV 音节中出现，占男女发音人所有［e］的 40% ~ 50%。男发音人的 3 个、女发音人 3 个［e］都在 CVC 音节中出现，占男女发音人所有［e］的 50% ~ 60%。可以说，［e］元音主要在 CV、CVC 音节中出现。

表 2.44　［e］元音在不同音节类型中的出现频率统计

	发音人	音节类型							共计
		V	VC	VCC	CV	CVC	CVCC	其他	
出现次数	M				3	3			6
	F				2	3			5
百分比	M				50%	50%			
	F				40%	60%			

表 2.45 为不同音节类型中［e］元音的声学参数统计，图 2.57 为不同音节中［e］元音的第一共振峰（F1）及第二共振峰（F2）分布图。

图 2.57 显示，音节类型与元音共振峰之间具有一定的相关性，即词首辅音抬高其后置元音第一、第二共振峰频率。在 CV 音节中［e］元音的第一共振峰相对上升。如，M：在 CV 音节中其 F1 的均值为 490Hz，大约上升 30Hz，在 CVC 音节中其 F1 均值为 455Hz，大约下降 10Hz；F：在 CV 音节中［e］元音的 F1 均值为 497Hz，大约下降 50Hz，在 CVC 音节中其 F1 均值为 571Hz，大约上升 30Hz；M：在 CV、CVC 等以辅音开头的音节中其 F2 的均值为 1782Hz 和 1769Hz，无明显变化；F：在 CV 音节中［e］元音的 F2 均值为 2375Hz，大约下降 70Hz，在 CVC 音节中［e］元音的 F2 均值为 2484Hz，大约上升 40Hz。显然，音节类型对第二共振峰频率的影响相对显著。

表 2.45　不同音节类型中［e］元音的声学参数统计

		M					F				
		VD	VA	F1	F2	F3	VD	VA	F1	F2	F3
CV	平均值	103	67	490	1782	2562	74	66	497	2375	2976
	标准差	84	1	67	115	24.7	10	4	2.1	148	150
	变异系数	82%	1%	14%	6%	1%	14%	6%	1%	6%	5%
	变化范围	162	68	537	1863	2579	81	69	498	2480	3082
		43	66	442	1701	2544	67	63	495	2270	2870
CVC	平均值	67	65	455	1769	2480	163	68	581	2484	3323
	标准差	18	5	50	95.3	103	31	3	134	298	96.5
	变异系数	27%	8%	10%	5%	4%	19%	4%	23%	12%	3%
	变化范围	92	68	501	1830	2623	193	71	719	2726	3429
		53	57	385	1629	2387	131	66	451	2151	3240

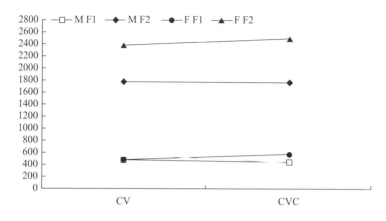

图 2.57　不同音节中［e］元音的第一共振峰（F1）及
第二共振峰（F2）分布图

从表 2.45 和图 2.57 中可以看出，音节类型与［e］元音声学参数之间
没有相关性。

4. 辅音音质与元音声学参数之间的关系

据本次统计分析，词首［e］元音在男发音人数据库中出现 6 次，女发
音人数据库中出现 5 次。因出现数量少，只显示相关图。

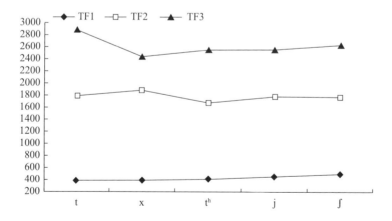

图 2.58 - 1　词首音节辅音之后的［e］元音三个共振峰前过渡
TF1、TF2、TF3 等的变化示意图（M）

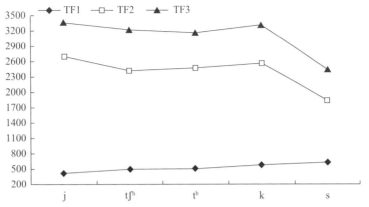

图 2.58 - 2　词首音节辅音之后的［e］元音三个共振峰前过渡
TF1、TF2、TF3 等的变化示意图（F）

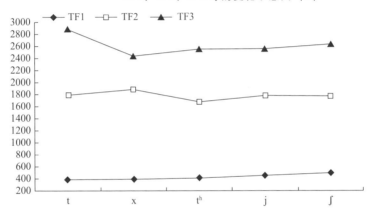

图 2.59 - 1　词首音节辅音之后的［u］元音三个共振峰前过渡
TF1、TF2、TF3 等的变化示意图（M）

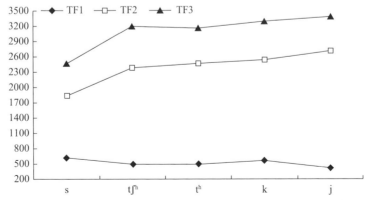

图 2.59 - 2　词首音节辅音之后的［u］元音三个共振峰前过渡
TF1、TF2、TF3 等的变化示意图（F）

四 非词首音节短元音

(一) 非词首 [ɐ] 元音

1. 参数平均值及其音质定位

表 2.46 为 [ɐ] 元音参数统计。该统计表显示,男女发音人 [ɐ] 元音的平均时长、平均音强分别为 M = 113ms, F = 92ms; M = 66dB, F = 66 dB。元音 F1 和 F2 的频率均值分别为 M: F1 = 669Hz, F2 = 1443Hz; F: F1 = 809Hz, F2 = 1684Hz。

表 2.46 非词首 [ɐ] 元音声学参数统计

	M					F				
	VD	VA	F1	F2	F3	VD	VA	F1	F2	F3
平均值	113	66	669	1443	2194	92	66	809	1684	3098
标准差	67	5.7	103	131	185	44	3.6	151	259	519
变异系数	59%	9%	15%	9%	8%	48%	5%	19%	15%	17%
变化范围	434	78	1258	2024	3124	243	75	1336	2702	4059
	21	42	227	955	1536	19	46	224	819	1565

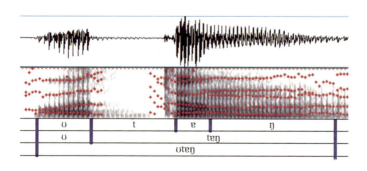

图 2.60 [ʊtɐŋ] "雨" 一词的三维语图

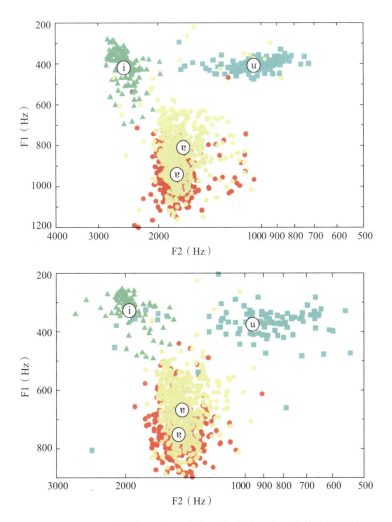

**图 2.61　非词首［ɐ］元音（黄色）在声学元音图中的位置及其
声学空间中的分布模式（F&M）**

　　图 2.60 为男性发音人［ʊtəŋ］"雨"一词的三维语图。其中，非词
首元音［ɐ］的目标位置 F1～F4 共振峰分别为 743Hz、1392Hz、2058Hz、
3767Hz。这是［ɐ］元音比较典型的声学语图。图 2.61 为男女发音人非
词首［ɐ］元音（黄色）在声学元音图中的位置（均值）及其声学空间中
的分布模式。可以看出，与词首音节［ɐ］（红色）相比鄂温克语非词首
音节短元音［ɐ］略有央化趋势，但没有像蒙古语标准话非词首音节短元
音那样明显。

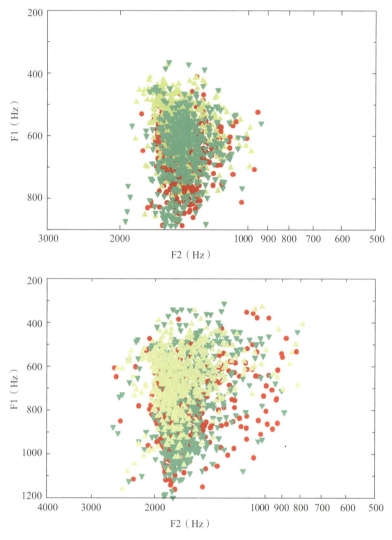

图 2.62　非词首［ɐ］元音目标位置共振峰及其前后过渡段共振峰分布模式（红色为目标位置，黄色为前过渡，绿色为后过渡）（F&M）

图 2.62 为非词首［ɐ］元音目标位置共振峰及其前、后过渡段共振峰分布模式图。从该图可以看出，［ɐ］元音目标位置共振峰及其前、后过渡段共振峰频率之间的差异性较小。为此，以下的分析忽略这一项。

2. 音节数量与声学参数之间的关系

表 2.47 为非词首［ɐ］元音在双音节和多音节词中出现频率统计，约 19%（M）和 23%（F）的［ɐ］元音是在双音节词中出现；约有 62%

（M）和54%（F）的［ɐ］元音是在三音节词中出现；约有19%（M）和23%（F）的［ɐ］元音是在四音节以上词中出现。

表 2.47　非词首［ɐ］元音在单音节和多音节单词中出现频率统计

音节数目	双音节词		三音节词		四及以上音节		共计	
发音人	M	F	M	F	M	F	M	F
出现次数	93	130	309	309	94	132	496	571
百分比	19%	23%	62%	54%	19%	23%		

表 2.48 为男女发音人的非词首［ɐ］元音在双音节词（B）、三音节词（C）和四音节词（D）中的音长、音强、共振峰统计。从表 2.48 中可以看出，女发音人非词首［ɐ］元音的音长随着音节数量的增加而相对缩短，而其音强随着音节数量的增多出现增强趋势。而男发音人非词首［ɐ］元音的音长和音强数据未显示有规律的变化。显然，非词首音节短元音［ɐ］的音长、音强、共振峰频率与音节数量之间没有相关性或相关性不稳定。如：

$$M：112ms（B）\rightarrow 113ms（C）\rightarrow 113ms（D）；$$
$$62dB（B）\rightarrow 67dB（C）\rightarrow 67dB（D）$$
$$F：119ms（B）\rightarrow 88ms（C）\rightarrow 74ms（D）；$$
$$64dB（B）\rightarrow 66dB（C）\rightarrow 67dB（D）$$

$$M：F1 = 688Hz（B），F1 = 667Hz（C），F1 = 658Hz（D）；$$
$$F：F1 = 832Hz（B），F1 = 812Hz（C），F1 = 777Hz（D）。$$

表 2.48　不同类型词中非词首［ɐ］元音的声学参数统计

		M					F				
		VD	VA	F1	F2	F3	VD	VA	F1	F2	F3
双音节词（B）	平均值	112	62	688	1425	2178	119	64	832	1558	2786
	标准差	61	7.2	108	156	220	46	3.7	160	312	669
	变异系数	55%	12%	16%	11%	10%	38%	6%	19%	20%	24%
	变化范围	346	74	974	1777	2732	243	71	1161	2040	4059
		31	42	264	972	1636	29	46	300	819	1565

续表

		M					F				
		VD	VA	F1	F2	F3	VD	VA	F1	F2	F3
三音节词（C）	平均值	113	67	667	1448	2204	88	66	812	1714	3193
	标准差	68	5	99.4	130	188	40	3.5	145	232	443
	变异系数	60%	7%	15%	9%	9%	46%	5%	18%	14%	14%
	变化范围	434	78	1258	2024	3124	208	75	1336	2702	3873
		21	44	460	955	1536	19	55	224	896	1661
四音节词（D）	平均值	113	67	658	1445	2178	74	67	777	1734	3183
	标准差	67	3.7	110	101	122	39	2.9	153	225	386
	变异系数	59%	5%	17%	7%	6%	53%	4%	20%	13%	12%
	变化范围	372	76	850	1641	2521	217	73	1118	2562	3944
		27	57	227	1172	1907	25	56	387	875	1829

3. 音节类型与声学参数之间的关系

非词首 [ɐ] 元音主要出现在 CV 和 CVC 等音节中。男发音人的 246 个、女发音人 322 个 [ɐ] 都出现在 CV 音节中，占 50% ~ 56%。男发音人的 249 个，女发音人 248 个 [ɐ] 在 CVC 音节中出现，占 50% ~ 44%。

从表 2.49 中可以看出，非词首 [ɐ] 元音音长、音强、共振峰频率与音节类型之间具有一定的相关性。如 [ɐ] 元音在开音节 CV 中的音长比其在闭音节 CVC 中的音长要长；闭音节中的音强相对强于其在开音节中的音强。显然，闭音节能够降低 [ɐ] 元音第一共振峰频率，提升其第二共振峰频率见图 2.63。

表 2.49　不同音节类型中非词首 [ɐ] 元音的声学参数统计

		M					F				
		VD	VA	F1	F2	F3	VD	VA	F1	F2	F3
CV	平均值	129	65	686	1421	2181	107	65	823	1671	3031
	标准差	85	7.1	119	140	207	51	4.2	160	278	549
	变异系数	66%	11%	17%	10%	9%	47%	6%	19%	17%	18%
	变化范围	434	76	1258	2024	3124	243	75	1336	2702	3944
		21	42	264	955	1636	19	46	300	875	1565

续表

		M					F				
		VD	VA	F1	F2	F3	VD	VA	F1	F2	F3
CVC	平均值	98	68	654	1466	2208	72	66	790	1700	3186
	标准差	36	3.1	83	115	159	22	2.5	137	233	465
	变异系数	37%	5%	13%	8%	7%	30%	4%	17%	14%	15%
	变化范围	256	78	911	1791	2969	157	74	1150	2286	4059
				227	1043	1536	29	58	224	819	1634

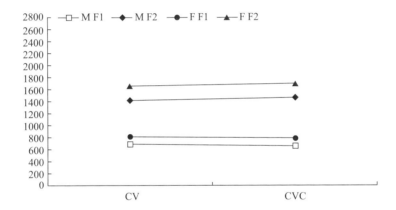

图 2.63　在不同音节中非词首 ［ɐ］ 元音的第一共振峰（F1）及第二共振峰
（F2）分布图（M 为男发音，F 为女发音人，下同）

4. 辅音音质与元音声学参数之间的关系

据本次统计分析，辅音对元音共振峰的影响主要表现在 F1 和 F2 的前
过渡 TF1 和 TF2 上。图 2.64 ~ 2.65 为男女发音人非词首音节 ［t-, p-,
k-, tʰ-, pʰ-, n-, m-, l-, s-, x-, tʃ-, tʃʰ-, w-, j-, ɣ-, r-, ŋ-, w-］ 等
辅音之后的 ［ɐ］ 元音第一、第二和第三共振峰前过渡 TF1、TF2、TF3 的
变化示意图。其中，图 2.64 以 TF1 的上升为准排列，即以舌位从高至低
排列示意图，图 2.65 以 TF2 的上升为准排列，即以舌位从后至前排列示
意图。

从图 2.64 ~ 2.65 中可以看到，辅音音质与 ［ɐ］ 元音声学参数之间具
有一定的相关性。如，［ɐ］ 元音在 ［x-, tʰ-］ 等之后的第一共振峰前过渡

共振峰频率（TF1）比其他辅音之后的频率相对要高，在［j-，ʧʰ-］等之后的第二共振峰前过渡共振峰频率（TF2）比其他辅音之后的频率相对高。说明该元音的舌位受其前置辅音的影响。

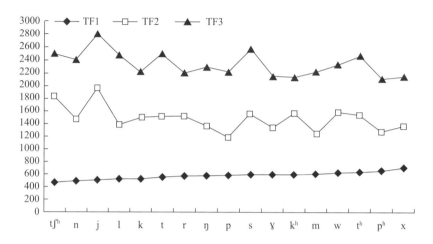

图 2.64 – 1　非词首音节辅音之后的［ɐ］元音三个共振峰前过渡
TF1、TF2、TF3 等的变化示意图（M）

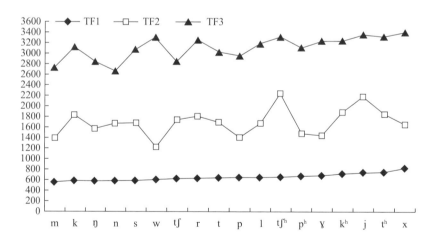

图 2.64 – 2　非词首音节辅音之后的［ɐ］元音三个共振峰前过渡
TF1、TF2、TF3 等的变化示意图（F）

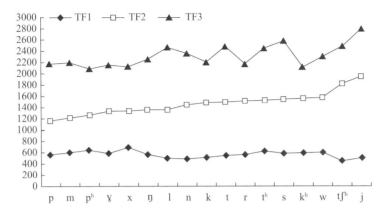

图 2.65 – 1　非词首音节辅音之后的 ［ɐ］元音三个共振峰前过渡
TF1、TF2、TF3 等的变化示意图（M）

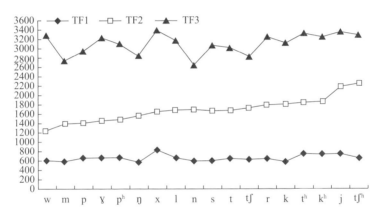

图 2.65 – 2　非词首音节辅音之后的 ［ɘ］元音三个共振峰前过渡
TF1、TF2、TF3 等的变化示意图（F）

（二）非词首 ［ɘ］元音

1. 参数平均值及其音质定位

表 2.50 为非词首 ［ɘ］元音参数统计。该统计表显示男女发音人 ［ɘ］元音的平均时长，平均音强分别为 M = 108ms，F = 99ms；M = 66dB，F = 66 dB。其目标位置 F1 和 F2 的频率均值分别为 M：F1 = 440Hz，F2 = 1343Hz；F：F1 = 568Hz，F2 = 1479Hz。

表 2.50　非词首［ɘ］元音统计

	M					F				
	VD	VA	F1	F2	F3	VD	VA	F1	F2	F3
平均值	108	66	440	1343	2305	99	66	568	1479	3170
标准差	56	5.6	116	215	267	49	3	124	259	322
变异系数	52%	8%	26%	16%	12%	50%	5%	22%	18%	10%
变化范围	420	77	1433	2351	4169	237	74	1198	2505	3792
	20	42	91	730	1818	14	47	282	828	1457

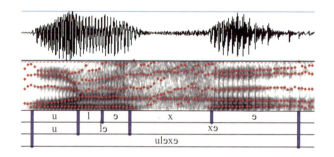

图 2.66　［ulɘxɘ］"多余"一词的三维语图

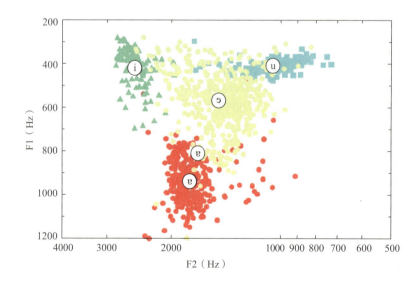

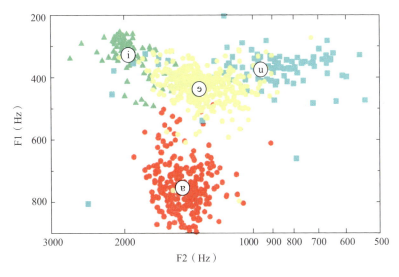

图 2.67　非词首［ə］元音在声学元音图中的位置及其
声学空间中的分布模式（F&M）

图 2.66 为男性发音人［uləɣu］"多余"一词的三维语图。其中，非词
首元音［ə］的目标位置的 F1～F4 共振峰分别为 332 Hz、1417 Hz、2430
Hz、3399 Hz。这是非词首音节［ə］元音比较典型的声学语图。图 2.67 为
男女发音人［ə］元音在声学元音图中的位置（均值）及其声学空间中的分
布模式。可以看出，男发音人非词首音节短元音［ə］的分布范围（离散
度）较大。

2. 音节数量与声学参数之间的关系

表 2.51 为非词首［ə］元音在双音节和多音节单词中的出现频率统计，
约 19%（M）和 21%（F）的非词首［ə］元音是在双音节词中出现的；约
有 63%（M）和 54%（F）的非词首［ə］元音是在三音节词中出现的；约有
18%（M）和 25%（F）的非词首［ə］元音是在四及以上音节词中出现的。

表 2.51　非词首［ə］元音出现频率统计

音节数目	双音节词		三音节词		四及以上音节		共计	
发音人	M	F	M	F	M	F	M	F
出现次数	72	107	232	278	68	126	372	511
百分比	19%	21%	63%	54%	18%	25%		

表 2.52 为非词首［ə］元音在双音节词（B）、三音节词（C）和四音节词（O）中的音长、音强、共振峰统计。从表 2.52 中可以看出，女发音人非词首音节短元音［ə］的音长随着音节数量的增多而相对缩短，而其音强随着音节数量的增多出现增强趋势；而男发音人非词首［ə］元音的音长（VD）和音强（VA）数据未出现有规律的变化。显然，音节数量与该元音音长、音强之间的相关性不稳定。如：

M：120ms（B）→ 110ms（C）→ 90ms（D）；
61dB（B）→68dB（C）→69dB（D）
F：136ms（B）→96 ms（C）→ 74ms（D）；
64dB（B）→66dB（C）→ 66dB（D）

从表 2.52 还可以看出，音节数量与非词首［ə］元音目标位置共振峰频率之间具有一定的相关性。如音节数量与非词首［ə］元音第一共振峰之间呈现正相关，而与其第二共振峰之间呈现了负相关。如，M：F1 = 493Hz，F2 = 1314Hz（B）；F1 = 433Hz，F2 = 1349Hz（C）；F1 = 408Hz，F2 = 1354Hz（D）。F：F1 = 588Hz，F2 = 1363Hz（B）；F1 = 567Hz，F2 = 1481Hz（C）；F1 = 555Hz，F2 = 1572Hz（D）。

表 2.52　不同类型词中非词首［ə］元音的声学参数统计

		M					F				
		VD	VA	F1	F2	F3	VD	VA	F1	F2	F3
双音节词（B）	平均值	120	61	493	1314	2449	136	64	588	1363	3240
	标准差	59	7.4	208	270	399	47	4	91.9	176	284
	变异系数	49%	12%	42%	21%	16%	35%	5%	16%	13%	9%
	变化范围	420	77	1433	2351	4169	237	73	859	1989	3792
		36	42	314	876	1831	46	50	375	1101	2101
三音节词（C）	平均值	110	68	433	1349	2273	96	66	567	1481	3160
	标准差	56	4.2	76.3	192	211	45	3	121	252	356
	变异系数	52%	6%	18%	14%	9%	47%	4%	21%	17%	11%
	变化范围	390	77	989	2025	3184	221	74	959	2302	3768
		29	52	274	730	1818	27	58	318	975	1457

续表

		M					F				
		VD	VA	F1	F2	F3	VD	VA	F1	F2	F3
四音节词（D）	平均值	90	69	408	1354	2263	74	66	555	1572	3131
	标准差	50	4.2	61	227	211	41	4	152	295	259
	变异系数	56%	6%	15%	17%	9%	55%	6%	27%	19%	8%
	变化范围	256	77	527	2059	3055	227	72	1198	2505	3654
		20	57	91	892	1898	14	47	282	828	1999

3. 音节类型与声学参数之间的关系

这次调查发现，男发音人的 174 个、女发音人 286 个非词首［ə］元音在 CV 音节中出现，占 48%～52%。男发音人的 198 个、女发音人 225 个非词首［ə］在 CVC 音节中出现，占 44%～56%。

从表 2.53 和图 2.68 中可以看出，非词首［ə］元音音长、音强、共振峰频率与音节类型之间具有一定的相关性。如非词首［ə］元音在开音节 CV 中的音长比其在闭音节 CVC 中的音长要长，闭音节中的音强相对强于其在开音节中的音强。闭音节能够提升非词首［ə］元音第二共振峰频率。

表 2.53　不同音节类型中非词首［ə］元音的声学参数统计

		M					F				
		VD	VA	F1	F2	F3	VD	VA	F1	F2	F3
CV	平均值	120	65	443	1323	2400	116	65	567	1459	3205
	标准差	72	6.8	147	245	289	57	4	129	284	272
	变异系数	60%	11%	33%	18%	12%	49%	6%	23%	19%	8%
	变化范围	420	75	1433	2351	4169	237	74	1198	2505	3768
		20	42	317	876	1952	14	47	308	828	1457
CVC	平均值	97	68	438	1361	2222	77	66	570	1504	3125
	标准差	34	3.6	78.4	184	214	23	2	119	221	371
	变异系数	35%	5%	18%	14%	10%	29%	3%	21%	15%	12%
	变化范围	242	77	989	2025	3184	184	72	897	2387	3792
		35	59	91	730	1818	37	58	282	975	1771

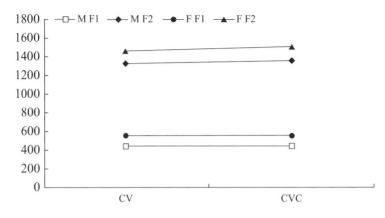

图 2.68　不同音节中非词首 ［ə］ 元音的第一共振峰 （F1）
和第二共振峰 （F2） 分布图

4. 辅音音质与元音声学参数之间的关系

图 2.69 ～ 2.70 为男女发音人非词首音节 ［t-, p-, k-, ɣ-, tʰ-, pʰ-, n-, m-, ŋ-, l-, s-, x-, tʃ-, tʃʰ-, w-, j-, r］ 等辅音之后的 ［ə］ 元音第一、第二和第三共振峰前过渡 TF1、TF2、TF3 的变化示意图；其中，图 2.69 以 TF1 的上升为准排列，即以舌位从高至低排列示意图，图 2.70 以 TF2 的上升为准排列，即以舌位从后至前排列示意图。可以看出，辅音音质与非词首音节 ［ə］ 元音第一共振峰频率之间几乎没有相关性，而与该元音第二音节共振峰之间具有一定的相关性。

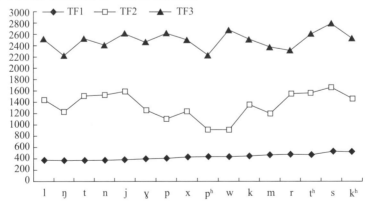

图 2.69 - 1　非词首音节辅音之后的 ［ə］ 元音三个共振峰前过渡
TF1、TF2、TF3 的变化示意图 （M）

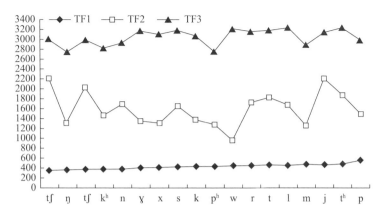

图 2.69 - 2　非词首音节辅音之后的［ə］元音三个共振峰前过渡
TF1、TF2、TF3 的变化示意图（F）

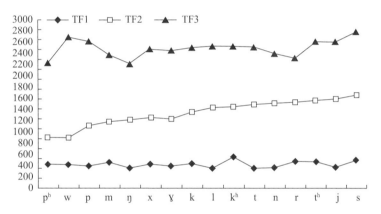

图 2.70 - 1　非词首音节辅音之后的［ə］元音三个共振峰前过渡
TF1、TF2、TF3 的变化示意图（M）

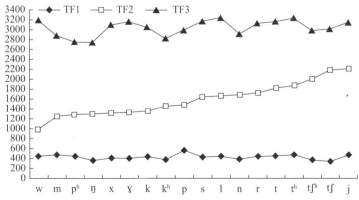

图 2.70 - 2　非词首音节辅音之后的［ə］元音三个共振峰前过渡
TF1、TF2、TF3 的变化示意图（F）

（三）非词首［i］元音

1. 参数平均值及其音质定位

表 2.54 为非词首［i］元音参数统计。该统计表显示，男女发音人非词首［i］元音的平均时长、平均音强分别为 M = 123ms，F = 102ms；M = 64dB，F = 65 dB。元音 F1 和 F2 的频率均值分别为 M：F1 = 431Hz，F2 = 1910Hz；F：F1 = 463Hz，F2 = 2450Hz.

表 2.54　非词首［i］元音声学参数统计

	M					F				
	VD	VA	F1	F2	F3	VD	VA	F1	F2	F3
平均值	123	64	431	1910	2648	102	65	463	2450	3229
标准差	71	5.7	200	251	282	48	4.4	110	319	208
变异系数	58%	9%	46%	13%	11%	47%	7%	24%	13%	6%
变化范围	491	75	2085	3083	3800	240	73	1201	3062	3914
	21	43	260	968	1929	21	35	210	935	2270

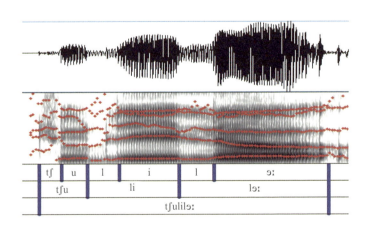

图 2.71　［tʃulilɜ:］"前方"一词的三维语图

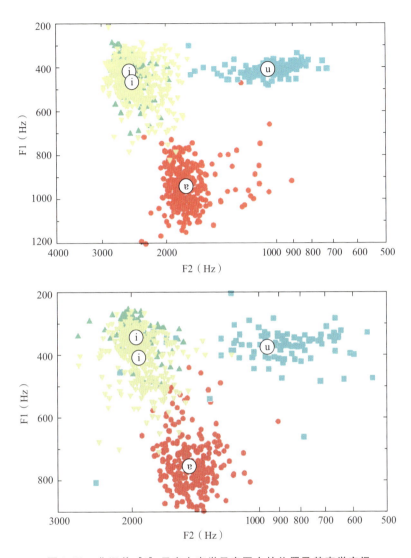

图 2.72　非词首［i］元音在声学元音图中的位置及其声学空间
中的分布模式（F&M）

　　图 2.71 为男发音人［tʃulilɵ:］"前方"一词的三维语图。其中，非词
首［i］元音的目标位置的 F1 ~ F4 共振峰分别为 322Hz、1905Hz、2926Hz、
3612Hz。这是非词首音节［i］元音比较典型的声学语图。图 2.72 为男女发
音人非词首［i］元音在声学元音图中的位置（均值）及其声学空间中的分
布模式。可以看出，该元音舌位比词首音节［i］元音相对低，离散度较大。

2. 音节数量与声学参数之间的关系

表 2.55 为非词首 [i] 元音在双音节和多音节单词中的出现频率统计，约 20%（M）和 21%（F）的非词首 [i] 元音是在双音节词中出现的；约有 62%（M）和 58%（F）的非词首 [i] 元音是在三音节词中出现的；约有 18%（M）和 21%（F）的非词首 [i] 元音是在四及以上音节词中出现的。

表 2.55　非词首 [i] 元音在单音节和多音节单词中出现频率统计

音节数目	双音节词		三音节词		四及以上音节		共计	
发音人	M	F	M	F	M	F	M	F
出现次数	72	99	219	272	63	94	354	465
百分比	20%	21%	62%	58%	18%	21%		

表 2.56 为男女发音人的非词首 [i] 元音在双音节词（B），三音节词（C）和四音节词（D）中的音长、音强、共振峰统计。从表中可以看出，女发音人非词首 [i] 元音的音长随着音节数量的增多而相对缩短，而其音强随着音节数量的增多出现增强趋势。男发音人非词首 [i] 元音的音长（VD）和音强（VA）数据未出现有规律的变化。显然，这些关系是不稳定的。如，

$$M：126ms（B）→ 110ms（C）→ 132ms（D）；$$
$$60dB（B）→65dB（C）→63dB（D）$$
$$F：133ms（B）→96 ms（C）→ 84ms（D）；$$
$$63dB（B）→65dB（C）→ 65dB（D）$$

表 2.56　不同类型词中非词首 [i] 元音的声学参数统计

		M					F				
		VD	VA	F1	F2	F3	VD	VA	F1	F2	F3
双音节词（B）	平均值	126	60	431	2000	2743	133	63	453	2581	3275
	标准差	51	5.5	236	256	284	45	3.5	66.7	323	171
	变异系数	41%	9%	55%	13%	10%	34%	6%	15%	13%	5%
	变化范围	357	74	2085	2661	3596	225	70	780	3062	3887
		65	43	269	1169	2160	45	52	319	935	2521

续表

		M					F				
		VD	VA	F1	F2	F3	VD	VA	F1	F2	F3
三音节词（C）	平均值	110	65	463	1845	2631	96	65	452	2431	3215
	标准差	70	4.8	292	326	347	46	4.4	89.3	311	218
	变异系数	64%	7%	63%	18%	13%	47%	7%	20%	13%	7%
	变化范围	318	74	1833	3083	3800	240	73	747	2932	3872
		21	54	284	1197	2108	30	35	210	1198	2270
四音节词（D）	平均值	132	63	427	1921	2641	84	65	506	2367	3221
	标准差	77	6	220	236	266	42	4.7	172	300	211
	变异系数	58%	9%	51%	12%	10%	51%	7%	34%	13%	7%
	变化范围	491	75	2085	3083	3800	185	72	1201	2913	3914
		21	43	260	968	1929	21	49	293	1314	2514

3. 音节类型与声学参数之间的关系

根据此次研究，发现男发音人的 174 个、女发音人 286 个非词首［i］出现在 CV 音节中，占 76%。男发音人的 198 个、女发音人 225 个［i］出现在 CVC 音节中，占 24%。

表 2.57 为不同音节类型中非词首［i］元音的声学参数统计，图 2.73 为不同音节中非词首［i］元音的第一共振峰（F1）及第二共振峰（F2）分布图。从表和图中可以看出，非词首［i］元音音长、音强与音节类型之间具有一定的相关性。如非词首［i］元音在开音节 CV 中的音长比其在闭音节 CVC 中的音长要长，闭音节中的音强比其在开音节中的音强要强。但音节的开闭与该元音共振峰之间几乎没有相关性。

表 2.57　不同音节类型中非词首［i］元音的声学参数统计

		M					F				
		VD	VA	F1	F2	F3	VD	VA	F1	F2	F3
CV	平均值	132	63	427	1921	2641	108	64	465	2434	3229
	标准差	77	6	220	236	266	52	4.8	112	317	205
	变异系数	58%	9%	51%	12%	10%	48%	7%	24%	13%	6%
	变化范围	491	75	2085	3083	3800	240	73	1201	2959	3914
		21	43	260	968	1929	21	35	279	935	2270

续表

		M					F				
		VD	VA	F1	F2	F3	VD	VA	F1	F2	F3
CVC	平均值	94	65	444	1876	2670	80	66	458	2501	3229
	标准差	34	4.5	123	292	329	22	2.2	100	324	220
	变异系数	36%	7%	28%	16%	12%	28%	3%	22%	13%	7%
	变化范围	169	75	1267	2408	3609	145	72	919	3062	3887
		33	53	284	1104	2044	33	58	210	1198	2456

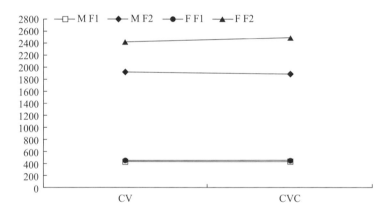

图 2.73　不同音节中非词首 ［i］ 元音的第一共振峰 （F1） 及
第二共振峰 （F2） 分布图

4. 辅音音质与元音声学参数之间的关系

图 2.74～2.75 为男女发音人非词首音节 （包括单音节词）［t-，p-，k-，ɣ-，tʰ-，pʰ-，n-，m-，l-，ʃ-，x-，tʃ-，tʃʰ-，w-，j-，r-］ 等辅音之后的 ［i］ 元音第一、第二和第三共振峰前过渡 TF1、TF2、TF3 的变化示意图。其中，图 2.74 以 TF1 的上升为准排列，即以舌位从高至低排列示意图；图 2.75 以 TF2 的上升为准排列，即以舌位从后至前排列示意图。

从图 2.74～2.75 中可以看出，辅音音质与非词首音节 ［i］ 元音声学参数之间几乎没有相关性。这可能与该元音自身的音质有关。

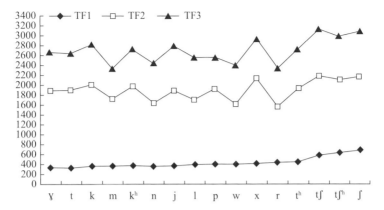

图 2.74 - 1　非词首音节辅音之后的［i］元音三个共振峰前过渡
TF1、TF2、TF3 等的变化示意图（M）

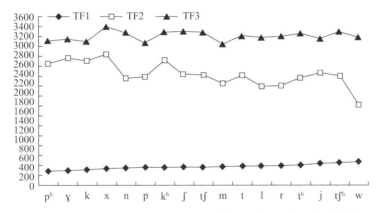

图 2.74 - 2　非词首音节辅音之后的［i］元音三个共振峰前过渡
TF1、TF2、TF3 等的变化示意图（F）

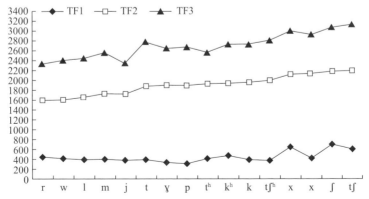

图 2.75 - 1　非词首音节辅音之后的［i］元音三个共振峰前过渡
TF1、TF2、TF3 等的变化示意图（M）

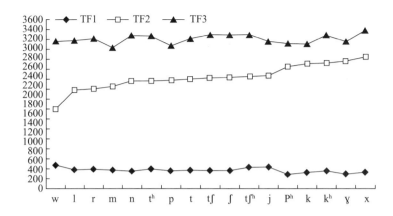

图 2.75 – 2   非词首音节辅音之后的 [i] 元音三个共振峰前过渡 TF1、TF2、TF3 等的变化示意图 (F)

(四) 非词首 [ɪ] 元音

1. 参数平均值及其音质定位

表 2.58 为非词首 [ɪ] 元音声学参数统计。该统计表显示男女发音人非词首 [ɪ] 元音的平均时长、平均音强分别为 M = 157ms，F = 129ms；M = 66dB，F = 64dB。元音 F1 和 F2 的频率均值分别为 M：F1 = 447Hz，F2 = 1867Hz；F：F1 = 473Hz，F2 = 2527Hz。

表 2.58   非词首 [ɪ] 元音声学参数统计

	M					F				
	VD	VA	F1	F2	F3	VD	VA	F1	F2	F3
平均值	157	66	447	1867	2593	129	64	473	2527	3282
标准差	97	6.6	62	258	176	52	4	68	414	188
变异系数	62%	10%	14%	14%	7%	40%	6%	14%	16%	6%
变化范围	424	76	635	2284	2997	216	70	646	2948	3584
	39	48	317	680	1925	25	54	316	1035	2548

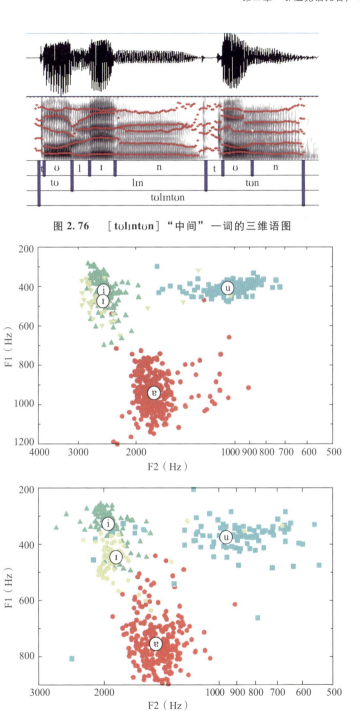

图 2.76　[tʊlɪntʊn]"中间"一词的三维语图

图 2.77　非词首 [ɪ] 元音在声学元音图中的位置及其声学空间
中的分布模式（F&M）

图 2.76 为男发音人 [tʊlɪntʊn] "中间" 一词的三维语图。其中, 非词首音节元音 [ɪ] 的目标位置的 F1 ~ F4 共振峰分别为 450 Hz, 1745 Hz, 2551Hz, 3712 Hz。这是非词首 [ɪ] 元音比较典型的声学语图。图 2.77 为男女发音人非词首 [ɪ] 元音在声学元音图中的位置 (均值) 及其声学空间中的分布模式。可以看出, 女发音人非词首元音 [ɪ] 与词首 [i] 元音之间具有较大的叠加。

2. 音节数量与声学参数之间的关系

表 2.59 为非词首 [ɪ] 元音在双音节及多音节单词中的出现频率统计, 约 23% (M) 和 26% (F) 的非词首 [ɪ] 元音是在双音节词中出现的; 约有 70% (M) 和 55% (F) 的非词首 [ɪ] 元音是在三音节词中出现的; 约有 7% (M) 和 19% (F) 的非词首 [ɪ] 元音是在四及以上音节词中出现的。

表 2.59 非词首 [ɪ] 元音在双音节及多音节出现频率统计

音节数目	双音节词		三音节词		四及以上音节词		共计	
发音人	M	F	M	F	M	F	M	F
出现次数	15	11	46	23	5	8	66	42
百分比	23%	26%	70%	55%	7%	19%		

表 2.60 为非词首 [ɪ] 元音在双音节词 (B), 三音节词 (C) 和四音节词 (D) 中的音长、音强、共振峰统计。从表 2.60 中可以看出, 音节数量与非词首 [ɪ] 元音音长 (VD) 和音强 (VA) 之间没有相关性。如:

M: 108ms(B)→173ms(C)→164ms(D); 59dB(B)→69dB(C)→66dB(D)

F: 127ms(B)→130ms(C)→129ms(D); 63dB(B)→64dB(C)→65dB(D)

表 2.60 不同类型词中非词首 [ɪ] 元音的声学参数统计

		M					F				
		VD	VA	F1	F2	F3	VD	VA	F1	F2	F3
双音节词 (B)	平均值	108	59	423	1861	2591	127	63	465	2489	3332
	标准差	52	6.6	58	299	172	50	5	68	433	113
	变异系数	48%	11%	14%	16%	7%	39%	7%	15%	17%	3%
	变化范围	249	73	529	2119	2915	216	68	579	2943	3519
		62	48	336	859	2226	69	54	316	1300	3149

续表

		M					F				
		VD	VA	F1	F2	F3	VD	VA	F1	F2	F3
三音节词（C）	平均值	173	69	455	1870	2593	130	64	476	2663	3341
	标准差	105	4.6	63	247	187	54	4	79	179	122
	变异系数	61%	7%	14%	13%	7%	41%	6%	17%	7%	4%
	变化范围	424	76	635	2284	2997	194	70	646	2948	3584
		39	57	317	680	1925	42	55	355	2256	3136
四音节词（D）	平均值	164	66	449	1851	2608	129	65	475	2188	3047
	标准差	93	3.4	63	291	99.7	56	3	22	665	252
	变异系数	57%	5%	14%	16%	4%	43%	5%	5%	30%	8%
	变化范围	302	69	538	2030	2682	199	70	509	2904	3297
		39	61	383	1338	2453	25	61	446	1035	2548

3. 音节类型与声学参数之间的关系

本次研究发现，男发音人的 45 个、女发音人 31 个非词首 [ɪ] 元音出现在 CV 音节中，占 68% ~ 74%。男发音人的 31 个、女发音人 11 个非词首 [ɪ] 元音在 CVC 音节中出现，占 16% ~ 32%。

表 2.61 为不同音节类型中非词首 [ɪ] 元音的声学参数统计，图 2.78 为不同音节中非词首 [ɪ] 元音的第一共振峰（F1）第二共振峰（F2）分布图。从表和图中可以看出，非词首 [ɪ] 元音音长、音强与音节类型之间具有一定的相关性。如 [ɪ] 元音在开音节 CV 中的音长比其在闭音节 CVC 中的音长要长，闭音节中的音强比其在开音节中的音强要强。但音节的开闭与该元音共振峰之间几乎没有相关性。

表 2.61　不同音节类型中非词首 [ɪ] 元音的声学参数统计

		M					F				
		VD	VA	F1	F2	F3	VD	VA	F1	F2	F3
CV	平均值	176	65	440	1847	2579	147	64	477	2541	3284
	标准差	109	7.2	70	305	205	47	4	66	385	197
	变异系数	62%	11%	16%	17%	8%	32%	7%	14%	15%	6%
	变化范围	424	75	635	2284	2997	216	70	646	2948	3584
		39	48	317	680	1925	45	54	360	1035	2548

续表

		M					F				
		VD	VA	F1	F2	F3	VD	VA	F1	F2	F3
CVC	平均值	118	70	464	1909	2624	80	65	460	2486	3277
	标准差	47	3.7	38	98.7	85.9	29	3	74	505	167
	变异系数	40%	5%	8%	5%	3%	37%	4%	16%	20%	5%
	变化范围	216	76	538	2080	2822	131	70	579	2945	3513
		50	61	390	1731	2475	25	61	316	1300	2889

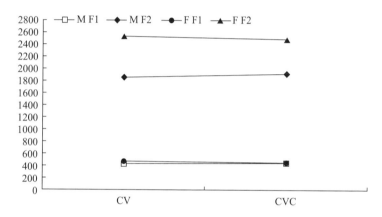

**图 2.78 不同音节中非词首 [ɿ] 元音的第一共振峰 (F1)
第二共振峰 (F2) 分布图**

4. 辅音音质与元音声学参数之间的关系

图 2.79 ~ 2.80 为男女发音人在非词首音节 [t-, p-, k-, ɣ-, tʰ-, pʰ-, n-, m-, l-, ʃ-, x-, tʃ-, tʃʰ-, w-, j-, r-] 等辅音之后的 [ɿ] 元音第一、第二和第三共振峰前过渡 TF1、TF2、TF3 的变化示意图。其中，图 2.79 以 TF1 的上升为准排列，即以舌位从高至低排列示意图；图 2.80 以 TF2 的上升为准排列，即以舌位从后至前排列示意图。

从图 2.79 ~ 2.80 中看出，辅音音质与非词首 [ɿ] 元音声学参数之间几乎没有相关性。

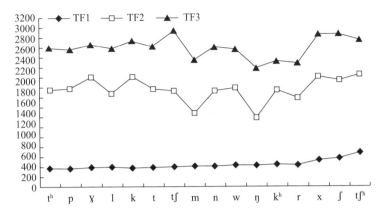

图 2.79 – 1　非词首音节辅音之后的［ɪ］元音三个共振峰前过渡
TF1、TF2、TF3 等的变化示意图（M）

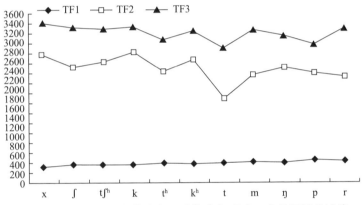

图 2.79 – 2　非词首音节辅音之后的［ɪ］元音三个共振峰前过渡
TF1、TF2、TF3 等的变化示意图（F）

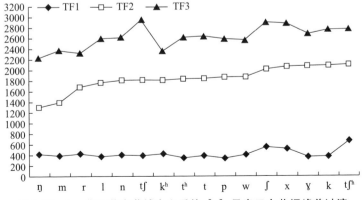

图 2.80 – 1　非词首音节辅音之后的［ɪ］元音三个共振峰前过渡
TF1、TF2、TF3 等的变化示意图（M）

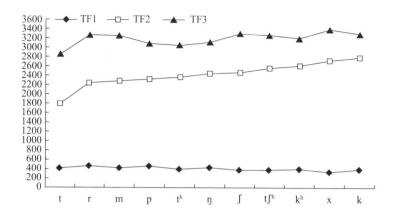

图 2.80 – 2　非词首音节辅音之后的 [ɿ] 元音三个共振峰前过渡
TF1、TF2、TF3 等的变化示意图（F）

（五）非词首 [ɔ] 元音

1. 参数平均值及其音质定位

表 2.62 为非词首 [ɔ] 元音声学参数统计。该统计表显示男女发音人非词首 [ɔ] 元音的平均时长、平均音强分别为 M = 111ms，F = 102ms；M = 67dB，F1 = 66dB。元音 F1 和 F2 的频率均值分别为 M：F1 = 644Hz，F2 = 1183Hz；F：F1 = 767Hz，F2 = 1445Hz。

表 2.62　非词首 [ɔ] 元音声学统计

	M					F				
	VD	VA	F1	F2	F3	VD	VA	F1	F2	F3
平均值	111	67	644	1183	2238	102	66	767	1445	3062
标准差	57.8	6.7	97.6	153	285	46	4	118	205	404
变异系数	52%	10%	15%	13%	13%	45%	6%	15%	14%	13%
变化范围	355	80	1095	1861	3606	217	74	1029	2275	3752
	19	41	428	873	1774	28	54	431	835	1405

　　图 2.81 为男性发音人 ［ɔlkɔxʊŋ］ "干燥的" 一词的三维语图。其中，非词首元音 ［ɔ］ 目标位置的 F1 ~ F4 共振峰分别为 625 Hz、1019 Hz、2314 Hz、3698 Hz。这是 ［ɔ］ 元音比较典型的声学语图。图 2.82 为男女发音人非词首 ［ɔ］ 元音在声学元音图中的位置（均值）及其声学空间中的分布模式。可以看出，该元音与词首 ［ɔ］ 元音之间的差异较小（请见图 2.33）。

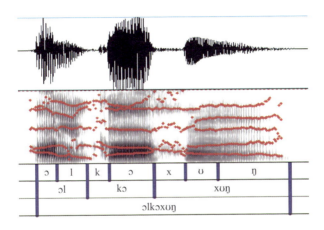

图 2.81　［ɔlkɔxʊŋ］"干燥的"一词的三维语图

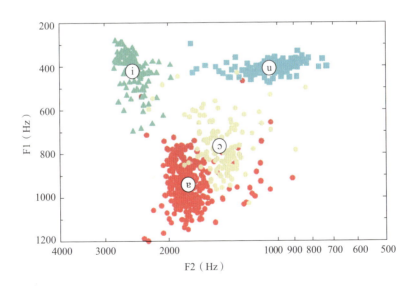

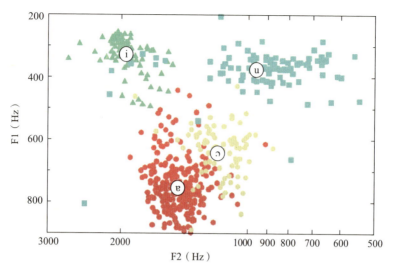

图 2.82 ［ɔ］元音在声学元音图中的位置及其声学空间
中的分布模式（F&M）

2. 音节数量与声学参数之间的关系

表 2.63 为非词首［ɔ］元音在双音节和多音节单词中出现的频率统计，约 28%（M）和 35%（F）的非词首［ɔ］元音是在双音节词中出现的；约有 53%（M）和 54%（F）的非词首［ɔ］元音是在三音节词中出现的；约有 19%（M）和 11%（F）的非词首［ɔ］元音是在四及以上音节词中出现的。

表 2.63 非词首［ɔ］元音在单音节和多音节单词中出现频率统计

音节数目	双音节词		三音节词		四及以上音节		共计	
发音人	M	F	M	F	M	F	M	F
出现次数	23	44	44	67	16	13	83	124
百分比	28%	35%	53%	54%	19%	11%		

表 2.64 为非词首［ɔ］元音在双音节词（B）、三音节词（C）和四音节词（D）中的音长、音强、共振峰统计。从表 2.64 中看出，男女发音人非词首［ɔ］元音声学参数与其所出现词的音节数量之间具有一定的相关性。如随着词中音节数量的增多该元音音长（VD）相对变短，其音强（VA）相对变强。其中女发音人音长变化较明显。如：

$$M：111ms（B）\rightarrow 113ms（C）\rightarrow 106ms（D）；$$

$$64dB（B）\rightarrow 69dB（C）\rightarrow 68dB（D）$$

$$F：129ms（B）\rightarrow 89ms（C）\rightarrow 75ms（D）；$$

$$64dB（B）\rightarrow 67dB（C）\rightarrow 68dB（D）$$

表 2.64　不同类型词中非词首［ɔ］元音的声学参数统计

		M					F				
		VD	VA	F1	F2	F3	VD	VA	F1	F2	F3
双音节词（B）	平均值	111	64	624	1193	2219	129	64	809	1403	3031
	标准差	37.1	6.3	90.2	186	204	46	4	86.8	134	341
	变异系数	34%	10%	14%	16%	9%	36%	6%	11%	10%	11%
	变化范围	189	74	904	1861	2563	217	74	1029	1752	3521
		36	44	462	994	1774	48	54	612	1046	1694
三音节词（C）	平均值	113	69	636	1181	2234	89	67	751	1461	3073
	标准差	66.1	5.4	81.9	140	279	37	3	108	229	457
	变异系数	59%	8%	13%	12%	12%	42%	5%	14%	16%	15%
	变化范围	355	79	889	1657	3432	188	72	957	2275	3752
		37	56	428	994	1793	35	59	501	835	1405
四音节词（D）	平均值	106	68	694	1174	2278	75	68	714	1509	3105
	标准差	60.7	8.3	132	146	400	41	3	200	255	316
	变异系数	57%	12%	19%	12%	18%	54%	4%	28%	17%	10%
	变化范围	224	80	1095	1420	3606	171	71	948	2087	3672
		19	41	555	873	1869	28	63	431	1229	2617

3. 音节类型与声学参数之间的关系

男发音人的 50 个、女发音人 82 个非词首［ɔ］在 CV 音节中出现，占 60% ~66%。男发音人的 33 个、女发音人 42 个非词首［ɔ］在 CVC 音节中出现，占 40% ~34%。表 2.65 为不同音节类型中非词首［ɔ］元音的声学参数统计，图 2.82 为不同音节中非词首［ɔ］元音的第一共振峰（F1）第二共振峰（F2）分布图。

从表 2.65 和图 2.82 中可以看出，非词首［ɔ］元音音长、音强与音节类型之间具有一定的相关性。如非词首［ɔ］元音在开音节 CV 中的音长比其在闭音节 CVC 中的音长要长；闭音节中的音强比其在开音节中的音强要强。非词首 [ɔ] 元音第一、第二共振峰频率与其所出现音节的开与闭无关。

表 2.65 不同音节类型中非词首 [ɔ] 元音的声学参数统计

		M					F				
		VD	VA	F1	F2	F3	VD	VA	F1	F2	F3
CV	平均值	124	66	636	1177	2312	116	65	779	1441	3095
	标准差	67	7.8	108	172	315	48	4	115	206	377
	变异系数	54%	12%	17%	15%	14%	41%	6%	15%	14%	12%
	变化范围	355	80	1095	1861	3606	217	74	965	2275	3752
		19	41	428	961	1774	28	54	431	894	1405
CVC	平均值	91	69	655	1192	2127	73	66	746	1454	2996
	标准差	31	3.9	80.7	123	188	23	2	121	205	448
	变异系数	35%	6%	12%	10%	9%	31%	4%	16%	14%	15%
	变化范围	152	75	889	1427	2479	119	71	1029	1815	3521
		36	61	529	873	1793	35	61	501	835	1660

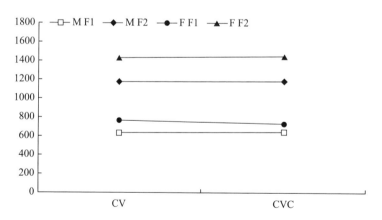

图 2.83 不同音节中非词首 [ɔ] 元音的第一共振峰 (F1)
第二共振峰 (F2) 分布图

4. 辅音音质与元音声学参数之间的关系

图 2.84 ~ 2.85 为男女发音人出现在非词首音节 [t-, p-, k-, ɣ-, tʰ-, pʰ-, n-, m-, l-, s-, x-, tʃ-, tʃʰ-, w-, j-, r-] 等辅音之后的 [ɔ]

元音第一、第二和第三共振峰前过渡 TF1、TF2、TF3 的变化示意图。其中，图 2.84 以 TF1 的上升为准排列，即以舌位从高至低排列示意图，图 2.85 以 TF2 的上升为准排列，即以舌位从后至前排列示意图。

从图 2.84～2.85 中看出，辅音音质与非词首［ɔ］元音声学参数之间具有一定的相关性。如，非词首［ɔ］元音在［x-，tʰ-］等清擦音和送气塞音之后的 TF1 频率相对高。男发音人辅音音质与非词首［ɔ］元音第二共振峰前过渡频率（TF2）之间呈现了一定的相关性。如，出现在［tʃ-，tʃʰ-，j-］等辅音之后非词首［ɔ］元音第二共振峰的前过渡频率相对高。女发音人数据未显示上述规律，说明这一相关性不稳定。

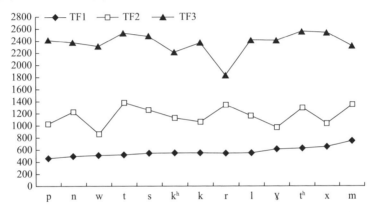

图 2.84－1　非词首音节辅音之后的［ɔ］元音三个共振峰前过渡TF1、TF2、TF3 等的变化示意图（M）

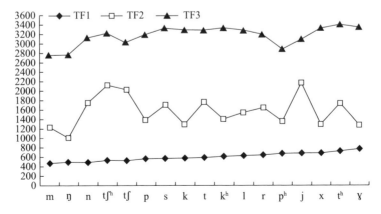

图 2.84－2　非词首音节辅音之后的［ɔ］元音三个共振峰前过渡TF1、TF2、TF3 等的变化示意图（F）

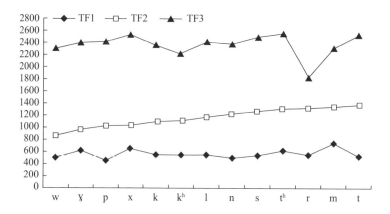

图 2.85 – 1　非词首音节辅音之后的 ［ɔ］元音三个共振峰前过渡
TF1、TF2、TF3 等的变化示意图（M）

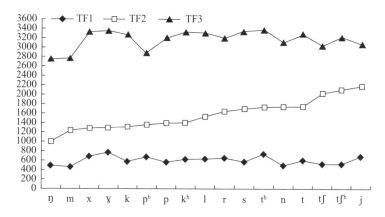

图 2.85 – 2　非词首音节辅音之后的 ［ɔ］元音三个共振峰前过渡
TF1、TF2、TF3 等的变化示意图（F）

（六）非词首 ［ʊ］元音

1. 参数平均值及其音质定位

表 2.66 为非词首 ［ʊ］元音声学参数统计。该统计表显示男女发音人非词首 ［ʊ］元音的平均时长、平均音强分别为 M = 106ms，F = 95ms；M = 69dB，F1 = 66 dB。F1 和 F2 的频率均值分别为 M：F1 = 580Hz，F2 = 1068Hz；F：F1 = 607Hz，F2 = 1204Hz。

表 2.66　非词首 [ʊ] 元音统计总表

	M					F				
	VD	VA	F1	F2	F3	VD	VA	F1	F2	F3
平均值	106	69	580	1068	2406	95	66	607	1204	3142
标准差	59	4	90.1	240	284	50	3	122	265	275
变异系数	56%	6%	16%	23%	12%	53%	5%	20%	22%	9%
变化范围	277	75	944	2088	3738	233	73	1079	2357	3654
	28	57	378	668	1801	30	48	369	784	2286

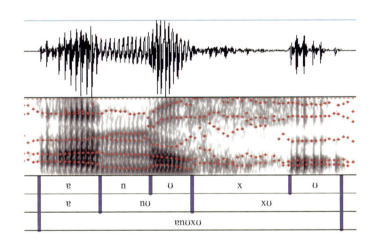

图 2.86　[ɛnʊxʊ]"钥匙"一词的三维语图

图 2.86 为男性发音人 [ɛnʊxʊ]"钥匙"一词的三维语图。其中，非词首元音 [ʊ] 的目标位置第一至第四共振峰频率 （F1 ~ F4） 分别为 610Hz、1049Hz、1950Hz、3708Hz。这是非词首 [ʊ] 元音比较典型的声学语图。图 2.87 为男女发音人非词首 [ʊ] 元音在声学元音图中的位置（均值）及其声学空间中的分布模式。可以看出，与词首 [ʊ] 元音相比非词首 [ʊ] 元音没有明显的央化，但其离散度较大。一个音位的离散度变大，可能说明其音系功能减弱。关于这一问题有待进一步研究。

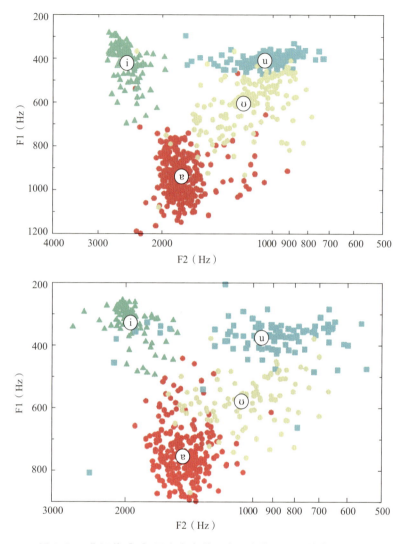

图 2.87　非词首［ʊ］元音在声学元音图中的位置及其声学空间
中的分布模式（F&M）

2. 音节数量与声学参数之间的关系

　　表 2.67 为非词首［ʊ］元音在双音节和多音节词中的出现频率统计，
约 12%（M）和 20%（F）的非词首［ʊ］元音是在双音节词中出现的；约
有 76%（M）和 38%（F）的非词首［ʊ］元音是在三音节词中出现的，约
有 12%（M）和 42%（F）的非词首［ʊ］元音是在四及以上音节词中出
现的。

表 2.67　非词首［ʊ］元音在双音节和多音节词中出现频率统计

音节数目	双音节词		三音节词		四及以上音节		共计	
发音人	M	F	M	F	M	F	M	F
出现次数	12	29	75	94	12	24	99	147
百分比	12%	20%	76%	38%	12%	42%		

从表 2.68 中看出，男女发音人非词首［ʊ］元音声学参数与其所出现词的音节数量之间具有一定的相关性。如随着词中音节数量的增多该元音音长（VD）相对变短，其音强（VA）相对变强。其中女发音人音强变化不明显。如：

$$M：119ms（B）\rightarrow 109ms（C）\rightarrow 78ms（D）；$$
$$67dB（B）\rightarrow 69dB（C）\rightarrow 69dB（D）$$
$$F：130ms（B）\rightarrow 91ms（C）\rightarrow 71ms（D）；$$
$$66dB（B）\rightarrow 66dB（C）\rightarrow 66dB（D）$$

表 2.68　不同类型词中非词首［ʊ］元音的声学参数统计

		M					F				
		VD	VA	F1	F2	F3	VD	VA	F1	F2	F3
双音节词（B）	平均值	119	67	601	1113	2342	130	66	564	1057	3044
	标准差	51	4	63.1	185	150	61	3	103	173	335
	变异系数	43%	6%	11%	17%	6%	47%	5%	18%	16%	11%
	变化范围	208	73	741	1474	2579	233	70	795	1583	3528
		46	60	479	872	2061	50	57	441	784	2286
三音节词（C）	平均值	109	69	581	1048	2453	91	66	618	1243	3171
	标准差	57	4	95.4	253	293	45	3	115	266	264
	变异系数	53%	5%	16%	24%	12%	49%	4%	19%	21%	8%
	变化范围	261	75	944	2088	3738	228	73	932	2357	3654
		39	60	378	668	1801	30	55	369	813	2374
四音节词（D）	平均值	78	69	555	1146	2176	71	66	613	1227	3146
	标准差	74	5	77.3	198	202	32	5	161	301	212
	变异系数	95%	7%	14%	17%	9%	45%	7%	26%	25%	7%
	变化范围	277	74	699	1455	2592	148	71	1079	2044	3496
		28	57	378	842	1825	31	48	426	882	2695

3. 音节类型与声学参数之间的关系

男发音人的 48 个，女发音人 91 个非词首 ［ʊ］ 出现在 CV 音节中，占 48% ~62%。男发音人的 51 个、女发音人 55 个非词首 ［ʊ］ 出现在 CVC 音节中，占 38% ~52%。表 2.69 为不同音节类型中非词首 ［ʊ］ 元音的声学参数统计，图 2.88 为不同音节中非词首 ［ʊ］ 元音的第一共振峰 （F1） 及第二共振峰 （F2） 分布图。

从表 2.69 和图 2.88 中可以看出，非词首 ［ʊ］ 元音音长、音强与音节类型之间具有一定的相关性。如在开音节 CV 中的音长比其在闭音节 CVC 中的音长要长；闭音节中的音强比其在开音节中的音强要强。闭音节能够提升非词首 ［ʊ］ 元音第一共振峰频率，即降低其舌位。这是否具有普遍性有待进一步研究。

表 2.69　不同音节类型中非词首 ［ʊ］ 元音的声学参数统计

		M					F				
		VD	VA	F1	F2	F3	VD	VA	F1	F2	F3
CV	平均值	118	68	558	1038	2426	108	65	593	1205	3238
	标准差	70	4	94.9	232	333	57	4	118	267	199
	变异系数	59%	6%	17%	22%	14%	52%	6%	20%	22%	6%
	变化范围	277	75	870	1494	3738	233	73	1079	2044	3621
		28	57	378	668	1942	30	48	436	813	2695
CVC	平均值	95	69	601	1097	2388	74	66	627	1196	2980
	标准差	45	3	80.7	247	231	24	2	127	263	309
	变异系数	47%	5%	13%	22%	10%	32%	4%	20%	22%	10%
	变化范围	261	75	944	2088	2897	138	71	932	2357	3654
		46	61	451	701	1801	31	61	369	784	2286

4. 辅音音质与元音声学参数之间的关系

图 2.89 ~2.90 为男女发音人出现在非词首音节 ［t-, p-, k-, ɣ-, tʰ-, pʰ-, n-, m-, l-, s-, x-, tʃ, tʃʰ-, w-, j-, r-］ 等辅音之后的 ［ʊ］ 元音第一、第二和第三共振峰前过渡 TF1、TF2、TF3 的变化示意图。其

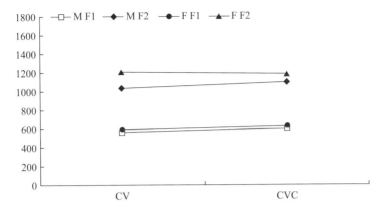

**图 2.88　不同音节中非词首 [ʊ] 元音的第一共振峰（F1）
及第二共振峰（F2）分布图**

中，图 2.89 以 TF1 的上升为准排列，即以舌位从高至低排列示意图，图 2.90 以 TF2 的上升为准排列，即以舌位从后至前排列示意图。

从图 2.89～2.90 中可以看出，在 [tʃ-、tʃʰ-] 等辅音之后非词首音节 [ʊ] 元音第二共振峰前过渡频率（TF2）比其在其他辅音之后的频率相对高。该元音第一共振峰前过渡段频率与其前置辅音音质之间未出现类似的规律。

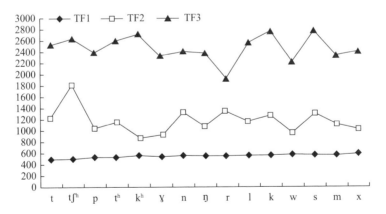

**图 2.89 - 1　非词首音节辅音之后的 [ʊ] 元音三个共振峰前过渡
TF1、TF2、TF3 等的变化示意图（M）**

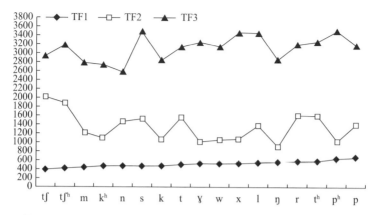

图 2. 89 - 2　非词首音节辅音之后的 ［ʊ］元音三个共振峰前过渡
TF1、TF2、TF3 等的变化示意图 （F）

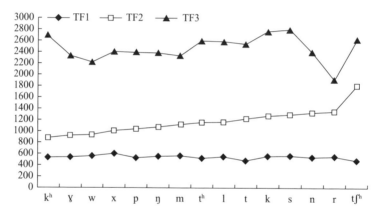

图 2. 90 - 1　非词首音节辅音之后的 ［ʊ］元音三个共振峰前过渡
TF1、TF2、TF3 等的变化示意图 （M）

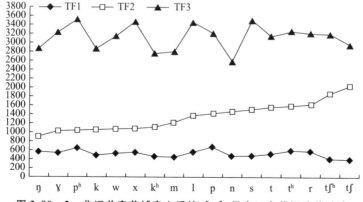

图 2. 90 - 2　非词首音节辅音之后的 ［ʊ］元音三个共振峰前过渡
TF1、TF2、TF3 等的变化示意图 （F）

（七）非词首［o］元音

鄂温克语非词首［o］元音使用率很低，"统一平台"中在非词首音节位置上只出现了四次：［pokko］肥胖、［moɣoŋ］金钱、［morɣo］鲤鱼、［olpoʃireŋ］游泳。表2.70为非词首［o］元音声学参数统计。该统计表显示男女发音人［o］元音的平均时长、平均音强分别为 M = 121ms，F = 115ms；M = 69dB，F = 64 dB。元音 F1 和 F2 的频率均值分别为 M：F1 = 450Hz，F2 = 1175Hz；F：F1 = 444Hz，F2 = 1068Hz。图 3.91 为男发音人［moɣoŋ］"金钱"一词三维语图。由于非词首［o］元音的出现次数没有统计学意义，为此对其不进行统计分析。

表 2.70　非词首［o］元音声学参数统计

	M					F				
	VD	VA	F1	F2	F3	VD	VA	F1	F2	F3
平均值	121	69	450	1175	2412	115	64	444	1068	3289
标准差	33	8.8	35	241	176	50	4	33	304	422
变异系数	27%	13%	8%	20%	7%	43%	7%	7%	28%	13%
变化范围	144	78	486	1529	2596	179	69	472	1512	3717
	72	60	408	999	2179	58	59	397	833	2707

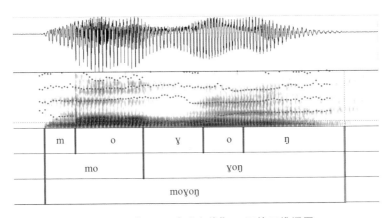

图 2.91　［moɣoŋ］"金钱"一词的三维语图

（八）非词首［u］元音

1. 参数平均值及其音质定位

表 2.71 为非词首［u］元音声学参数统计。该统计表显示男女发音人非词首［u］元音的平均时长、平均音强分别为 M＝112ms，F1＝106ms；M＝67dB，F1＝66 dB。元音 F1 和 F2 的频率均值分别为 M：F1＝435Hz，F2＝1112Hz；F：F1＝430Hz，F2＝1085Hz。

表 2.71　非词首［u］元音声学参数统计

	M					F				
	VD	VA	F1	F2	F3	VD	VA	F1	F2	F3
平均值	112	67	435	1112	2465	106	66	430	1085	3097
标准差	63	4	127	372	280	49	3	97	231	334
变异系数	56%	7%	29%	33%	11%	46%	5%	22%	21%	11%
变化范围	318	78	1209	2264	3467	230	71	865	2065	3738
	32	52	278	594	1887	27	52	281	761	1131

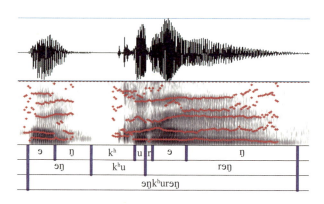

图 2.92　［əŋkʰurəŋ］"倒掉"一词的三维语图

图 2.92 为男性发音人［əŋkʰurəŋ］"倒掉"一词的三维语图。其中，非词首［u］元音的目标位置 F1～F4 共振峰分别为 395Hz、1025Hz、2268Hz、3775Hz。这是非词首［u］元音比较典型的声学语图。图 2.93 为男女发音人非词首［u］元音在声学元音图中的位置（均值）及其声学空间中的分布模式。与其他非词首音节短元音一样，该元音离散度较大，有较明显的央化趋势。

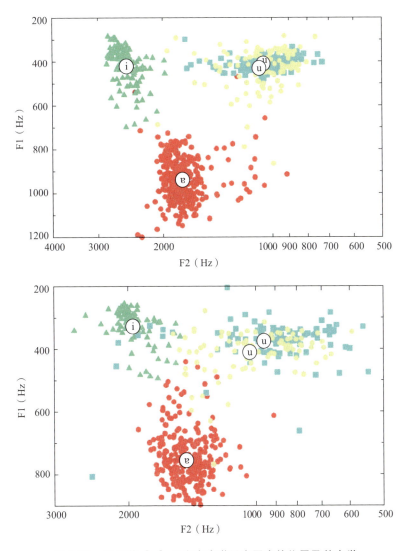

图 2.93　非词首［u］元音在声学元音图中的位置及其声学
空间中的分布模式（F&M）

2. 音节数量与声学参数之间的关系

表 2.72 为非词首［u］元音在双音节和多音节词中的出现频率统计，约 23%（M）和 33%（F）的非词首［u］元音是在双音节词中出现的；约有 65%（M）和 53%（F）的非词首［u］元音是在三音节词中出现的；约有 12%（M）和 26%（F）的非词首［u］元音是在四及以上音节词中出现的。

表 2.72　非词首［u］元音在双音节和多音节词中出现频率统计

音节数目	双音节词		三音节词		四及以上音节		共计	
发音人	M	F	M	F	M	F	M	F
出现次数	21	36	59	58	11	15	91	109
百分比	23%	33%	65%	53%	12%	26%		

从表 2.73 中看出，男女发音人非词首［u］元音声学参数与其所出现词的音节数量之间具有一定的相关性。如随着词中音节数量的增多该元音音长（VD）相对变短，其音强（VA）相对变强。其中女发音人音强变化不明显。如：

$$M：116ms（B）\rightarrow 115ms（C）\rightarrow 93ms（D）;$$
$$65dB（B）\rightarrow 68dB（C）\rightarrow 60dB（D）$$
$$F：130ms（B）\rightarrow 94ms（C）\rightarrow 95ms（D）;$$
$$65dB（B）\rightarrow 66dB（C）\rightarrow 59dB（D）$$

表 2.73　不同类型词中非词首［u］元音的声学参数统计

		M					F				
		VD	VA	F1	F2	F3	VD	VA	F1	F2	F3
双音节词（B）	平均值	116	65	461	1134	2456	130	65	441	1004	3179
	标准差	43	4	114	406	370	54	2	77	143	267
	变异系数	37%	5%	25%	36%	15%	41%	4%	18%	14%	8%
	变化范围	231	72	768	2264	3467	230	70	602	1303	3738
		53	56	351	685	2044	55	60	287	761	2649
三音节词（C）	平均值	115	68	429	1089	2445	94	66	418	1122	3040
	标准差	69	5	131	355	242	40	3	89	242	376
	变异系数	60%	7%	31%	33%	10%	42%	4%	21%	22%	12%
	变化范围	318	78	1209	2038	3179	220	71	865	1942	3464
		37	52	278	594	1887	44	59	291	836	1131
四音节词（D）	平均值	93	66	421	1195	2587	95	66	451	1139	3118
	标准差	58	3	131	418	271	52	5	153	310	277
	变异系数	62%	4%	31%	35%	10%	55%	7%	34%	27%	9%
	变化范围	210	71	761	1905	3099	211	71	789	2065	3515
		32	62	342	698	2244	27	52	281	898	2621

3. 音节类型与声学参数之间的关系

男发音人的 49 个、女发音人 59 个非词首［u］出现在 CV 音节中，占 54%。男发音人的 42 个、女发音人 50 个非词首［u］在 CVC 音节中出现，占 46%。表 2.74 为不同音节类型中非词首［u］元音的声学参数统计表，图 2.94 为不同音节中非词首［u］元音的第一共振峰（F1）及第二共振峰（F2）分布图。

从表 2.74 和图 2.94 中可以看出，非词首［u］元音音长、音强与音节类型之间具有一定的相关性。如在开音节 CV 中的音长比其在闭音节 CVC 中的音长要长，该元音在闭音节和开音节中的音强几乎没有差异性。有趣的是闭音节能够提升非词首［u］元音第二共振峰频率。

表 2.74　不同音节类型中非词首［u］元音的声学参数统计

		M					F				
		VD	VA	F1	F2	F3	VD	VA	F1	F2	F3
CV	平均值	121	67	431	1057	2535	126	65	426	1068	3129
	标准差	75	5	150	360	302	56	3	68	217	362
	变异系数	62%	8%	35%	34%	12%	44%	5%	16%	20%	12%
	变化范围	318	76	1209	2264	3467	230	70	686	2065	3515
		32	52	278	594	1887	42	52	308	805	1131
CVC	平均值	102	67	441	1175	2383	83	66	436	1106	3059
	标准差	42	4	94.5	380	228	26	3	123	247	298
	变异系数	41%	5%	21%	32%	10%	31%	4%	28%	22%	10%
	变化范围	207	78	710	2038	3380	154	71	865	1942	3738
		33	60	315	665	2044	27	59	281	761	2278

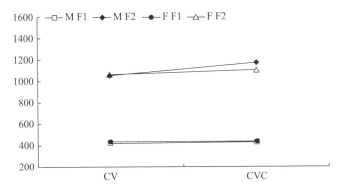

图 2.94　不同音节中非词首［u］元音的第一共振峰（F1）及
第二共振峰（F2）分布图

4. 辅音音质与元音声学参数之间的关系

图 2.95～2.96 为男女发音人出现在非词首音节（包括单音节词）［t-、p-、k-、ɣ-、tʰ-、pʰ-、n-、m-、l-、s-、x-、tʃ-、tʃʰ-、w-、j-、r-］等辅音之后的［u］元音第一、第二和第三共振峰前过渡 TF1、TF2、TF3 的变化示意图。其中，图 2.95 以 TF1 的上升为准排列，即以舌位从高至低排列示意图，图 2.96 以 TF2 的上升为准排列，即以舌位从后至前排列示意图。

从图 2.95～2.96 中可以看到，辅音音质与非词首［u］元音共振峰频率之间具有一定的相关性。如，［u］元音在［tʃ-、tʃʰ-、j-、pʰ-、t-、l-］等辅音之后的第二共振峰前过渡频率（TF2）比其在其他辅音之后的要高。

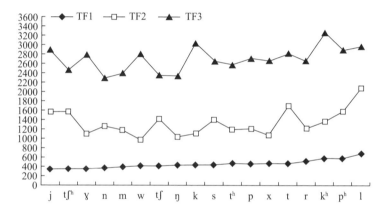

**图 2.95－1　非词首音节辅音之后的［u］元音三个共振峰前过渡
TF1、TF2、TF3 等的变化示意图（M）**

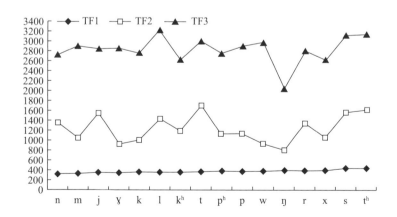

**图 2.95－2　非词首音节辅音之后的［u］元音三个共振峰前过渡
TF1、TF2、TF3 等的变化示意图（F）**

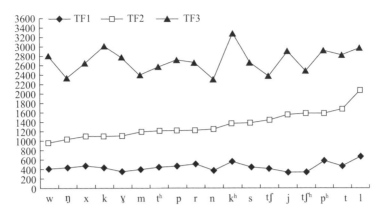

图 2.96 - 1　非词首音节辅音之后的［u］元音三个共振峰前过渡 TF1、TF2、TF3 等的变化示意图（M）

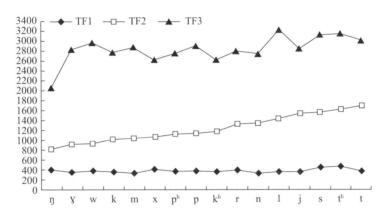

图 2.96 - 2　非词首音节辅音之后的［u］元音三个共振峰前过渡 TF1、TF2、TF3 等的变化示意图（F）

五　长元音

在"鄂温克语语音声学参数数据库"中共出现了［ɐː，əː，iː，ɪː，eː，ɔː，ʊː，oː，uː］等长元音。按照传统语音学的分类，［ɐː，əː，ɪː，eː，ʊː］为紧元音，［eː，iː，oː，uː］为松元音；［ɐː，eː，əː，iː，ɪː］为展唇元音，［ɔː，ʊː，oː，uː］为圆唇元音。如图 2.97～2.98。

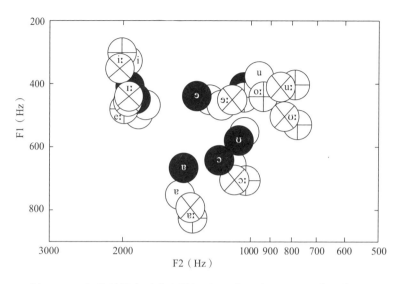

图 2.97　词首长元音（十心圆）、短元音（空心圆）和非词首长
　　　　元音（X 心圆）、非词首短元音（实心圆）的声学元音图

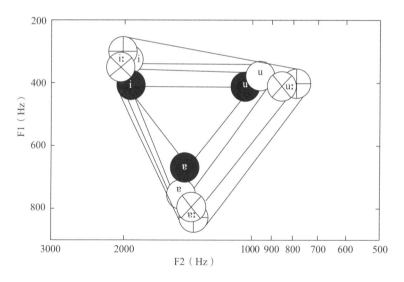

图 2.98　词首长元音（十心圆）、短元音（空心圆）和非词首长
　　　　元音（X 心圆）、非词首短元音（实心圆）的舌位三角形图

　　从图 2.97～2.98 中可以看到，因时长和词中所处位置的不同，元音音
值会发生较明显的变化，呈现出不同的四个三角形。如，三角形大小排列
为（由大到小）：词首长元音舌位三角形（十心圆）＞非词首长元音三角

（×心圆）＞词首短元音舌位三角形（空心圆）＞非词首短元音舌位三角形（实心圆）。其中，非词首音节短元音的舌位三角形最小，词首长元音舌位三角形最大。

从上述图中可以看出，鄂温克语形成了词首长元音、非词首长元音、词首短元音和非词首短元音等大、中、小四个舌位三角形。其中，短元音和长元音之间的差异性较大，而词首短元音和非词首短元音之间，词首长元音和非词首长元音之间的差异较小。这与蒙古语标准话元音特点有所不同。其中，较明显的差异是鄂温克语非词首短元音的央化程度远不如蒙古语标准话非词首短元音。

（一）［ɐ:］元音

1. 参数平均值及其音质定位

表2.75、表2.76为词首和非词首长元音［ɐ:］的声学参数统计。从这两个表中可以看出，词首和非词首［ɐ:］元音声学参数之间具有一定的差异。如，音长差异为＋34 ms（M），＋58ms（F）；音强差异为－2dB（M），－1 dB（F）；第一、第二共振峰频率均值差异为F1：＋31Hz，F2：－20Hz（M）；F1：＋70Hz，F2：－43Hz（F）。其中，"＋"表示词首大于非词首，"－"表示词首小于非词首，下同。显然，词首［ɐ:］元音音长比非词首［ɐ:］相对长，但其音强比非词首［ɐ:］相对弱。词首音节［ɐ:］元音第一共振峰频率比非词首音节［ɐ:］相对大，但其第二共振峰频率比非词首［ɐ:］相对小。说明词首音节［ɐ:］元音舌位（开口度）比非词首音节［ɐ:］相对低，舌位比非词首音节［ɐ:］相对靠后。请见图2.100。这是男女发音人词首和非词首长元音［ɐ:］在声学空间中所处位置及其分布模式比较图。图中，红色实心圆为词首［ɐ:］元音的分布模式，黄色实心圆为非词首［ɐ:］元音的分布模式。

根据实验结果，［ɐ:］是低（开）、央、展唇、紧元音，用国际音标的［ɐ:］来标记该元音接近其实际音值。图2.99为男性发音人［sɐ:rɐŋ］"知道"一词的三维语图。其中，词首长元音［ɐ］的目标位置第一至第四共振峰频率（F1～F4）分别为834Hz、1443Hz、2142Hz、4052Hz。这是［ɐ:］元音比较典型的声学语图。

表 2.75　词首 ［ɐ:］元音声学参数统计

	M					F				
	VD	VA	F1	F2	F3	VD	VA	F1	F2	F3
平均值	255	69	825	1369	2144	208	68	1038	1692	2789
标准差	61	3	48	80.6	114	40.9	2	82.2	179.6	608
变异系数	24%	5%	6%	6%	5%	20%	3%	8%	11%	22%
变化范围	403	77	958	1562	2408	336	74	1190	2115	3630
	104	62	731	1202	1795	129	64	819	1077	1668

表 2.76　非词首 ［ɐ:］元音声学参数统计

	M					F				
	VD	VA	F1	F2	F3	VD	VA	F1	F2	F3
平均值	221	71	794	1389	2159	150	69	968	1735	2961
标准差	64	3	37	71	121	22.4	2	84.5	174	464
变异系数	29%	4%	5%	5%	6%	15%	3%	9%	10%	16%
变化范围	364	79	897	1672	2432	231	73	1108	2252	3545
	112	65	711	1258	1868	109	64	787	1241	1787

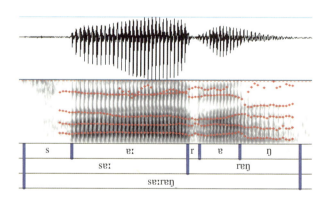

图 2.99　［sɐːrɐŋ］"知道"一词的三维语图

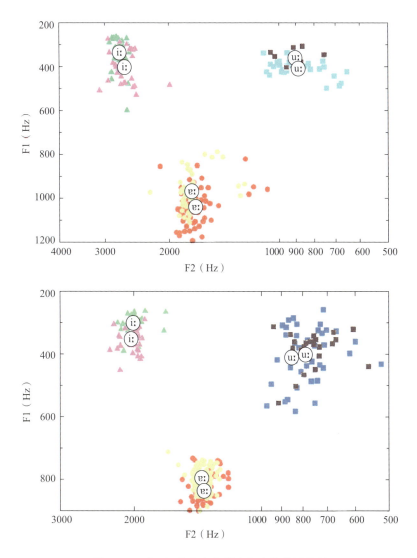

图 2.100 ［ɐː］元音在声学空间中的位置及其
分布模式（F&M）

图 2.101 为词首和非词首长元音［ɐː］的目标位置共振峰（F1/F2）及
其前过渡段共振峰（TF1/TF2）和后过渡段共振峰（TP1/TP2）比较图。图
中，粉色实心圆为目标位置共振峰分布图，绿色实心圆为前过渡段共振峰
分布图，黄色实心圆为后过渡段共振峰分布图。其中，下图为男发音人图，

上图为女发音人图，下同。与目标位置共振峰频率相比男女发音人词首和非词首［ɐ:］元音第一共振峰的前、后过渡段（TF1 和 PT1）频率都呈现了相对下降趋势。其中，非词首［ɐ:］元音第一共振峰后过渡段的下降较明显。

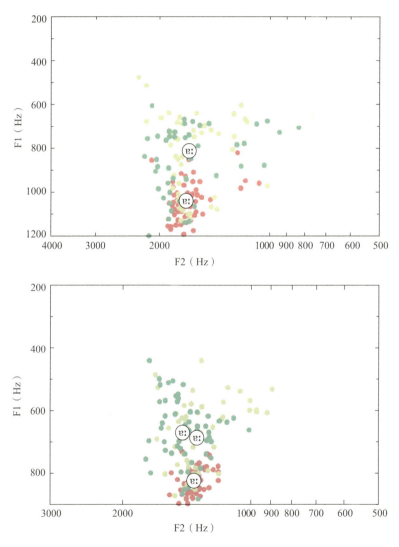

图 2.101 – 1　词首［ɐ:］元音目标位置共振峰及其前后
过渡段共振峰比较图（F&M）

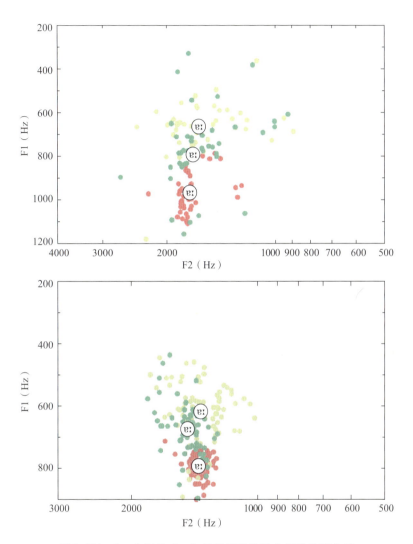

图 2. 101 – 2　非词首 [ɐ:] 元音目标位置共振峰及其前后
过渡段共振峰比较图（F&M）

2. 辅音音质与声学参数之间的关系

图 2.102 为词首音节不同辅音之后和无前置辅音音节中 [ɐ:] 元音音长
比较图，图 2.103 为词首音节不同辅音之后 [ɐ:] 元音三个共振峰（F1 ~
F3）前过渡段频率（TF1 ~ TF3）比较图，图 2.104 为非词首音节不同辅音
之后 [ɐ:] 元音三个共振峰（F1 ~ F3）前过渡段频率（TF1 ~ TF3）比较

图。其中，图 2.102 和图 2.103 是以 TF2 的上升为准排列的，即以舌位从后至前排列。

从图 2.102 中可以看出，辅音音质与 [ɐ:] 元音音长之间几乎没有相关性。图 2.103、图 2.104 显示，辅音音质与词首和非词首 [ɐ:] 元音第二共振峰前过渡频率之间具有一定的相关性。如，词首和非词首 [ɐ:] 元音在 [tʃ-，tʃʰ，j-] 等辅音之后的第二共振峰前过渡频率比其他辅音之后的相对高。总之，辅音音质与元音共振峰之间的相关性不稳定。

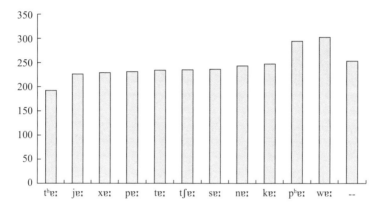

图 2.102 – 1　词首音节不同辅音之后和无前置辅音音节中 [ɐ:] 元音音长比较图 （M）

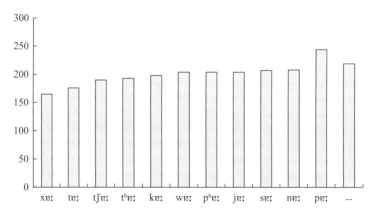

图 2.102 – 2　词首音节不同辅音之后和无前置辅音音节中 [ɐ:] 元音音长比较图 （F）

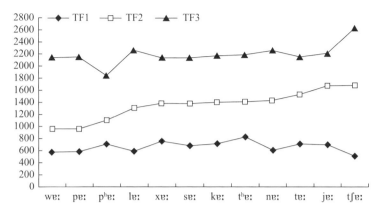

图 2.103 - 1　词首音节不同辅音之后 [ɐː] 元音第一、第二
和第三共振峰前过渡段频率比较图 （M）

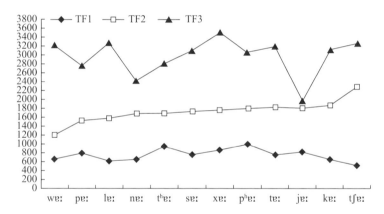

图 2.103 - 2　词首音节不同辅音之后 [ɐ] 元音第一、第二
和第三共振峰前过渡段频率比较图 （F）

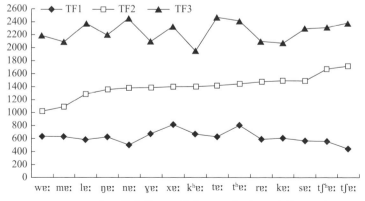

图 2.104 - 1　非词首音节不同辅音之后 [ɐː] 元音第一、第二
和第三共振峰前过渡段频率比较图 （M）

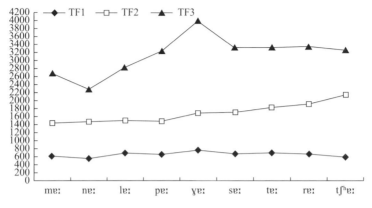

图 2.104 - 2　非词首音节不同辅音之后 ［ɐ:］元音第一、第二
和第三共振峰前过渡段频率比较图 （F）

3. 音节数量与声学参数之间的关系

表 2.77 为在单音节词、双音节词、三音节词和四音节词中出现的 ［ɐ:］元音音长 （VD）、音强 （VA）、目标位置共振峰目标值 （F） 均值统计。图 2.105 ~ 2.107 为音节数量与 ［ɐ:］元音音长、音强和目标位置共振峰之间的关系示意图。从这些表和图中可以看出，音节数量与 ［ɐ:］元音声学参数之间具有一定的相关性。如，随着音节数量的增多，女发音人 ［ɐ:］元音音长相对变短，音强相对变强，第一、第二共振峰频率增加。而男发音人除其第二共振峰频率随着音节数量的增加相对提高外没有出现规律性数据。说明音节数量与元音声学参数之间的关系缺乏稳定性。

从总体上看，在统一平台中长元音的出现频率比短元音要低，甚至有些长元音的出现次数较少。为此，在描写出现频率低的那些长元音时，我们忽略了元音音节数量、音节类型和辅音音质等与元音声学参数之间的关系问题。

表 2.77　不同类型词中 ［ɐ:］元音的声学参数统计

		M					F				
		VD	VA	F1	F2	F3	VD	VA	F1	F2	F3
单音节词	平均值	262	71	800	1358	2194	270	68	1018	1540	2304
	标准差	73	3	48	106	55.6	54	2	72.8	187	658
	变异系数	28%	4%	6%	8%	3%	20%	2%	7%	12%	29%
	变化范围	398	76	880	1548	2258	336	71	1110	1711	3091
		191	67	739	1260	2121	210	67	947	1172	1668

续表

		M					F				
		VD	VA	F1	F2	F3	VD	VA	F1	F2	F3
双音节词	平均值	262	69	838	1350	2151	207	68	1026	1685	2738
	标准差	62	3	47	78.5	140	33	2	85.5	180	587
	变异系数	24%	5%	6%	6%	7%	16%	3%	8%	11%	21%
	变化范围	403	77	958	1462	2408	264	74	1190	1890	3630
		152	64	748	1202	1795	129	64	819	1077	1700
三音节词	平均值	243	68	819	1400	2112	195	69	1067	1752	3028
	标准差	55	3	46	63.6	84.7	29	2	78.8	164	604
	变异系数	23%	4%	6%	5%	4%	15%	3%	7%	9%	20%
	变化范围	350	74	897	1562	2324	269	72	1174	2115	3544
		104	62	731	1300	2009	160	66	853	1461	1790
四音节词	平均值	307	70	829	1413	2120	173	70	1072	1774	3118
	标准差	43	4	4.2	0.71	17	40	1	64.7	88.5	162
	变异系数	14%	5%	1%	0%	1%	23%	1%	6%	5%	5%
	变化范围	337	72	832	1413	2132	233	70	1167	1873	3317
		276	67	826	1412	2108	149	68	1026	1662	2920

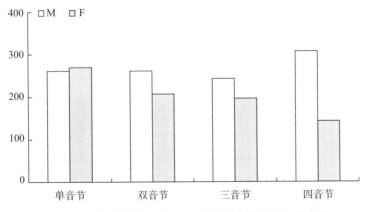

图 2.105 音节数量与 [ɐː] 元音音长之间的关系示意图

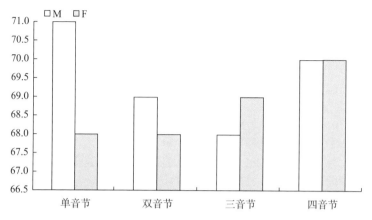

图 2.106　音节数量与 [ɐ:] 元音音强之间的关系示意图

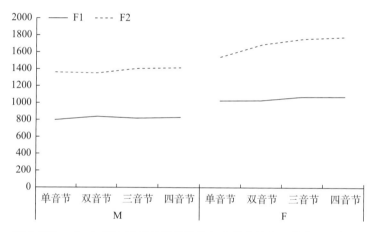

图 2.107　[ɐ:] 元音目标位置共振峰与音节数量之间的关系示意图

（二）[ɘ:] 元音

1. 参数平均值及其音质定位

表 2.78、表 2.79 为词首和非词首长元音 [ɘ:] 的声学参数统计。从这两个表中可以看出，词首和非词首 [ɘ:] 元音声学参数之间具有一定的差异。如，音长差异为 + 20 ms（M），+ 51ms（F）；音强差异为 − 1dB（M），0 dB（F）；第一、第二共振峰频率均值差异为 F1：− 9Hz，F2：− 74Hz（M）；F1：− 99Hz，F2：− 122Hz（F）。显然，词首 [ɘ:] 元音音长比非词首 [ɘ:] 要长，但其音强比非词首 [ɘ:] 相对弱或相等。词首

［ɘ］元音第一、第二共振峰频率都比非词首［ɘː］相对小。说明非词首
［ɘː］元音舌位（开口度）比词首［ɘ］元音要低，舌位比词首［ɘ］元
音相对靠后。

　　实验结果显示，［ɘ］是半高（闭）、央、展唇、松元音，用国际音
标的［ɘ］来标记该元音接近其实际音值。图 2.108 为男性发音人［ɘːŋ］
"药"一词的三维语图。其中，词首元音［ɘ］的目标位置 F1 ~ F4 共振
峰分别为 455Hz、1085Hz、2202Hz、3058Hz。这是［ɘ］元音比较典型
的声学语图。图 2.109 为男女发音人词首和非词首音节长元音［ɘː］在声
学元音图中的位置及其声学空间中的分布模式。图中的浅蓝色实心三角形
为非词首［ɘ］元音分布图，深蓝色实心三角形为词首［ɘ］元音分
布图。

表 2.78　词首［ɘ］元音声学参数统计

	M					F				
	VD	VA	F1	F2	F3	VD	VA	F1	F2	F3
平均值	246	70	442	1038	2445	206	69	474	1213	3110
标准差	47	3	28.1	64.4	200	41.9	2	24.4	53.7	195
变异系数	19%	4%	6%	6%	8%	20%	3%	5%	4%	6%
变化范围	352	78	513	1182	3081	385	73	521	1336	3418
	132	65	388	917	2176	147	62	404	1100	2501

表 2.79　非词首［ɘː］元音声学参数统计

	M					F				
	VD	VA	F1	F2	F3	VD	VA	F1	F2	F3
平均值	226	71	451	1112	2442	155	69	573	1335	3220
标准差	72	3	29	88.2	221	37.9	2	89	114	259
变异系数	32%	5%	6%	8%	9%	24%	3%	15%	9%	8%
变化范围	474	79	548	1354	3462	260	73	953	1565	3594
	98	58	391	925	2087	110	66	408	1172	2605

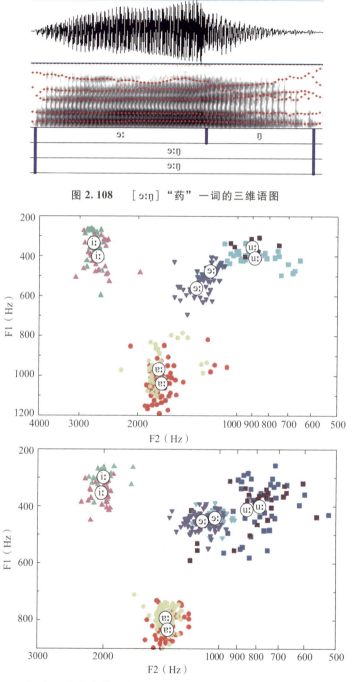

图 2.108 ［ɔːŋ］"药"一词的三维语图

图 2.109 ［ɔː］元音在声学元音图中的位置及其声学空间中的分布模式（F&M）

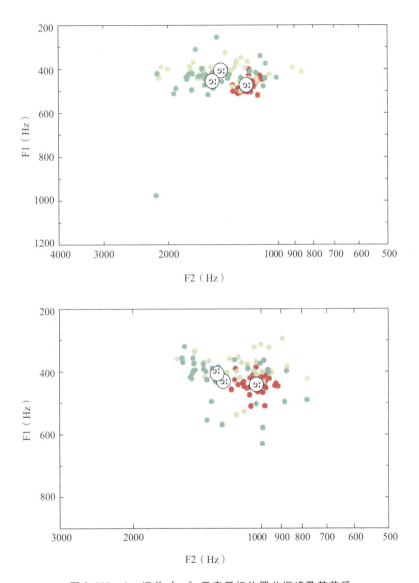

图 2. 110 – 1　词首 [ɐ:] 元音目标位置共振峰及其前后
过渡段共振峰比较图 （F&M）

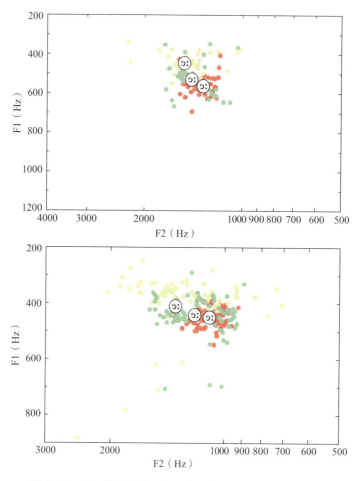

图 2.110 - 2　非词首 ［ɘ:］元音目标位置共振峰及其前后
过渡段共振峰比较图 （F&M）

图 2.110 为词首和非词首长元音 ［ɘ:］的目标位置共振峰 （F1/F2） 及其前过渡段共振峰 （TF1/TF2） 和后过渡段共振峰 （TP1/TP2） 比较图。红色实心圆为目标位置共振峰分布图，绿色实心圆为前过渡段共振峰分布图，黄色实心圆为后过渡段共振峰分布图。虽然与目标位置的共振峰频率相比男女发音人 ［ɘ:］元音第一共振峰的前、后过渡段 （TF1 和 PT1） 频率都相对下降，第二共振峰前、后过渡段 （TF2 和 TP2） 共振峰频率呈上升趋势，但总体上变化相对较小。

2. 辅音音质与声学参数之间的关系

图 2.111 为词首音节不同辅音之后和无前置辅音音节中 ［ɘ:］元音音长

比较图，图 2.112 为词首音节不同辅音之后［ɔ:］元音三个共振峰（F1 ~
F3）前过渡段频率（TF1 ~ TF3）比较图，图 2.113 为非词首音节不同辅音
之后［ɔ:］元音三个共振峰（F1 ~ F3）前过渡段频率（TF1 ~ TF3）比较
图。其中，图 2.112 和图 2.113 是以 TF2 的上升为准排列的，即以舌位从后
至前排列。

　　从这些图中可以看出，辅音音质与［ɔ:］元音音长之间几乎没有相关
性，但与元音第二共振峰频率之间具有一定的相关性。如，词首和非词首
［ɔ:］元音在［ʧ-、ʧ^h、j-］等辅音之后的第二共振峰前过渡频率比其他辅
音之后的要高。

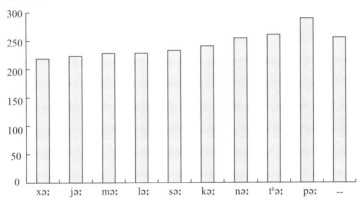

图 2.111 – 1　词首音节不同辅音之后和无前置辅音音节
中［ɔ:］元音音长比较图（M）

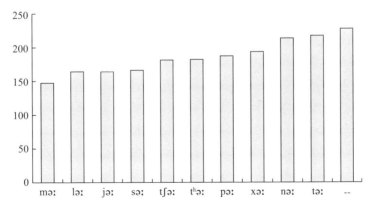

图 2.111 – 2　词首音节不同辅音之后和无前置辅音音节
中［ɔ:］元音音长比较图（F）

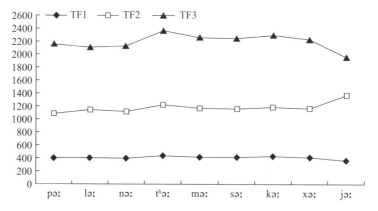

图 2.112 – 1　词首音节不同辅音之后 ［ɘː］元音第一、第二
和第三共振峰前过渡段频率比较图 （M）

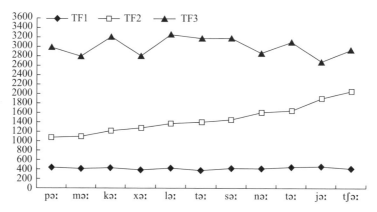

图 2.112 – 2　词首音节不同辅音之后 ［ɘː］元音第一、第二
和第三共振峰前过渡段频率比较图 （F）

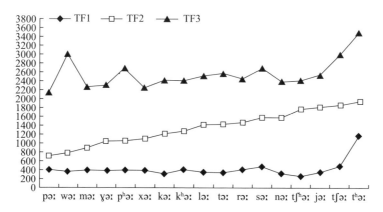

图 2.113 – 1　非词首音节不同辅音之后 ［ɘː］元音第一、第二
和第三共振峰前过渡段频率比较图 （M）

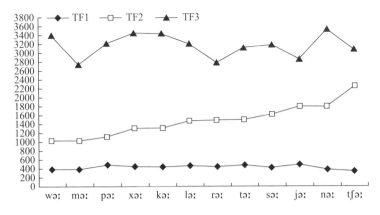

图 2.113 – 2　非词首音节不同辅音之后［ɘ:］元音第一、第二
和第三共振峰前过渡段频率比较图（F）

3. 音节数量与声学参数之间的关系

表 2.80 为在单音节词、双音节词、三音节词中出现的［ɘ:］元音的音
长（VD）、音强（VA）、目标位置共振峰目标值（F）均值统计，图 2.114 ~
2.116 为音节数量与［ɘ:］元音音长、音强和目标位置共振峰之间的关系示
意图。可以看出音节数量与［ɘ:］元音声学参数之间几乎没有相关性。这
进一步证明了前面所说的"音节数量与元音声学参数之间的关系缺乏稳定
性"观点。

表 2.80　不同类型词中［ɘ:］元音的声学参数统计

		M					F				
		VD	VA	F1	F2	F3	VD	VA	F1	F2	F3
单音节词	平均值	240	71	467	1088	2251	261	69	444	1210	3315
	标准差	30	3	37.6	54.1	98.5	82.7	1	33.4	7.5	102
	变异系数	12%	5%	8%	5%	4%	32%	2%	8%	1%	3%
	变化范围	287	78	513	1182	2398	385	70	474	1221	3409
		200	68	423	1025	2176	217	67	404	1206	3193
双音节词	平均值	249	70	431	1044	2514	192	69	481	1219	3132
	标准差	46	3	21.6	70.1	229	28.6	2	22	61.38	157
	变异系数	18%	4%	5%	7%	9%	15%	3%	5%	5%	5%
	变化范围	332	75	476	1161	3081	255	72	521	1336	3418
		132	65	388	927	2215	147	62	448	1100	2763

续表

		M					F				
		VD	VA	F1	F2	F3	VD	VA	F1	F2	F3
三音节词	平均值	243	71	448	1003	2434	212	70	473	1203	3006
	标准差	57	3	24.4	37.5	109	32.5	3	19.7	47.62	222
	变异系数	23%	4%	5%	4%	4%	15%	4%	4%	4%	7%
	变化范围	352	75	511	1059	2603	268	73	495	1292	3354
		181	66	426	917	2267	156	64	431	1127	2501

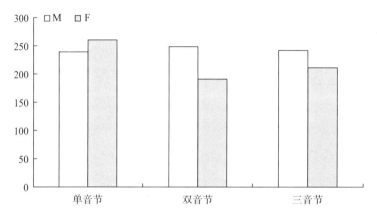

图 2.114 音节数量与 [ɔ:] 元音音长之间的关系示意图

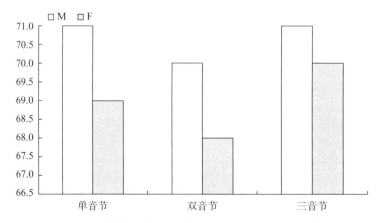

图 2.115 音节数量与 [ɔ:] 元音音强之间的关系示意图

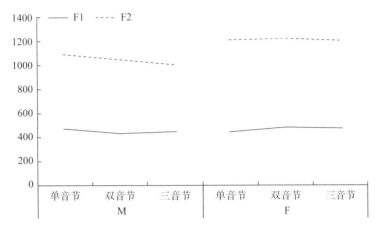

图 2.116 音节数量与 [ɔ:] 元音目标位置共振峰之间的关系示意图

（三）[i:] 元音

1. 参数平均值及其音质定位

表 2.81、表 2.82 为词首和非词首长元音 [i:] 的声学参数统计。从这两个表中可以看出，词首和非词首音节 [i:] 元音声学参数之间具有一定的差异。如，音长差异为 +21ms（M），+53ms（F）；音强差异为 -2dB（M），-1dB（F）；第一、第二共振峰频率均值差异为 F1：-51Hz，F2：-24Hz（M）；F1：-64Hz，F2：+85Hz（F）。显然，词首 [i:] 元音音长比非词首 [i:] 要长，但其音强比非词首 [i:] 元音要弱。词首 [i:] 元音第一共振峰频率比非词首 [i:] 元音要小，说明其舌位（开口度）比词首 [i:] 元音要高。该元音第二共振峰频率变化因人而异。

表 2.81 词首音节 [i:] 元音声学参数统计

	M					F				
	VD	VA	F1	F2	F3	VD	VA	F1	F2	F3
平均值	253	65	302	2022	3018	207	66	337	2739	3340
标准差	72.5	4	30	110	138	60.1	3	76.2	96.27	153
变异系数	29%	5%	10%	5%	5%	29%	4%	23%	4%	5%
变化范围	436	72	389	2205	3368	363	70	597	2915	3844
	115	58	262	1693	2774	105	60	263	2567	3062

表 2.82　非词首［iː］元音声学参数统计

	M					F				
	VD	VA	F1	F2	F3	VD	VA	F1	F2	F3
平均值	232	67	353	2046	2835	154	67	401	2654	3264
标准差	59	5	39	106	184	28	2	80	222	275
变异系数	25%	7%	11%	5%	6%	18%	4%	20%	8%	8%
变化范围	386	75	450	2300	3172	221	72	527	3104	4275
	143	59	289	1899	2401	112	63	272	1989	2573

　　根据实验结果，［iː］元音为高（开）、前、展唇、中性元音，用国际音标的［iː］标记该元音接近其实际音值。图 2.117 为男性发音人［miːr］"肩膀"一词的三维语图。其中，词首元音［iː］的目标位置 F1～F4 共振峰分别为 303Hz、2096Hz、2947Hz、3645Hz。这是［iː］元音比较典型的声学语图。图 2.118 为男女发音人［iː］元音在声学元音图中的位置（均值）及其声学空间中的分布模式。图中的粉色实心三角形为词首［iː］元音分布图，绿色实心三角形为非词首［iː］元音分布图。可以看出，非词首［iː］元音位于词首［iː］元音的下方，说明其在舌位高低维度上比词首［iː］元音相对低。词首和非词首［iː］元音在舌位前后维度上差异较小。总体上该元音离散度相对小。

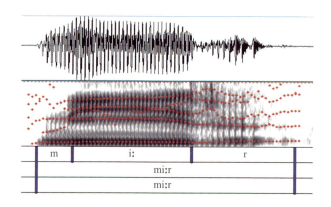

图 2.117　［miːr］"肩膀"一词的三维语图

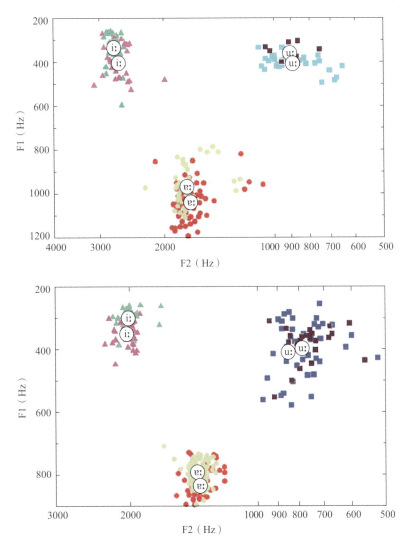

**图 2.118　[iː] 元音在声学元音图中的位置及其声学
空间中的分布模式　(F&M)**

图 2.119 为词首和非词首长元音 [iː] 的目标位置共振峰 (F1/F2) 及其前过渡段共振峰 (TF1/TF2) 和后过渡段共振峰 (TP1/TP2) 比较图。其中，图 2.119 - 1 中，红色实心圆为目标位置共振峰分布图；绿色三角为前过渡段共振峰分布图；蓝色方形为后过渡段共振峰分布图；图 2.119 - 2 中，红色实心圆为目标位置共振峰分布图，绿色实心圆为前过渡段共振峰分布图，黄色实心圆为后过渡段共振峰分布图。

可以看出，与目标位置共振峰频率相比男女发音人［iː］元音第一、第二共振峰的前、后过渡段频率与目标位置共振峰频率之间的差异性较小。

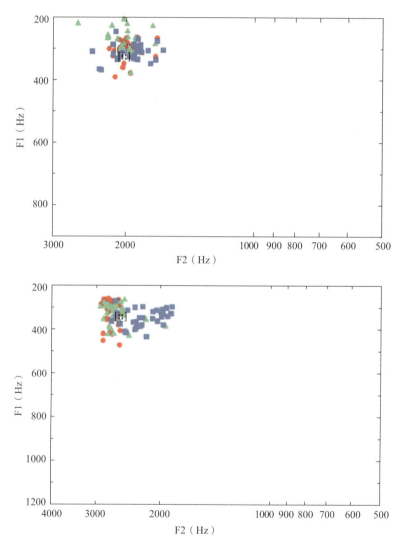

图 2.119 - 1　词首音节［iː］元音目标位置共振峰及其前后
过渡段共振峰比较图（F&M）

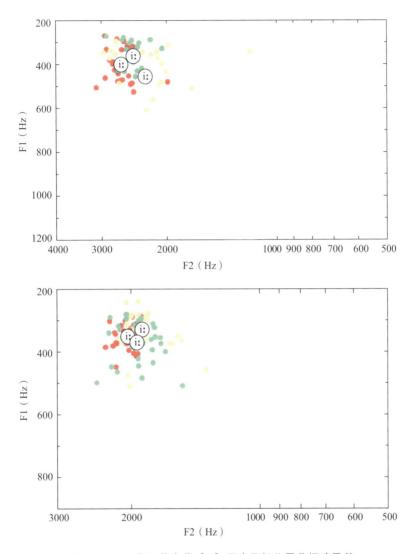

图 2.119 - 2　非词首音节［iː］元音目标位置共振峰及其
前后过渡段共振峰比较图（F&M）

2. 辅音音质与声学参数之间的关系

图 2.120 为词首音节不同辅音之后和无前置辅音音节中［iː］元音音长
比较图，图 2.121 为词首音节不同辅音之后［iː］元音三个共振峰（F1 ～
F3）前过渡段频率（TF1 ～ TF3）比较图，图 2.122 为非词首音节不同辅音之后［i:］元音三个共振峰（F1～F3）前过渡段频率（TF1～TF3）比较图。其中，图 2.121 和图 2.122 是以 TF2 的上升为准排列的，即以舌位从后至前排列。从图 2.120 中看出，除［p］之外辅音音质与［i:］元音音长之间几乎没有相关性。图 2.121、图 2.122 显示，辅音音质与声学参数之间几乎没有相关性。

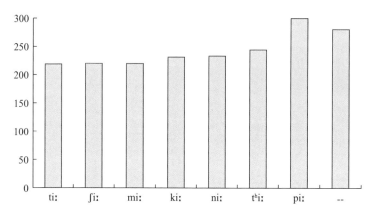

图 2.120 - 1　词首音节不同辅音之后和无前置辅音音节中
［i:］元音音长比较图（M）

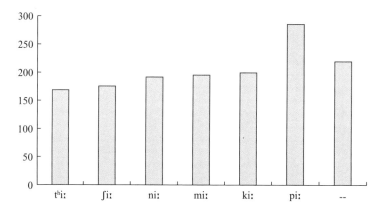

图 2.120 - 2　词首音节不同辅音之后和无前置辅音音节中
［i:］元音音长比较图（F）

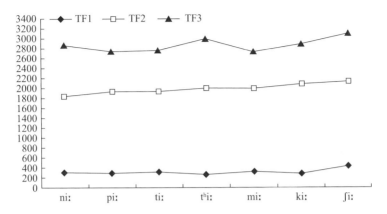

图 2. 121 - 1　词首音节不同辅音之后［i:］元音第一、第二
和第三共振峰前过渡段频率比较图（M）

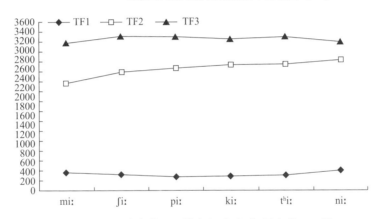

图 2. 121 - 2　词首音节不同辅音之后［i:］元音第一、第二
和第三共振峰前过渡段频率比较图（F）

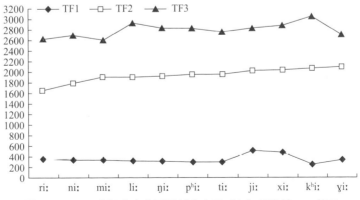

图 2. 122 - 1　非词首音节不同辅音之后［i:］元音第一、第二
和第三共振峰前过渡段频率比较图（M）

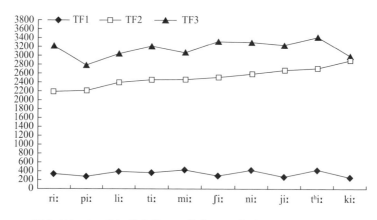

图 2.122 – 2　非词首音节不同辅音之后 [iː] 元音第一、第二
和第三共振峰前过渡段频率比较图（F）

3. 音节数量与声学参数之间的关系

表 2.83 为在单音节词、双音节词、三音节词中出现的 [iː] 元音的音长（VD）、音强（VA）、目标位置共振峰目标值（F）均值统计，图 2.123 ～ 2.125 为音节数量与 [iː] 元音音长、音强和目标位置共振峰之间的关系示意图。可以看出，音节数量与 [iː] 元音声学参数之间几乎没有相关性。

表 2.83　不同类型词中 [iː] 元音的声学参数统计

		M					F				
		VD	VA	F1	F2	F3	VD	VA	F1	F2	F3
单音节词	平均值	331	67	297	2032	2906	324	65	358	2769	3439
	标准差	118	1	19	64.5	84.7	63	2	2.89	76.79	126
	变异系数	36%	2%	6%	3%	3%	19%	3%	1%	3%	4%
	变化范围	436	68	312	2096	2963	363	67	361	2814	3517
		204	66	276	1967	2809	251	63	356	2680	3293
双音节词	平均值	240	63	306	2009	3020	190	66	331	2745	3309
	标准差	67.1	3	36	129	153	47.9	2	66.1	101.1	124
	变异系数	28%	5%	12%	6%	5%	25%	4%	20%	4%	4%
	变化范围	412	69	389	2205	3368	280	70	476	2915	3556
		115	58	262	1693	2774	105	60	266	2567	3062

续表

		M					F				
		VD	VA	F1	F2	F3	VD	VA	F1	F2	F3
三音节词	平均值	255	67	296	2052	3056	214	68	347	2709	3392
	标准差	57.8	4	16	62.2	87.7	42.3	2	115	91.42	217
	变异系数	23%	6%	6%	3%	3%	20%	4%	33%	3%	6%
	变化范围	377	72	324	2139	3176	270	70	597	2850	3844
		194	61	270	1931	2958	143	63	263	2608	3174

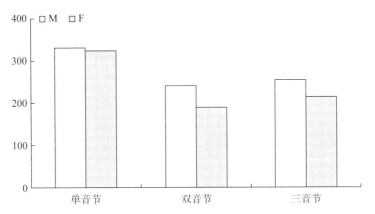

图 2.123　音节数量与［i:］元音音长之间的关系示意图

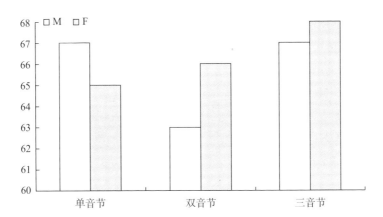

图 2.124　音节数量与［i:］元音音强之间的关系示意图

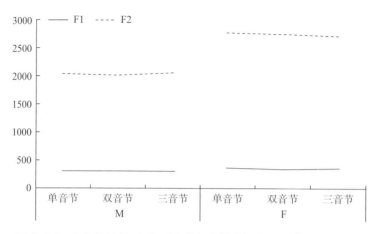

图 2.125 音节数量与 [iː] 元音目标位置共振峰之间的关系示意图

（四）［ɪː］元音

1. 参数平均值及其音质定位

表 2.84、表 2.85 为词首和非词首长元音［ɪː］的声学参数统计。从这两个表中可以看出，词首和非词首［ɪː］元音声学参数之间具有一定的差异。如，音长差异为 -34ms（M），+28ms（F）；音强差异为 -2dB（M），-1dB（F）；第一、第二共振峰频率均值差异为 F1：-26Hz，F2：+35Hz（M）；F1：-14Hz，F2：+126Hz（F）。可以看出，词首和非词首长元音［ɪː］的声学参数变化因人而异。

根据实验结果，［ɪː］元音为次高（闭）、前、展唇、紧元音，用国际音标的［ɪː］标记该元音接近其实际音值。图 2.126 为男性发音人［ɪːsəl］"眼睛"一词的三维语图。其中，词首［ɪː］元音的目标位置第一至第四共振峰频率（F1～F4）分别为 407Hz、1087Hz、2836Hz、4571Hz。这是［ɪː］元音比较典型的声学语图。图 2.127 为男女发音人［ɪː］元音在声学元音图中的位置（均值）及其声学空间中的分布模式。图中的浅蓝色实心三角形为非词首［ɪː］元音分布图，深蓝色实心三角形为词首［ɪː］元音分布图。显然，词首和非词首［ɪː］元音共振峰频率变化相对较小。

表 2.84　词首 [ɪ:] 元音声学参数统计

	M					F				
	VD	VA	F1	F2	F3	VD	VA	F1	F2	F3
平均值	240	67	432	1995	2838	172	67	470	2727	3441
标准差	69.2	3	28	78.6	87.9	34.3	2	40	62.7	120
变异系数	29%	4%	6%	4%	3%	20%	3%	9%	2%	3%
变化范围	363	70	470	2107	2941	231	69	524	2808	3622
	173	64	404	1881	2719	131	64	409	2634	3277

表 2.85　非词首 [ɪ:] 元音声学参数统计

	M					F				
	VD	VA	F1	F2	F3	VD	VA	F1	F2	F3
平均值	274	69	458	1960	2677	144	68	484	2601	3211
标准差	69	2	42	118	125	21	3	21	299	238
变异系数	25%	4%	9%	6%	5%	15%	4%	4%	12%	7%
变化范围	452	72	518	2120	2838	181	71	527	3104	3451
	183	65	376	1727	2407	112	63	454	1989	2573

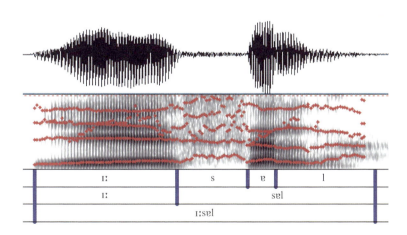

图 2.126　[ɪ:sæl] "眼睛" 一词的三维语图

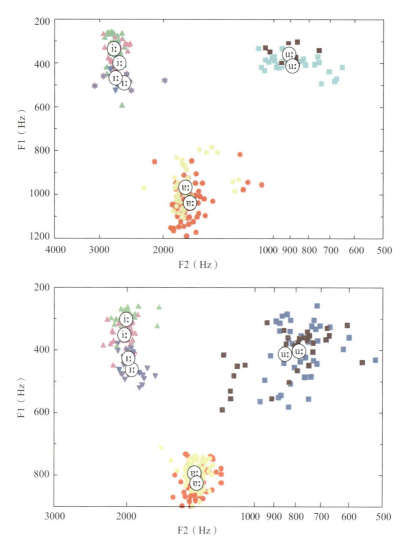

图 2.127　词首［ɪ:］元音在声学元音图中的位置及其
声学空间中的分布模式（F&M）

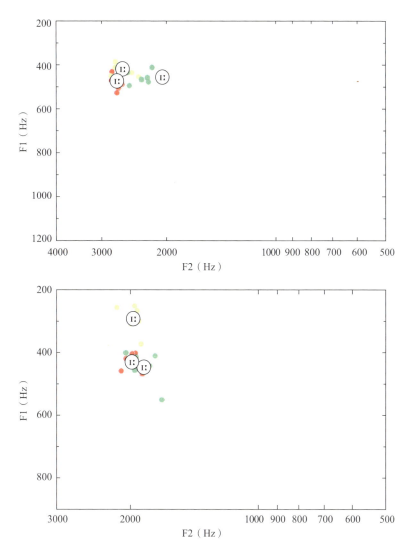

图 2. 128 - 1 词首音节 [ɪ:] 元音目标位置共振峰及其前后
过渡段共振峰比较图 （F&M）

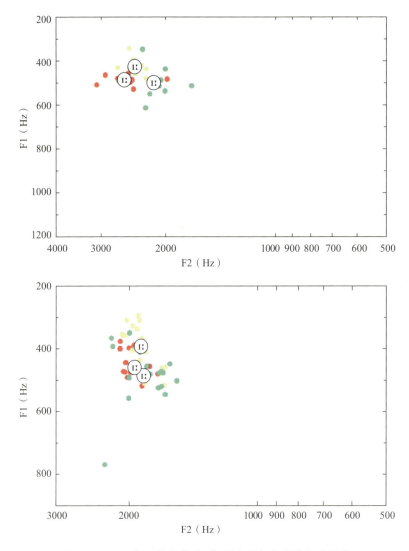

**图 2.128 - 2　非词首音节 ［ɪː］ 元音目标位置共振峰及其
前后过渡段共振峰比较图 （F&M）**

图 2.128 为词首和非词首音节长元音 ［ɪː］ 的目标位置共振峰 （F1/
F2） 及其前过渡段共振峰 （TF1/TF2） 和后过渡段共振峰 （TP1/TP2） 比较
图。图中的红色实心圆为目标位置共振峰分布图，绿色实心圆为前过渡段
共振峰分布图，黄色实心圆为后过渡段共振峰分布图。可以看出，总体上
前后过渡段共振峰与目标位置共振峰频率之间的差异较小。

2. 辅音音质与声学参数之间的关系

图 2.129 为词首音节不同辅音之后 ［ɪ:］元音音长比较图，图 2.130 为词首和非词首音节不同辅音之后 ［ɪ:］元音三个共振峰（F1 ~ F3）前过渡段频率（TF1 ~ TF3）比较图，图 2.131 为词首和非词首音节不同辅音之后 ［ɪ:］元音三个共振峰（F1 ~ F3）前过渡段频率（TF1 ~ TF3）比较图。其中，图 2.129 和图 2.130 是以 TF2 的上升为准排列的，即以舌位从后至前排列。可以看出，辅音音质与 ［ɪ:］元音声学参数之间几乎没有相关性。因出现次数较少等原因，本研究对该元音不再作统计分析了。

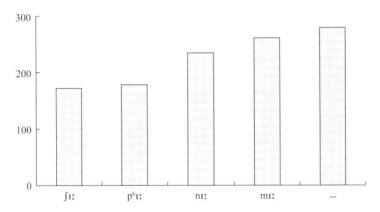

图 2.129 - 1 词首音节不同辅音之后和无前置辅音音节中
［ɪ:］元音音长比较图（M）

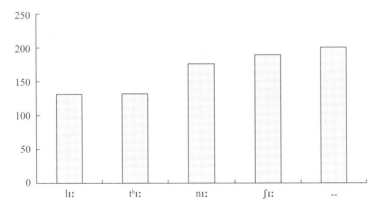

图 2.129 - 2 词首音节不同辅音之后和无前置辅音音节中
［ɪ:］元音音长比较图（F）

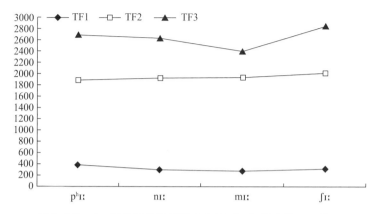

图 2. 130 – 1　词首音节不同辅音之后［ɪ:］元音第一、第二
和第三共振峰前过渡段频率比较图（M）

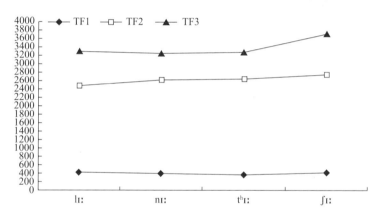

图 2. 130 – 2　词首音节不同辅音之后［ɪ:］元音第一、第二
和第三共振峰前过渡段频率比较图（F）

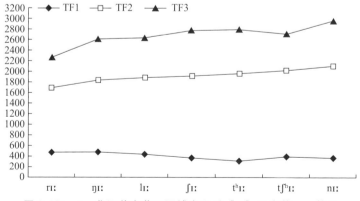

图 2. 131 – 1　非词首音节不同辅音之后［ɪ:］元音第一、第二
和第三共振峰前过渡段频率比较图（M）

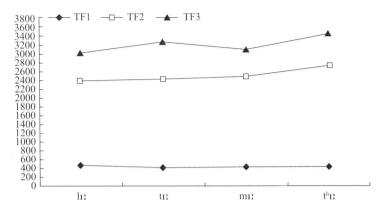

图 2.131 - 2 非词首音节不同辅音之后 [ɪː] 元音第一、第二
和第三共振峰前过渡段频率比较图 (F)

(五) [ɔː] 元音

1. 参数平均值及其音质定位

表 2.86、表 2.87 为词首和非词首长元音 [ɔː] 的声学参数统计。从这两个表中可以看出，词首和非词首音节 [ɔː] 元音声学参数之间具有一定的差异。如，音长差异为 + 56ms (M)，+ 53ms (F)；音强差异为 - 2dB (M)，+ 2dB (F)；第一、第二共振峰频率均值差异为 F1：+ 2Hz，F2：- 64Hz (M)；F1：+ 55Hz，F2：+ 86Hz (F)。显然，词首 [ɔː] 元音音长比非词首 [ɔː] 元音要长。男女发音人词首和非词首 [ɔː] 元音音强和共振峰频率因人而异，没有显示共性。

表 2.86 词首 [ɔː] 元音声学参数统计

	M					F				
	VD	VA	F1	F2	F3	VD	VA	F1	F2	F3
平均值	253	70	707	1032	2231	213	70	850	1439	2905
标准差	68.7	3	48	65.4	202	36.4	2	75.4	1425	433
变异系数	27%	5%	7%	6%	9%	17%	4%	9%	99%	15%
变化范围	425	77	839	1155	2609	299	75	1056	11081	3535
	93	61	606	902	1255	161	64	665	1003	1828

表 2.87　非词首 ［ɔ:］元音声学参数统计

	M					F				
	VD	VA	F1	F2	F3	VD	VA	F1	F2	F3
平均值	197	72	705	1096	2228	160	68	795	1353	2931
标准差	65	3	47	72.9	155	33	3	63	136	529
变异系数	33%	4%	7%	7%	7%	20%	4%	8%	10%	18%
变化范围	338	78	793	1265	2663	214	73	863	1558	3544
	96	67	620	992	1953	121	63	644	1089	1646

　　根据实验结果，［ɔ:］是半低（开）、后、圆唇、紧元音，用国际音标
的 ［ɔ:］标记该元音接近其实际音值。图 2.132 为男性发音人 ［tɔ:］"河
流" 一词的三维语图。其中，词首元音 ［ɔ:］的目标位置的 F1 ~ F4 共振峰
分别为 694 Hz、1009 Hz、2168 Hz、3813 Hz。这是 ［ɔ:］元音比较典型的声学
语图。图 2.133 为男女发音人 ［ɔ:］元音在声学元音图中的位置（均值）
及其声学空间中的分布模式。图中的浅蓝色实心三角形为非词首 ［ɔ:］元
音分布图，深蓝色实心三角形为词首 ［ɔ:］元音分布图。可以看出，词首
和非词首 ［ɔ:］元音之间的音值差异较小。

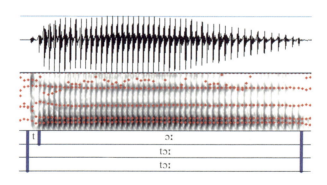

图 2.132　［tɔ:］"河流" 一词的三维语图

　　图 2.134 为词首和非词首长元音 ［ɔ:］的目标位置共振峰及其前、后过
渡段共振峰频率比较图。图中的红色实心圆为目标位置共振峰分布图，绿
色实心圆为前过渡段共振峰分布图，黄色实心圆为后过渡段共振峰分布图。
可以看出，与目标位置共振峰频率相比该元音前、后过渡段共振峰频率都
有较显著的央化趋势。

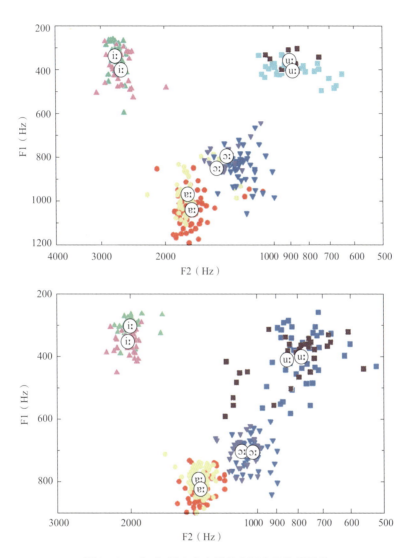

图 2.133 ［ɔː］元音在声学元音图中的位置及其
声学空间中的分布模式（F&M）

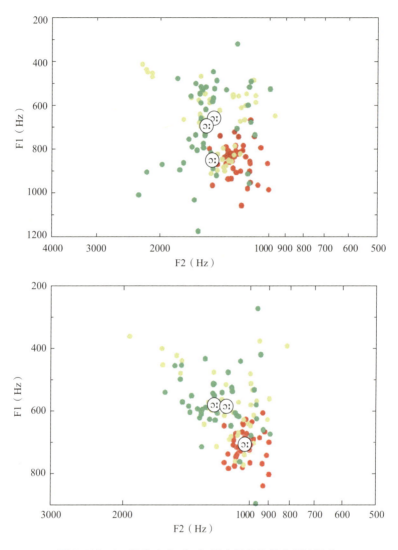

图 2. 134 – 1　词首音节 ［ɔ:］元音目标位置共振峰及其
前后过渡段共振峰比较图 （F&M）

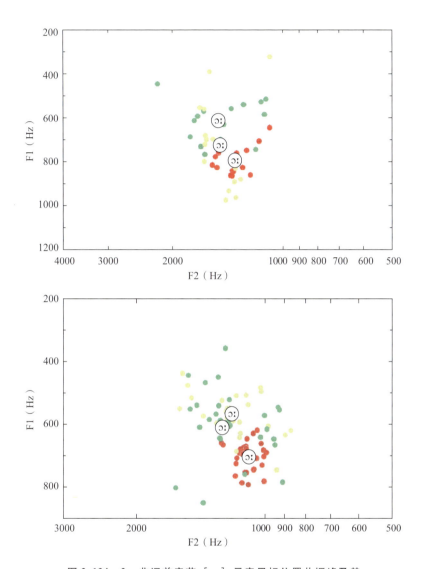

图 2.134 – 2　非词首音节 ［ɔː］元音目标位置共振峰及其
前后过渡段共振峰比较图 （F&M）

2. 辅音音质与声学参数之间的关系

图 2.135 为词首音节不同辅音之后和无前置辅音音节中 ［ɔː］元音音长
比较图。图 2.136 为词首音节不同辅音之后 ［ɔː］元音三个共振峰 （F1 ~
F3） 前过渡段频率 （TF1 ~ TF3） 比较图。图 2.137 为非词首音节不同辅音

之后［ɔː］元音三个共振峰（F1 ~ F3）前过渡段频率（TF1 ~ TF3）比较
图。其中，图 2.136 和图 2.137 为以 TF2 的上升为准排列的，即以舌位从后
至前排列。从图 2.135 ~ 2.137 中可以看出，辅音音质与词首和非词首［ɔː］
元音音长之间几乎没有相关性，但与该元音共振峰之间具有一定的相关性。
如［ɔː］元音在［tʃ-，tʃʰ-，j-］等辅音之后的第二共振峰前过渡段频率比
其他辅音之后的相对高。

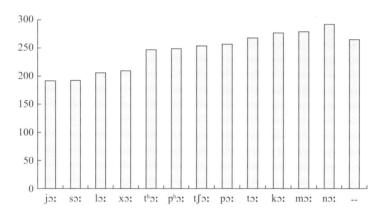

**图 2.135 – 1　词首音节不同辅音之后和无前置辅音音节中
［ɔː］元音音长比较图（M）**

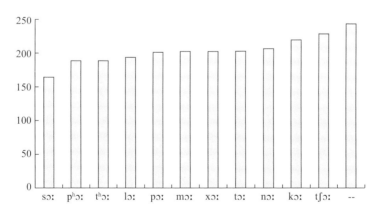

**图 2.135 – 2　词首音节不同辅音之后和无前置辅音音节中
［ɔː］元音音长比较图（F）**

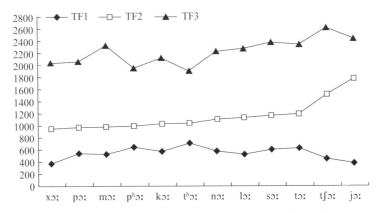

图 2.136 – 1　词首音节不同辅音之后［ɔː］元音第一、第二
和第三共振峰前过渡段频率比较图（M）

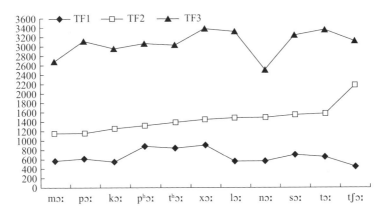

图 2.136 – 2　词首音节不同辅音之后［ɔː］元音第一、第二
和第三共振峰前过渡段频率比较图（F）

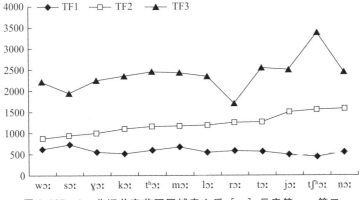

图 2.137 – 1　非词首音节不同辅音之后［ɔː］元音第一、第二
和第三共振峰前过渡段频率比较图（M）

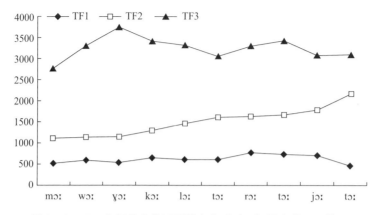

图 2.137 – 2 非词首音节不同辅音之后 [ɔː] 元音第一、第二
和第三共振峰前过渡段频率比较图 （F）

3. 音节数量与声学参数之间的关系

表 2.88 为在单音节词、双音节词、三音节词中出现的 [ɔː] 元音的音长（VD）、音强（VA）、目标位置共振峰目标值（F）均值统计，图 2.138 ~ 2.140 为音节数量与 [ɔː] 元音音长、音强和目标位置共振峰之间的关系示意图。可以看出，女发音人音节数量与 [ɔː] 元音音长和音强之间都出现了较显著的相关性，即随着音节数量的增多，该元音的音长相对缩短，音强相对增强（显示了互补性）。但男发音人数据未显示这样的规律。说明音节数量与元音声学参数之间的相关性不稳定。

表 2.88　不同类型词中 [ɔː] 元音的声学参数统计

		M					F				
		VD	VA	F1	F2	F3	VD	VA	F1	F2	F3
单音节词	平均值	263	73	675	1048	2277	276	68	897	1166	3217
	标准差	125	2	51	86.6	141	31.4	3	82	41.02	396
	变异系数	48%	3%	8%	8%	6%	11%	5%	9%	4%	12%
	变化范围	425	75	764	1155	2554	299	71	978	1213	3535
		111	70	626	950	2168	240	65	814	1136	2774
双音节词	平均值	264	69	715	1015	2220	210	70	846	1527	2866
	标准差	55.7	3	52	61.9	235	35.9	2	84.8	1718	452
	变异系数	21%	5%	7%	6%	11%	17%	4%	10%	113%	16%
	变化范围	364	77	839	1127	2609	292	75	1056	11081	3484
		116	61	606	902	1255	161	64	665	1003	1828

续表

		M					F				
		VD	VA	F1	F2	F3	VD	VA	F1	F2	F3
三音节词	平均值	213	72	703	1073	2235	205	71	851	1265	2936
	标准差	50	3	25	43.3	121	23.8	2	38.2	92.85	385
	变异系数	23%	4%	4%	4%	5%	12%	3%	4%	7%	13%
	变化范围	268	75	746	1130	2433	247	74	933	1399	3506
		93	68	673	1003	2115	170	68	793	1057	2365

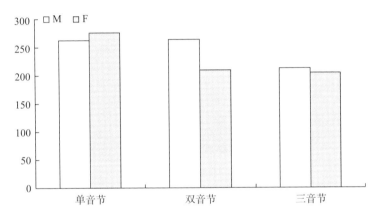

图 2.138　音节数量与 ［ɔ:］元音音长之间的关系示意图

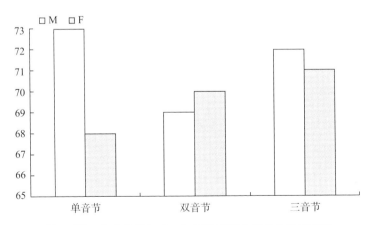

图 2.139　音节数量与 ［ɔ:］元音音强之间的关系示意图

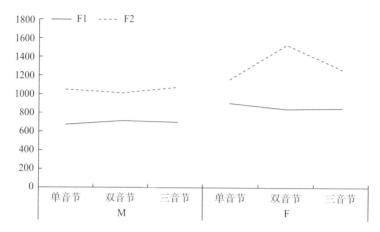

图 2.140　音节数量与 ［ɔ:］元音目标位置共振峰之间的关系示意图

（六）［ʊ:］元音

1. 参数平均值及其音质定位

表 2.89、表 2.90 为词首和非词首长元音 ［ʊ:］的参数统计。从这两个表中可以看出，词首和非词首 ［ʊ:］元音声学参数之间具有一定的差异。如，音长差异为 +20 ms（M），+55ms（F）；音强差异为 −1dB（M），0 dB（F）；第一、第二共振峰频率均值差异为 F1：+3Hz，F2：−93Hz（M）；F1：−42Hz，F2：−28Hz（F）。显然，词首 ［ɔ:］元音音长比非词首 ［ɔ:］要长，音强因人而异。男女发音人词首 ［ɔ:］元音第二共振峰频率比非词首 ［ɔ:］要低，说明其舌位相对靠后。

表 2.89　词首 ［ʊ:］元音声学参数统计

	M					F				
	VD	VA	F1	F2	F3	VD	VA	F1	F2	F3
平均值	243	67	528	782	2597	226	67	470	1003	3290
标准差	50	2	66	82.6	125	40	1	36	65.7	136
变异系数	21%	3%	12%	11%	5%	18%	2%	8%	7%	4%
变化范围	347	70	615	886	2906	283	69	516	1079	3522
	173	63	440	643	2427	179	65	405	900	3048

表 2.90　非词首 [ʊː] 元音声学参数统计

	M					F				
	VD	VA	F1	F2	F3	VD	VA	F1	F2	F3
平均值	223	68	525	875	2533	171	67	512	1031	3306
标准差	60	3	91	233	259	24	3	53	90.3	294
变异系数	27%	4%	17%	27%	10%	14%	4%	10%	9%	9%
变化范围	365	75	779	2199	3700	209	70	590	1159	3576
	111	65	238	628	2150	138	63	436	900	2615

　　根据实验，[ʊː] 元音为中高、后、圆唇、紧元音，用国际音标的 [o̞ː] 标记该元音接近其实际音值。但本书遵循传统语音学的标音方法，采用了 [ʊː] 音标。图 2.141 为男性发音人 [sʊːrɐː] "肮脏的"一词的三维语图。其中，词首元音 [ʊː] 的目标位置第一至第四共振峰频率（F1～F4）分别为 615 Hz、735 Hz、2906 Hz、3728 Hz。这是 [ʊː] 元音比较典型的声学语图。图 2.142 为男女发音人 [ʊː] 元音在声学元音图中的位置（均值）及其声学空间中的分布模式。图中红色三角形为词首 [ʊː]，绿色三角形为非词首 [ʊː] 元音。可以看出，词首和非词首 [ʊː] 元音之间的音值差异较小。

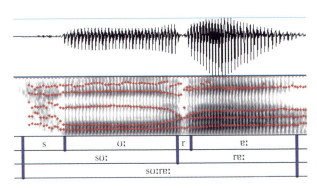

图 2.141　[sʊːrɐː] "肮脏的，不干净的"一词的三维语图

　　图 2.143 为词首和非词首长元音 [ʊː] 前、后过渡段在声学空间中所处位置及其分布模式比较图。图中的红色实心圆为目标位置共振峰分布图，绿色实心圆为前过渡段共振峰分布图，黄色实心圆为后过渡段共振峰分布

图。可以看出，与目标位置共振峰频率相比该元音前、后过渡段共振峰频率都有较显著的央化趋势。

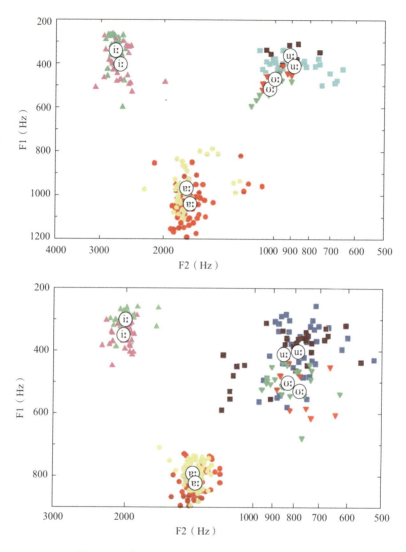

图 2.142 ［ʊ:］元音在声学元音图中的位置及其
声学空间中的分布模式（F&M）

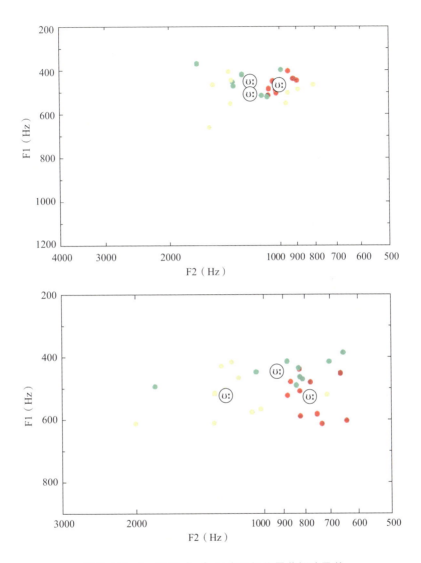

图 2. 143 - 1　词首 [ʊ:] 元音目标位置共振峰及其前后过渡段共振峰比较图（F&M）

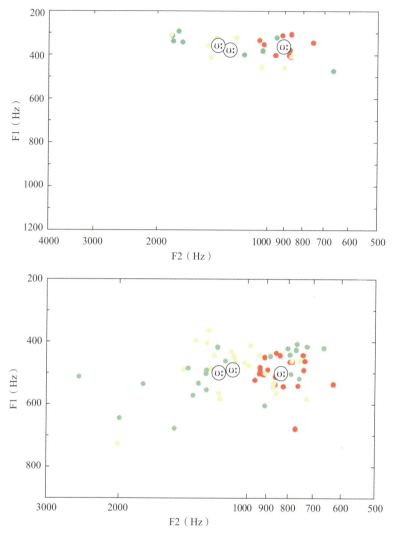

图 2.143 – 2 非词首 [ʊː] 元音目标位置共振峰及其
前后过渡段共振峰比较图 (F&M)

2. 辅音音质与声学参数之间的关系

图 2.144 为词首音节不同辅音之后和无前置辅音音节中 [ʊ] 元音音长比较图。图 2.145 为词首音节不同辅音之后 [ʊ] 元音三个共振峰 (F1 ~ F3) 前过渡段频率 (TF1 ~ TF3) 比较图。图 2.146 为非词首音节不同辅音之后 [ʊ] 元音三个共振峰 (F1 ~ F3) 前过渡段频率 (TF1 ~ TF3) 比较图。其中，图 2.145 和图 2.146 是以 TF2 的上升为准排列的，即以舌位从后至前排列的。可

以看出，辅音音质与［ʊ:］元音声学参数之间几乎没有相关性。

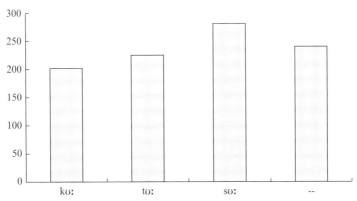

图 2.144 - 1　词首音节不同辅音之后和无前置辅音音节中
［ʊ:］元音音长比较图（M）

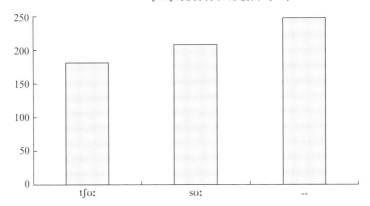

图 2.144 - 2　词首音节不同辅音之后和无前置辅音音节中
［ʊ:］元音音长比较图（F）

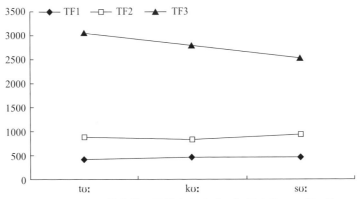

图 2.145 - 1　词首音节不同辅音之后［ʊ:］元音第一、第二和
第三共振峰前过渡段频率比较图（M）

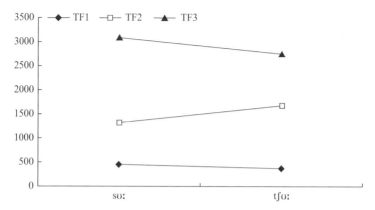

图 2. 145 - 2 词首音节不同辅音之后 ［ʊ:］元音第一、第二和
第三共振峰前过渡段频率比较图 （F）

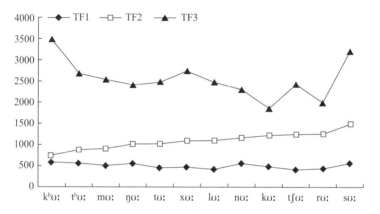

图 2. 146 - 1 非词首音节不同辅音之后 ［ʊ:］元音第一、第二和
第三共振峰前过渡段频率比较图 （M）

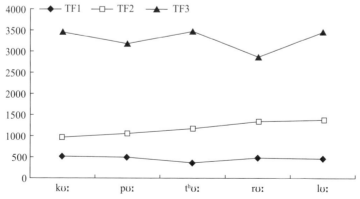

图 2. 146 - 2 非词首音节不同辅音之后 ［ʊ:］元音第一、第二和
第三共振峰前过渡段频率比较图 （F）

（七）［oː］元音

1. 参数平均值及其音质定位

表 2.91 为词首［oː］元音声学参数统计。该表显示男女发音人词首［oː］元音的音长、音强、共振峰均值分别为 M = 261ms，F = 184ms；M = 69dB，F = 71dB。元音 F1 和 F2 的频率均值分别为 F1 = 442HZ，F2 = 937Hz（M）；F1 = 500Hz，F2 = 1209Hz（F）。鄂温克语［oː］元音很少在非词首音节出现，为此不再对其进行统计分析。

表 2.91　词首［oː］元音声学参数统计

	M					F				
	VD	VA	F1	F2	F3	VD	VA	F1	F2	F3
平均值	261	69	442	937	2525	184	71	500	1209	3168
标准差	88.2	4	27	43	95.5	27	3	42.5	82.6	65.7
变异系数	34%	6%	6%	5%	4%	15%	4%	8%	7%	2%
变化范围	428	74	479	995	2658	206	74	542	1298	3238
	187	64	407	879	2390	154	68	457	1135	3108

根据实验，［oː］元音是次高、后、圆唇、松元音，用国际音标的［ʊː］标记该元音接近其实际音值，但本书遵循传统语音学的标音方法，采用了［oː］音标。图 2.147 为男性发音人［xoːsun］"泡沫"一词的三维语图。其

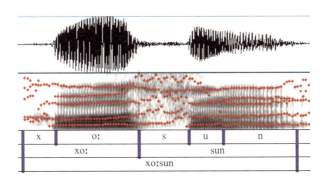

图 2.147　［xoːsun］"泡沫"一词的三维语图

中，词首［oː］元音的目标位置第一至第四共振峰频率（F1～F4）分别为
457Hz、955Hz、2515Hz、3560Hz。这是［oː］元音比较典型的声学语图。
图 2.148 为男女发音人［oː］元音在声学元音图中的位置（均值）及其声
学空间中的分布模式。

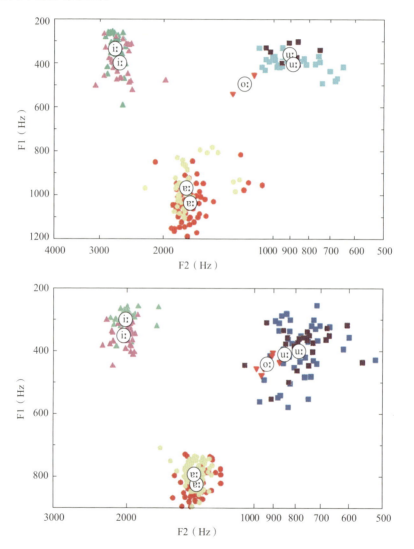

**图 2.148 词首音节［oː］元音在声学元音图中的位置及其
声学空间中的分布模式（F&M）**

图 2.149 为词首音节长元音［o:］的目标位置共振峰（F1/F2）及其前过渡段共振锋（TF1/TF2）和后过渡段共振峰（TP1/TP2）比较图。图中红色实心圆为目标位置共振峰分布图，绿色实心圆为前过渡段共振峰分布图，黄色实心圆为后过渡段共振峰分布图。可以看出只有男发音人［o:］元音前过渡有明显央化趋势。

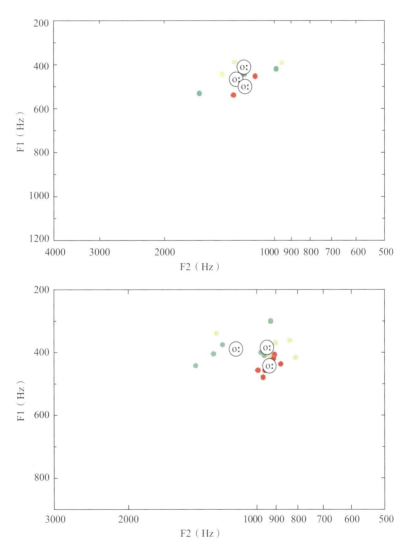

图 2.149　词首音节［o:］元音目标位置共振峰及其前后
过渡段共振峰比较图（F&M）

2. 辅音音质与声学参数之间的关系

图 2. 150 为词首音节不同辅音之后和无前置辅音音节中［oː］元音音长比较图。图 2. 151 为词首音节不同辅音之后［oː］元音三个共振峰（F1 ~ F3）前过渡段频率（TF1、TF2、TF3）比较图。图是以 TF2 的上升为准排列的，即以舌位从后至前排列。可以看出，在［l -］辅音之后的［oː］元音音长比其在其他辅音之后的要短，第二共振峰前过渡频率比其他辅音之后的要高。

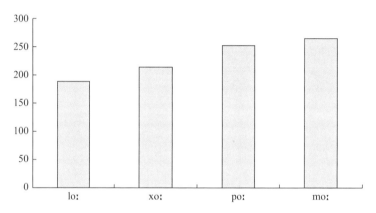

图 2. 150 - 1　词首音节不同辅音之后和无前置辅音音节中
［oː］元音音长比较图（M）

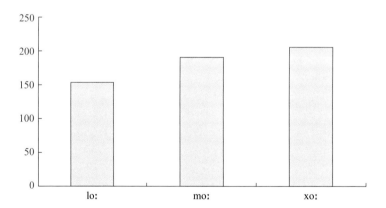

图 2. 150 - 2　词首音节不同辅音之后和无前置辅音音节中
［oː］元音音长比较图（F）

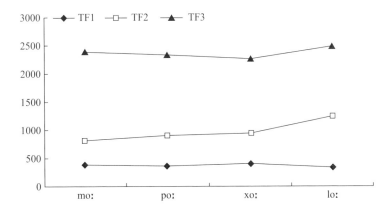

图 2.151 - 1　词首音节不同辅音之后 ［oː］元音第一、第二和
第三共振峰前过渡段频率比较图 （M）

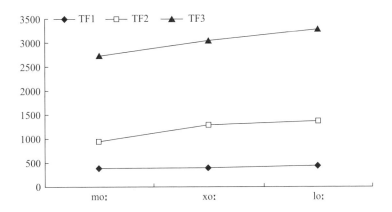

图 2.151 - 2　词首音节不同辅音之后 ［oː］元音第一、第二和
第三共振峰前过渡段频率比较图 （F）

3. 音节数量与声学参数之间的关系

表 2.92 为 ［oː］元音在双音节词、三音节词中出现的音长（VD）、音
强（VA）、目标位置共振峰均值统计。图 2.152 ~ 2.154 为音节数量与 ［oː］
元音音长、音强和目标位置共振峰之间的关系示意图。

表 2.92　不同类型词中〔o:〕元音的声学参数统计

<table>
<tr><th colspan="2" rowspan="2"></th><th colspan="5">M</th><th colspan="5">F</th></tr>
<tr><th>VD</th><th>VA</th><th>F1</th><th>F2</th><th>F3</th><th>VD</th><th>VA</th><th>F1</th><th>F2</th><th>F3</th></tr>
<tr><td rowspan="5">双音节词</td><td>平均值</td><td>278</td><td>70</td><td>445</td><td>928</td><td>2577</td><td>199</td><td>70</td><td>480</td><td>1164</td><td>3133</td></tr>
<tr><td>标准差</td><td>104</td><td>4</td><td>31</td><td>41</td><td>63.3</td><td>11</td><td>2</td><td>31.8</td><td>41.01</td><td>34.6</td></tr>
<tr><td>变异系数</td><td>38%</td><td>6%</td><td>7%</td><td>4%</td><td>2%</td><td>5%</td><td>3%</td><td>7%</td><td>4%</td><td>1%</td></tr>
<tr><td rowspan="2">变化范围</td><td>428</td><td>74</td><td>479</td><td>968</td><td>2658</td><td>206</td><td>71</td><td>502</td><td>1193</td><td>3157</td></tr>
<tr><td>187</td><td>64</td><td>407</td><td>879</td><td>2515</td><td>191</td><td>68</td><td>457</td><td>1135</td><td>3108</td></tr>
<tr><td rowspan="5">三音节词</td><td>平均值</td><td>226</td><td>67</td><td>437</td><td>956</td><td>2423</td><td>154</td><td>74</td><td>542</td><td>1298</td><td>3238</td></tr>
<tr><td>标准差</td><td>52.3</td><td>4</td><td>28</td><td>56</td><td>46.7</td><td></td><td></td><td></td><td></td><td></td></tr>
<tr><td>变异系数</td><td>23%</td><td>6%</td><td>6%</td><td>6%</td><td>2%</td><td></td><td></td><td></td><td></td><td></td></tr>
<tr><td rowspan="2">变化范围</td><td>263</td><td>70</td><td>457</td><td>995</td><td>2456</td><td></td><td></td><td></td><td></td><td></td></tr>
<tr><td>189</td><td>64</td><td>417</td><td>916</td><td>2390</td><td></td><td></td><td></td><td></td><td></td></tr>
</table>

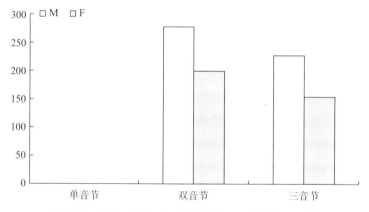

图 2.152　音节数量与〔o:〕元音音长之间的关系示意图

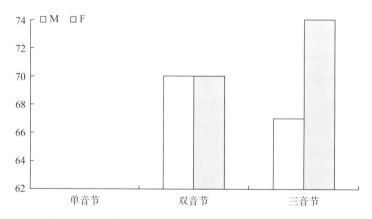

图 2.153　音节数量与〔o:〕元音音强之间的关系示意图

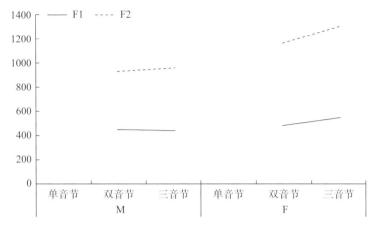

图 2.154　音节数量与［o:］元音目标位置共振峰之间的关系示意图

（八）［u:］元音

1. 参数平均值及其音质定位

表 2.93、表 2.94 为词首和非词首长元音［u:］的声学参数统计。从这两个表中可以看出，词首和非词首［u:］元音声学参数之间具有一定的差异。如，音长差异为 - 8ms（M），+ 32ms（F）；音强差异为 - 2dB（M），+ 1dB（F）；第一、第二共振峰频率均值差异为 F1：- 9Hz，F2：+ 45Hz（M）；F1：+ 46Hz，F2：- 16Hz（F）。显然，男女发音人词首和非词首［u:］元音声学参数因人而异，没有显示共性。

表 2.93　词首［u:］元音声学参数统计

	M					F				
	VD	VA	F1	F2	F3	VD	VA	F1	F2	F3
平均值	233	65	403	1088	2922	223	67	407	890	2894
标准差	74.6	3	87	601	535	71.1	2	38	142	269
变异系数	32%	5%	22%	55%	18%	32%	3%	9%	16%	9%
变化范围	388	73	582	2417	3665	407	71	497	1099	3335
	115	57	259	456	2077	146	64	337	487	2187

表 2.94　非词首［u:］元音声学参数统计

	M					F				
	VD	VA	F1	F2	F3	VD	VA	F1	F2	F3
平均值	241	67	412	1043	2763	191	66	361	906	2878
标准差	66	3	76	548	440	48	3	40	92.1	497
变异系数	27%	5%	19%	53%	16%	25%	4%	11%	10%	17%
变化范围	348	72	591	2345	3641	302	69	410	1052	3426
	117	61	313	560	2188	146	60	307	751	2100

　　根据实验，［u:］元音为高、后、圆唇、松元音，用国际音标的［u:］标记该元音接近其实际音值。图 2.155 为男性发音人［mu:］"水"一词的三维语图。其中，词首元音［u:］的目标位置第一至第四共振峰频率（F1～F4）分别为 323Hz、705Hz、2228Hz、2546Hz。这是［u:］元音比较典型的声学语图。图 2.156 为男女发音人［u:］元音在声学元音图中的位置（均值）及其声学空间中的分布模式。可以看出，男发音人非词首［u:］元音比词首［u:］元音舌位要靠前。

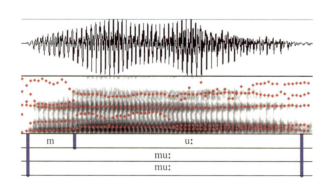

图 2.155　［mu:］"水"一词的三维语图

　　图 2.157 为词首和非词首长元音［u:］前、后过渡段在声学空间中所处位置及其分布模式比较图。图中红色实心圆为目标位置共振峰分布图，绿色实心圆为前过渡段共振峰分布图，黄色实心圆为后过渡段共振峰分布图。可以看出只有男发音人［u:］元音前过渡有明显央化趋势。可以看出，长元音［u:］前后过渡段共振峰数据比目标位置共振峰均有

央化现象。

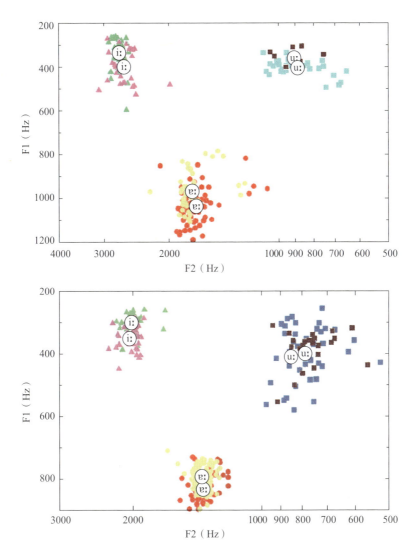

图 2. 156　［u:］元音在声学元音图中的位置及其声
学空间中的分布模式（F&M）

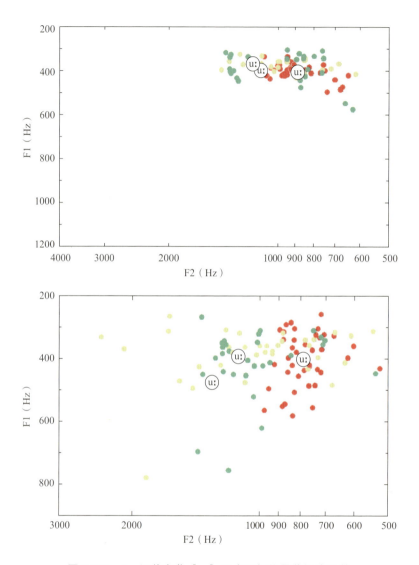

图 2.157 – 1　词首音节［u:］元音目标位置共振峰及其
前后过渡段共振峰比较图（F&M）

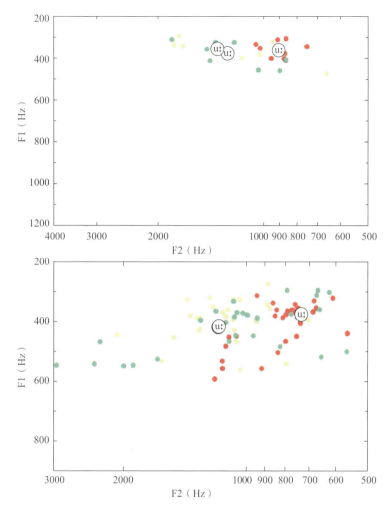

图 2. 157 － 2　非词首音节 ［u:］元音目标位置共振峰及其
前后过渡段共振峰比较图 （F&M）

2. 辅音音质与声学参数之间的关系

图 2.158 为词首音节不同辅音之后和无前置辅音音节中 ［u:］元音音长比
较图。图 2.159 为词首音节不同辅音之后 ［u:］元音三个共振峰 （F1 ~ F3）
前过渡段频率 （TF1 ~ TF3） 比较图。图 2.160 为非词首音节不同辅音之后
［u:］元音三个共振峰 （F1 ~ F3） 前过渡段频率 （TF1 ~ TF3） 比较图。图
2.159 和图 2.160 是以 TF2 的上升为准排列的，即以舌位从后至前排列。可以
看出，辅音音质与 ［u:］元音声学参数之间几乎没有相关性。

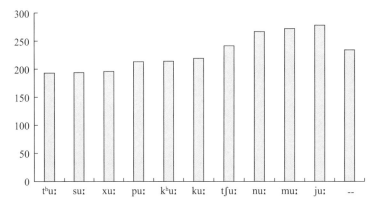

图 2.158 - 1　词首音节不同辅音之后和无前置辅音音节中
[**u:**] 元音音长比较图 （**M**）

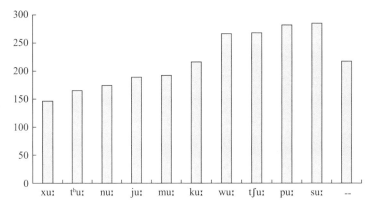

图 2.158 - 2　词首音节不同辅音之后和无前置辅音音节中
[**u:**] 元音音长比较图 （**F**）

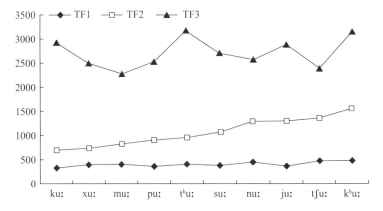

图 2.159 - 1　词首音节不同辅音之后 [**u:**] 元音第一、第二
和第三共振峰前过渡段频率比较图 （**M**）

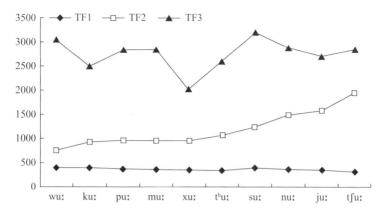

图 2.159 - 2 词首音节不同辅音之后 [u:] 元音第一、第二
和第三共振峰前过渡段频率比较图 (F)

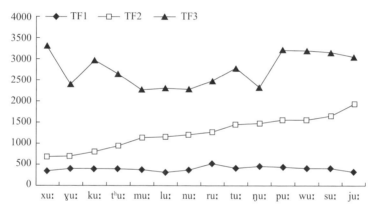

图 2.160 - 1 非词首音节不同辅音之后 [u:] 元音第一、第二
和第三共振峰前过渡段频率比较图 (M)

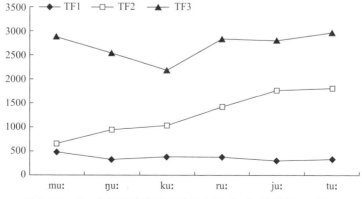

图 2.160 - 2 非词首音节不同辅音之后 [u:] 元音第一、第二
和第三共振峰前过渡段频率比较图 (F)

3. 音节数量与声学参数之间的关系

表 2.95 为 [uː] 元音在单音节词、双音节词、三音节词中出现的音长（VD）、音强（VA）、目标位置共振峰目标值（F）均值统计。图 2.161 ～ 2.163 为音节数量与 [uː] 元音音长、音强和目标位置共振峰之间的关系示意图。音节数量与 [uː] 元音声学参数之间几乎没有相关性。

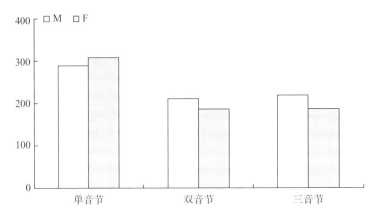

图 2.161　音节数量与 [uː] 元音音长之间的关系示意图

表 2.95　不同类型词中 [uː] 元音的声学参数统计

		M					F				
		VD	VA	F1	F2	F3	VD	VA	F1	F2	F3
单音节词	平均值	289	68	444	1141	2487	308	66	418	836	2988
	标准差	80.5	3	77	571	462	65.7	2	39	112	176
	变异系数	28%	4%	17%	50%	19%	21%	4%	9%	13%	6%
	变化范围	388	73	556	2383	3476	407	71	497	1033	3224
		184	65	323	602	2077	222	64	385	681	2708
双音节词	平均值	210	64	382	1135	3140	187	66	401	917	2867
	标准差	59.8	3	102	574	461	41.3	1	46	163	306
	变异系数	28%	5%	27%	51%	15%	22%	2%	11%	18%	11%
	变化范围	352	70	582	2336	3665	278	69	479	1099	3320
		115	57	259	667	2267	146	64	337	487	2316

续表

		M					F				
		VD	VA	F1	F2	F3	VD	VA	F1	F2	F3
三音节词	平均值	219	65	402	948	2944	187	67	406	896	2856
	标准差	71	2	52	714	507	23.3	2	25	143	305
	变异系数	32%	3%	13%	75%	17%	12%	3%	6%	16%	11%
	变化范围	385	68	496	2417	3552	227	71	442	1059	3335
		145	62	324	456	2227	159	65	370	649	2187
四音节词							192	67	379	1008	2698

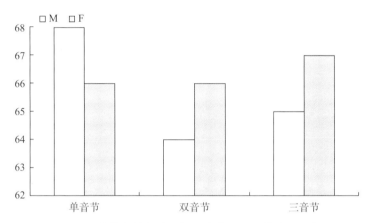

图 2.162 音节数量与 [u:] 元音音强之间的关系示意图

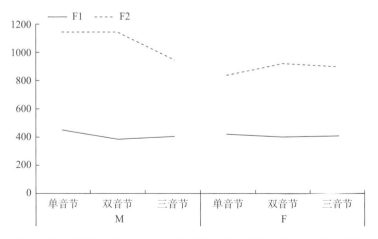

图 2.163 音节数量与 [u:] 元音目标位置共振峰之间的关系示意图

（九）［eː］元音

1. 参数平均值及其音质定位

表 2.96、表 2.97 为词首和非词首长元音［eː］的声学参数统计。从这两个表中可以看出，词首和非词首［eː］元音声学参数之间具有一定的差异。如，音长差异为 -50ms（M），+33ms（F）；音强差异为 -1dB（M），0dB（F）；第一、第二共振峰频率均值差异为 F1：+37Hz，F2：-6Hz（M）；F1：-16Hz，F2：-24Hz（F）。显然，词首音节［eː］元音音长比非词首音节［eː］相对短。男女发音人词首和非词首音节［eː］元音音强和共振峰频率因人而异，没有显示共性。

表 2.96　词首［eː］元音声学参数统计

| | M | | | | | F | | | | |
	VD	VA	F1	F2	F3	VD	VA	F1	F2	F3
平均值	304	68	478	1933	2562	249	69	479	2542	3253
标准差	68	3	71	98	161	67	2	34	124	230
变异系数	22%	4%	15%	5%	6%	27%	3%	7%	5%	7%
变化范围	403	71	621	2046	2784	362	71	559	2706	3586
	194	62	411	1767	2208	170	65	443	2253	2724

表 2.97　非词首［eː］元音声学参数统计

| | M | | | | | F | | | | |
	VD	VA	F1	F2	F3	VD	VA	F1	F2	F3
平均值	354	69	441	1939	2701	216	69	495	2566	3284
标准差	89	3	32	63.7	70.2	39.5	2	55.9	122	245
变异系数	25%	4%	7%	3%	3%	18%	3%	11%	5%	7%
变化范围	493	72	477	2072	2798	286	71	635	2706	3586
	228	63	377	1855	2589	170	65	443	2253	2724

根据实验，［eː］元音为半高、前、展唇元音，用国际音标的［eː］标记该元音接近其实际音值。图 2.164 为男性发音人［keː］"街道"一词的三维语图。其中，词首元音［eː］的目标位置第一至第四共振峰频率（F1 ~ F4）分别为 478Hz、1933Hz、2562Hz、3626Hz。这是［eː］元音比较典型的声学语图。图 2.165 为男女发音人［eː］元音在声学元音图中的位置（均

值）及其声学空间中的分布模式。

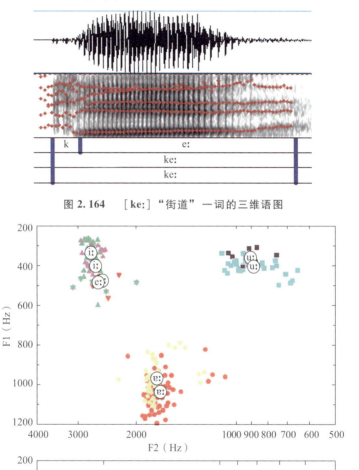

图 2.164　［keː］"街道"一词的三维语图

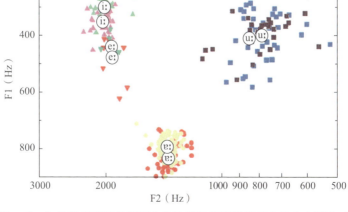

图 2.165　［eː］元音在声学元音图中的位置及其声学空间中的分布模式（F&M）

2. 辅音音质与声学参数之间的关系

图 2.166 为词首音节不同辅音之后和无前置辅音音节中 ［eː］元音音长比较图。图 2.167 为词首音节不同辅音之后 ［uː］元音三个共振峰（F1 ～ F3）前过渡段频率（TF1 ～ TF3）比较图。图 2.168 为非词首音节不同辅音之后 ［eː］元音三个共振峰（F1 ～ F3）前过渡段频率（TF1 ～ TF3）比较图。图 2.167 和图 2.168 是以 TF2 的上升为准排列的，即以舌位从后至前排列。可以看出，辅音音质与 ［uː］元音声学参数之间几乎没有相关性。

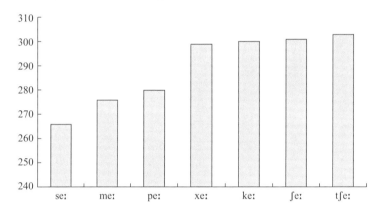

图 2.166 - 1　词首音节不同辅音之后和无前置辅音音节中 ［eː］元音音长比较图（M）

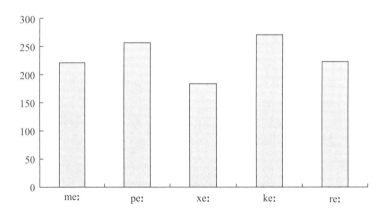

图 2.166 - 2　词首音节不同辅音之后和无前置辅音音节中 ［eː］元音音长比较图（F）

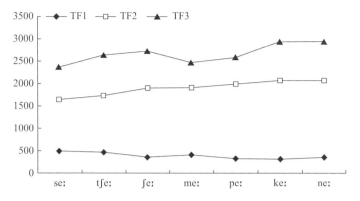

图 2.167 - 1　词首音节不同辅音之后 [e:] 元音第一、第二
和第三共振峰前过渡段频率比较图（M）

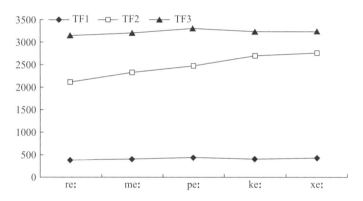

图 2.167 - 2　词首音节不同辅音之后 [e:] 元音第一、第二
和第三共振峰前过渡段频率比较图（F）

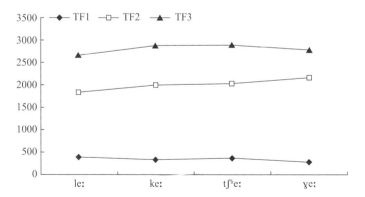

图 2.168 - 1　非词首音节不同辅音之后 [e:] 元音第一、第二
和第三共振峰前过渡段频率比较图（M）

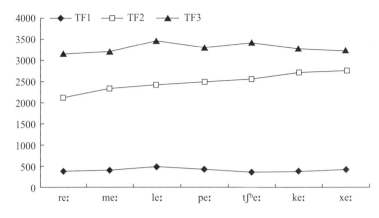

图 2.168 - 2 非词首音节不同辅音之后 [e:] 元音第一、第二
和第三共振峰前过渡段频率比较图 （F）

3. 音节数量与声学参数之间的关系

表 2.98 为 [e:] 元音在单音节词、双音节词、三音节词中出现的音长
（VD）、音强（VA）、目标位置共振峰均值统计。图 2.169 ~ 2.171 为音节数
量与 [e:] 元音音长、音强和目标位置共振峰之间的关系示意图。因出现数
量有限等原因，[e:] 元音在此不宜统计分析。

表 2.98 不同类型词中 [e:] 元音的声学参数统计

		M					F				
		VD	VA	F1	F2	F3	VD	VA	F1	F2	F3
单音节词	平均值	319	68	515	1851	2579	356	69	504	2500	3298
	标准差	75	1	95	118	77.1	8.5	0	78	105	29.7
	变异系数	23%	1%	18%	6%	3%	2%	0%	15%	4%	1%
	变化范围	372	68	582	1934	2633	362	69	559	2574	3319
		266	67	448	1767	2524	350	69	449	2426	3277
双音节词	平均值	300	68	473	1974	2556	223	69	472	2553	3242
	标准差	77	3	74	71.2	194	42	2	19	133	259
	变异系数	25%	5%	16%	4%	8%	19%	3%	4%	5%	8%
	变化范围	403	71	621	2046	2784	286	71	499	2706	3586
		194	62	411	1852	2208	170	65	443	2253	2724
三音节词		301	67	441	1804	2573					

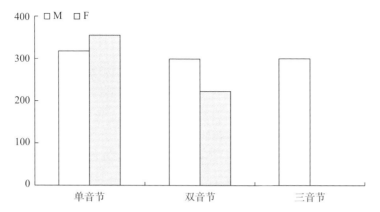

图 2. 169　音节数量与 ［e:］元音音长之间的关系示意图

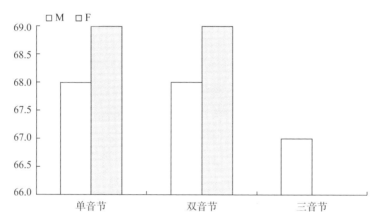

图 2. 170　音节数量与 ［e:］元音音强之间的关系示意图

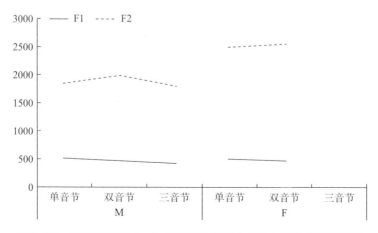

图 2. 171　音节数量与 ［e:］元音目标位置共振峰之间的关系示意图

六　复合元音

鄂温克语中复合元音相对较少。"统一平台"中只出现了 [iɐ] [ie] [ɔi] [ɔi] [ʊi] [ui] 等复合元音。例如：[ɡiɐltʃʰin]（客人）、[siɛxʰɪɛi]（小拇指）、[mɔrɔi]（弯曲的）、[xʊilɛːrɐŋ]（团结）、[suiiɛ]（火柴）等。鄂温克语复合元音的前置元音中不出现 [o, e, ɪ, i] 等元音，后置元音中只出现 [i] 元音。

（一）复合元音 [ɐi]

构成复合元音的前、后置元音音值与其相应的单元音音值有所不同。表 2.99 为复合元音 [ɐi] 的声学参数统计。与单元音 [ɐ]（F1 = 754Hz，F2 = 1468Hz）和 [i]（F1 = 329Hz，F2 = 1960Hz）的第一、第二共振峰（请见表 2.1 和表 2.11）相比，构成复合元音的 [ɐ] 和 [i] 两个元音的第一、第二共振峰都发生了变化。其中，[ɐ] 元音第一共振峰的变化相对小，第二共振峰的变化较大，达到了 1737Hz。这比单元音 [ɐ] 的第二共振峰增加了近 300Hz；与单元音 [i] 相比，[ɐi] 元音中的 [i] 元音第一和第二共振峰都发生了较大变化。其第一共振峰上升幅度在 300Hz 左右，而其第二共振峰呈现下降趋势，下降幅度为 150Hz 左右。

表 2.99　复合元音 [ɐi] 声学参数统计

	VD	VA	TF1	TF2	TF3	
ɐ	144	66	748	1737	2696	
	F1	F2	F3	TP1	TP2	TP3
	739	1702	2430	724	1768	2619
i	VD	VA	TF1	TF2	TF3	
	99	67	719	1769	2630	
	F1	F2	F3	TP1	TP2	TP3
	628	1819	2723	432	1995	2809

显然，复合元音不是两个单元音的简单组合，而是有机结合的一个整体。图 2.172 为包含复合元音 [ɐi] 的单词 [ɡiɐltʃʰin]"客人"一词的三维

语图。可以看出，从 ［ɐi］语图上很难找到 ［ɐ］与 ［i］之间的界限。

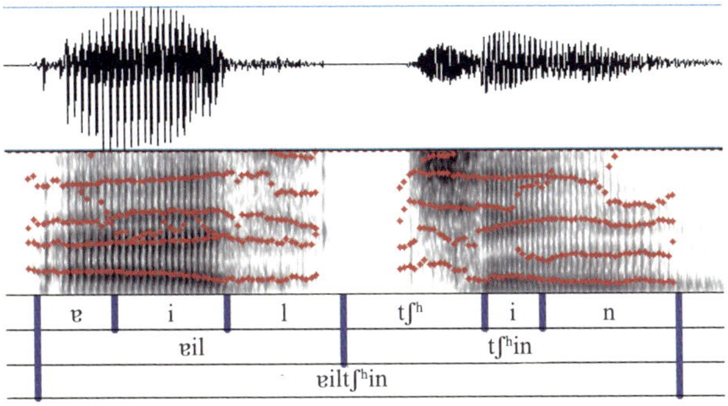

图 2.172　［ɐiltʃʰiˠ］"客人"一词的三维语图

（二）复合元音 ［ɐi］

表 2.100 为复合元音 ［ɐi］的声学参数统计。词首单元音 ［ɐ］的第一共振峰和第二共振峰均值为 F1 = 452Hz、F2 = 1246Hz（请见表 2.6），词首单元音 ［i］第一共振峰和第二共振峰均值为 F1 = 329Hz、F2 = 1960Hz。（请见表 2.11）当单元音 ［ɐ］和 ［i］组成复合元音 ［ɐi］时其第一共振峰和第二共振峰发生变化。

复合元音前置元音 ［ɐ］与单元音 ［ɐ］相比较，第一共振峰出现下降趋势，下降幅度在 154Hz 左右。表明其开口度变小。第二共振峰出现上升趋势，上升幅度在 380Hz 左右。

表 2.100　复合元音 ［ɐi］声学参数统计

	VD	VA	TF1	TF2	TF3	
ɐ	91	65	298	1626	2468	
	F1	F2	F3	TP1	TP2	TP3
	386	1703	2338	373	1990	2420
i	VD	VA	TF1	TF2	TF3	
	97	63	372	2002	2414	
	F1	F2	F3	TP1	TP2	TP3
	333	2032	3090	392	2072	3092

复合元音后置元音 ［i］的第一共振峰出现上升趋势，上升幅度在 40Hz

左右，其第二共振峰呈现上升趋势，上升幅度在 40 Hz 左右。表明其舌面高度明显下降。图 2.173 为包含复合元音 ［ie］ 的单词 ［ŋːexʰtieɐ］ "小拇指" 一词的三维语图。

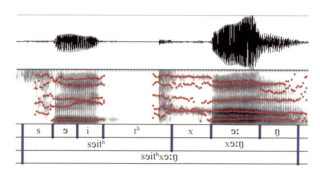

图 2.173　　［sɔitʰxəːŋ］ ［ŋːexʰtieɐ］ "小拇指" 一词的三维语图

（三）复合元音 ［ɔi］

表 2.101 为复合元音 ［ɔi］ 的声学参数统计。词首单元音 ［ɔ］ 的第一共振峰和第二共振峰均值为 F1 = 662 Hz、F2 = 1112 Hz，词首单元音 ［i］ 第一共振峰和第二共振峰均值为 F1 = 329 Hz、F2 = 1960 Hz（请见表 2.21 和表 2.11）。当单元音 ［ɔ］ 和 ［i］ 组成复合元音 ［ɔi］ 时，其第一共振峰和第二共振峰均发生变化。

表 2.101　复合元音 ［ɔi］ 声学参数统计

	VD	VA	TF1	TF2	TF3	
ɔ	165	74	437	1646	1777	
	F1	F2	F3	TP1	TP2	TP3
	462	1861	2563	462	1946	2705
i	VD	VA	TF1	TF2	TF3	
	167	74	460	1944	2693	
	F1	F2	F3	TP1	TP2	TP3
	450	1955	2762	442	2098	2622

复合元音 ［ɔi］ 前置元音 ［ɔ］ 与单元音 ［ɔ］ 相比较，其第一共振峰出现下降趋势，下降幅度在 200 Hz 左右。表明该元音在于前高元音 ［i］ 合成复合元音，并处在复合元音前置元音位置时其口腔开口度明显变小。而

第二共振峰则出现上升趋势，上升幅度在 700Hz 左右。很明显其第二共振峰上升是受到后置前高元音［i］的影响所致，致使复合元音前置元音［ɔ］的舌位抬高，并前移。

复合元音后置元音［i］的第一共振峰发生明显变化，出现上升趋势，上升幅度在 130Hz 左右，表明发音时其口腔开口度明显增大。第二共振峰未出现明显变化。表明其舌面高度未受到任何影响。图 2.174 为包含复合元音［iɔ］的单词［mɔrɔi］"弯曲的"一词的三维语图。

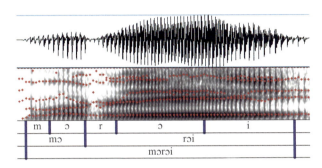

图 2.174　［mɔrɔi］"弯曲的"一词的三维语图

（四）复合元音［ʊi］

表 2.102 为复合元音［ʊi］的声学参数统计。词首单元音［ʊ］的第一共振峰和第二共振峰均值为 F1 = 555Hz、F2 = 1036Hz，词首单元音［i］第一共振峰和第二共振峰均值为 F1 = 329Hz、F2 = 1960Hz（请见表 2.26 和表 2.11）。当单元音［ʊ］和［i］组成复合元音［ʊi］时，其第一共振峰和第二共振峰均发生变化。

表 2.102　复合元音［ʊi］声学参数统计

	VD	VA	TF1	TF2	TF3	
ʊ	66	72	622	1324	1817	
	F1	F2	F3	TP1	TP2	TP3
	613	1533	2310	602	1636	2450
	VD	VA	TF1	TF2	TF3	
i	85	73	602	1639	2463	
	F1	F2	F3	TP1	TP2	TP3
	602	1686	2540	562	1602	2546

复合元音前置元音 [ʊ] 与词首单元音 [ʊ] 相比较，第一共振峰发生变化，呈现上升趋势，上升幅度在 70Hz 左右。表明 [ʊ] 元音与 [i] 元音组成复合元音时其口腔开口度明显变大。第二共振峰同样也出现变化，呈现上升趋势，上升幅度在 300Hz 左右。表明受到后置前高元音 [i] 的影响，致使复合元音前置元音 [ʊ] 的舌位抬高，并前移。

复合元音后置元音 [i] 的第一共振峰发生明显变化，出现上升趋势，上升幅度在 300Hz 左右，表明发音时其口腔开口度明显增大。第二共振峰出现明显变化，出现下降趋势，下降幅度在 300Hz 左右。表明其舌面发生明显变化，从前、高处往低、后移。图 2.175 为包含复合元音 [ʊi] 的单词 [xʊileːreŋ] "团结" 的三维语图。

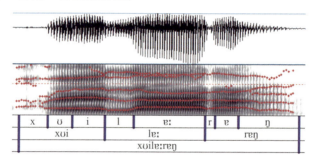

| x | ʊ | i | l | eː | ə | r | ə | ŋ |

| xʊi | leː | reŋ |

| xʊileːreŋ |

图 2.175　[xʊileːreŋ] "团结" 一词的三维语图

（五）复合元音 [ui]

表 2.103 为复合元音 [ui] 的声学参数统计。词首单元音 [u] 的第一共振峰和第二共振峰均值为 F1 = 377Hz，F2 = 959Hz，词首单元音 [i] 第一共振峰和第二共振峰均值为 F1 = 329Hz，F2 = 1960Hz（请见表 2.36 和表 2.11）。当单元音 [u] 和 [i] 组成复合元音 [ui] 时其第一共振峰和第二共振峰发生变化。组成复合元音时受到后置前高元音 [i] 的影响，使复合元音前置元音 [u] 的舌位抬高，并前移。

表 2.103　复合元音 [ui] 声学参数统计

	VD	VA	TF1	TF2	TF3	
u	115	60	319	1747	2690	
	F1	F2	F3	TP1	TP2	TP3
	327	1785	2284	305	1915	2252

续表

	VD	VA	TF1	TF2	TF3	
i	121	59	304	1915	2274	
	F1	F2	F3	TP1	TP2	TP3
	276	2003	2472	252	2316	2862

　　复合元音前置元音［u］与词首单元音［u］相比较，其第一共振峰发生微变化，呈现下降趋势，下降幅度在 50Hz 左右。表明元音［u］与元音［i］组成复合元音时其开口度稍微变小。其第二共振峰出现上升趋势，上升幅度在 800Hz 左右。

　　复合元音后置元音［i］的第一共振峰发生明显变化，出现下降趋势，下降幅度在 20Hz 左右，表明发音时其口腔开口度稍微变小。第二共振峰出现变化，出现下降趋势，下降幅度在 40Hz 左右，表明其舌面发生明显变化，往前、高移。图 2.176 为包含复合元音［ui］的单词［suitəŋ］"火柴"一词的三维语图。

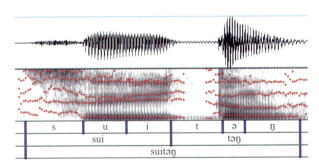

图 2.176　［suitəŋ］"火柴"一词的三维语图

七　弱短元音

　　弱短元音指不构成音节、不承担音位功能，只是因辅音破裂所需而在词末或音节末出现的、相对不稳定的元音。鄂温克语的弱短元音主要出现在以［ɣ, l, m, n, ŋ, r］等浊辅音结尾的词末，可以用［ə̆］来标记弱短元音。如，图 2.177 为男女发音人［ɪːsəl］"眼睛"一词的三维语图。可以看出，在女发音人词末辅音［l］之后出现了弱短元音［ə̆］，而男发音人词末辅音［l］之后未出现弱短元音［ə̆］。再如，图 2.178 为男女发音人

［inək］"白天，日子"一词的三维语图。从该图中可以看出，词末浊擦音［ɣ］（清塞音［k］的变体）之后都出现了弱短元音［ə̆］。

在我们的语音标注系统中，弱短元音只在音素层，即第一层中出现。在第二层音节层和第三层词层中未标注。需要时对弱短元音的数据进行单独采集。表 2.104 为弱短元音的声学参数统计。可以看出，弱短元音［ə̆］的第一共振峰均值为 F1 = 629Hz，第二共振峰均值为 F2 = 1699Hz。其音长均值为 VD = 139ms，音强均值为 VA = 59dB。

表 2.104　弱短元音［ə̆］声学参数统计

	VD	VA	TF1	TF2	TF3	F1	F2	F3
平均值	139	59	505	1615	2689	629	1699	2773
标准差	31	3.5	167	480	444	212	349	527
变异系数	22%	6%	33%	30%	17%	34%	21%	19%
变化范围	176	64	818	2413	3340	998	2361	3390
	97	55	382	1083	2151	443	1388	2242

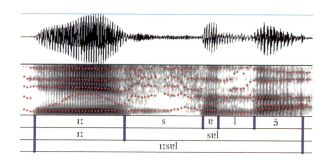

图 2.177 - 1　女发音人［ıːsəl］"眼睛"一词三维语图

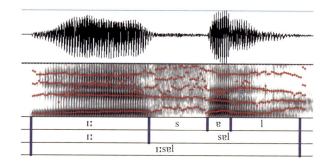

图 2.177 - 2　男发音人［ıːsəl］"眼睛"一词三维语图

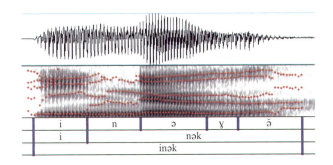

图 2.178 - 1　女发音人［inǝk］"白天，日子"一词三维语图

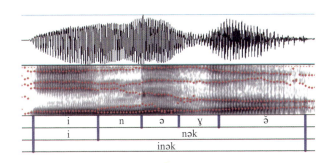

图 2.178 - 2　男发音人［inǝk］"白天，日子"一词三维语图

八　元音和谐律问题

"松紧"在传统语言学中叫作"阴阳"。鄂温克语有［ɐ］［ǝ］［i］［ɪ］
［e］［ɔ］［ʊ］［o］［u］等9个短元音和与之对应的［ɐː］［ǝː］［iː］［ɪː］
［eː］［ɔː］［ʊː］［oː］［uː］等9个长元音。其中，［ɐ］［ɪ］［e］［ɔ］［ʊ］
和［ɐː］［ɪː］［eː］［ɔː］［ʊː］为阳性元音，［ǝ］［o］［u］和［ǝː］［oː］
［uː］为阴性元音，［i］和［iː］为中性元音。

表 2.105 为 1133 个单词中出现的词首和非词首元音统计。可以看出，
鄂温克语有较完整的元音和谐律。其主要内容是阴阳和谐，基本规律为一
个词的词首元音决定其后续音节元音和该词的阴阳性。另外，还有基于阴
阳性的唇形和谐。

表 2.105　1133 个单词中出现的词首和非词首元音统计

词首音节	非词首音节
i, iː	ə, əː, i, iː, u, uː
ɪ, ɪː	ɐ, ɐː, ɪ, ɪ, ʊ, ʊː, ɪ, ɪː
e, eː	ɐ, ɪɐ, ʊ, ɪ
ɐ, ɐː, ɐi	ɐ, ɪ, e, eː, i, iː, ʊ, ʊː, ɪ, ɪː
ɔ, ɔː	ɔ, ɔː, ʊ, ʊː, i, iː, e, eː, iː
ʊ, ʊː, ʊi	ɐ, ɐː, e, eː, i, iː, ɪː, ʊ, ʊː, ɪ
o, oː	o, oː, ə, u, i, iː
ə, əː, əi, əu	ə, əː, i, iː, u, uː
u, uː, ui	ə, əː, i, iː, u, uː

　　如果元音 [ɐ] 在词首音节出现，其后续音节中可以出现 [ɐ, ɐː, eː, ɪɐ, ʊ, ʊː, ɪː] 等阳性元音和中性元音 [i, iː]。例如，[ɐjɐ]（好），[ɐːlɐ]（何时），[ɐmpɐːsʊŋ]（面案），[ɐnɐː]（正月），[ɐnʊxɐ]（钥匙），[tʃɐlʊ]（年轻小伙子），[ɐlɪːɐŋ]（生气），[ɐtiː]（几个），[ɐmiŋ]（父亲）。

　　如果元音 [ə] 在词首音节出现，其后续音节中可以出现 [ə, əː, u, u] 等阴性元音和中性元音 [i, iː]。例如，[ɡəɾəkʰkʰəɡ]（折叠），[əkʰkʰi]（裤子），[ɡəɾeɡe]（煮），[əkkiːku]（下面），[numə]（一），[ənuːɡənuɡ]（疼痛）。

　　如果元音 [i] 在词首音节出现，其后续音节中可以出现 [ə, əː, u, u] 等阴性元音和中性元音 [i, iː]，例如，[ikkə]（角），[ilɐ]（哪里），[nisxuŋ]（小的），[isuːɡən]（能看见），[ikʰkʰixin]（新的），[ʃikʃiːɾəŋ]（颤抖）。

　　如果元音 [ɪ] 在词首音节出现，其后续音节中可以出现 [a, aː, ɪː, ʊ, ʊː] 等元音。例如，[ɪsɐnɐ]（雪），[ɪlkɐː]（花），[ɪmɐɾɐŋ]（喝），[ɪlʊːɾəŋ]（树立），[ɪŋliːɾəŋ]（马嘶）。

　　如果元音 [e] 在词首音节出现，其后续音节中可以出现 [ɐ, ɪɐ, ʊ, ʊː, i] 等元音。例如，[peːka]（月亮），[xenʊː]（电影），[keta]（长矛），[keːkin]（红铜）。

　　如果元音 [ɔ] 在词首音节出现，其后续音节中可以出现 [ɔ, ɔː, ʊ,

ʊ，e，eː，ɪ]等阳性元音和中性元音 [i，iː]。例如，[cʰnɔt]（笼头），[mɔŋkɔː]（饮水槽），[sɔŋʊːɪxɪ]（爱哭的），[nɔːct]（咸盐），[tɔːʃen]（歌唱家）。

如果元音 [ʊ] 在词首音节出现，其后续音节中可以出现 [a，aː，e，eː，ʊ，ʊː，ɪ]等阳性元音和中性元音 [i，iː]。例如，[pʊkkeŋ]（柳条），[pʊleːr]（泉、泉水），[lʊxɐrəŋ]（脱衣服），[mʊsʊːrəŋ]（返回），[xʊkkɪ]（套马杆），[xʊŋkeː]（水桶），[pʊkkirəŋ]（尘土扬起）。

如果元音 [o] 在词首音节出现，其后续音节中可以出现 [o，oː，ə，əː，i] 等元音。例如，[oloːxu]（假的），[pokku]（肥胖的），[olpəʃrəŋ]（游泳）。

如果元音 [u] 在词首音节出现，其后续音节中可以出现 [ə，əː，i，u，uː] 等元音。例如，[kutʃəkə]（肚子），[ɡexəːmtʰɡexə]（可爱的）、[xuxin]（儿媳）、[kuruŋ]（国家）、[kuːruːrəŋ]（明白）。

鄂温克语词首与非词首元音之间有如下搭配规律：元音和谐主要以元音性属和谐，即阴阳和谐为主。元音性属指元音内部对立的一种现象，即阳性 [ɐ] 对应阴性 [ə]，阳性 [ɔ，c] 对应阴性 [o，u]，阳性 [ɪ] 对应阴性 [i]。从元音舌位图（图 2.1）上可以看出，阳性元音 [ɐ，c，ʊ，ɪ] 的舌位比相应的阴性元音 [ə，o，u，i] 相对低（开口度大）。阳性元音组 [ɐ，c，ʊ，ɪ，e] 在同一个词中出现，组成阳性词，呈现低音特性。而阴性元音组 [ə，o，u，i] 在同一个词中出现，组成阴性词，呈现高音特性。显然，鄂温克语元音阴阳和谐是一种低元音与低元音（阳性元音）之间和高元音与高元音（阴性元音）之间的和谐机制，如表 2.106。

表 2.106 元音分类表

	展唇元音		圆唇元音
高（阴性）	i（偏阴性）	ə	o，u
低（阳性）	ɪ（e）	ɐ	ɔ，ʊ

鄂温克语元音和谐律的核心是：词首元音决定一个词的后续音节元音及其阴阳性质。如，一个词内只允许阳性元音跟阳性元音、阴性元音跟阴

性元音搭配。除中性元音［i］外，不允许阴、阳性元音同时出现在一个词里。如果一个词的词首中出现［i］元音，其后续音节中可以出现阳性元音也可以出现阴性元音。其中，阴性元音的出现比例（61%）比阳性元音的出现比率（39%）相对高。说明［i］是一个中性偏阴性元音。

鄂温克语元音除阴阳和谐外，还有基于阴阳上的唇形和谐。具体内容是：如果一个词的词首中出现［ɔ］元音，其后续音节中可以出现［ɔ］和［ʊ］等圆唇元音；如果一个词的词首中出现［ʊ］元音，其后续音节中只能出现［ʊ］元音，不会出现［ɔ］元音；如果一个词的词首中出现［o］元音，其后续音节中可以出现［o］和［u］等圆唇元音。而一个词的词首中出现［u］元音，其后续音节中只能出现［u］元音，不会出现［o］元音。表 2.107 中归纳了鄂温克语元音搭配规则。

表 2.107　元音和谐组成矩阵

非词首 ＼ 词首	ɐ	ɔ	ʊ	i	ɪ	e	o	u	ɵ
ɐ	+	−	+	+	+	+	−	−	−
ɔ	−	+	+	+	+	+	−	−	−
ʊ	+	−	+	+	+	+	−	−	−
i	+	−	+	+	+	+	+	+	+
ɪ	+	+	+	+	+	+	−	−	−
e	+	−	+	+	+	+	−	−	−
o	+	−	+	−	+	−	+	−	+
u	−	−	−	+	−	−	−	+	+
ɵ	−	−	−	+	−	−	−	+	+

九　其他问题

在鄂温克语流中，元音会受其前后音段的影响而发生音变。鄂温克语有元音清化、元音鼻化等音变现象。

（一）元音清化

在［kʰ，tʰ，tʃʰ］等送气清塞音、塞擦音和［x，s，ʃ］等清擦音之前有些元音会清化。元音清化的具体表现为，声带不振动或不完全振动，共振峰中出现乱纹或只有乱纹，能量减弱，在听感和口型上仍保持其原来的姿态。图 2.179 为［ɐkʰkʰɪŋkʰɪ］"叉子或矛"一词三维语图，图 2.180［ɐtʃʰtʃʰeːntʰxileːraŋ］"迎面而上"一词的三维语图。图 2.179 显示，词首元音［ɐ］受后续辅音［kʰ］的影响，其后半部出现了较长的乱纹。说明该元音已有了清化趋势。而图 2.180 显示了词首元音［ɐ］受其后续辅音［tʃʰ］的影响而清化的实例。

　　鄂温克语大部分元音清化都出现在词首位置，后续辅音多数情况下为重叠送气或轻擦音。

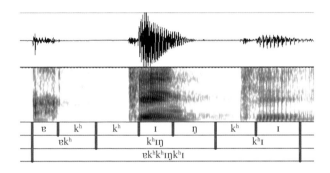

图 2.179　［ɐkʰkʰɪŋkʰɪ］"叉子或矛"一词三维语图

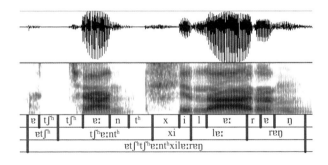

图 2.180　［ɐtʃʰtʃʰeːntʰxileːraŋ］（迎面而上）一词三维语图

（二）元音鼻化

　　鄂温克语中有以［n，ŋ］等鼻辅音结尾的词末音节出现元音鼻化现象。元音鼻化的主要表现是元音第二和第三共振峰之间会出现鼻音横杠，第二共振峰急剧下降。在听感上几乎感知不到词末鼻辅音的音质。图

2.181 显示了，词尾音节元音 ［ɐ］ 受其后置鼻辅音 ［ŋ］ 的影响而发生鼻化的实例。

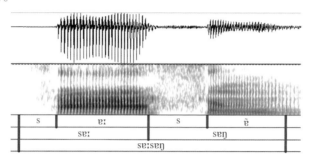

图 2.181　　［sɐːsɐŋ］"纸"一词三维语图

第三章
鄂温克语辅音声学特征

鲍怀翘研究员在其实验语音学讲义中，从以下几个方面比较准确地总结了辅音的发音特点：（1）声源：气流克服阻碍通过口腔时激发阻碍的各部位而形成声波。发浊辅音时在上述声源上加载声带振动波；（2）感知：噪声（除半元音外）；（3）时程：虽然相对短促，但不一定比元音短；（4）气流类型：脉冲波（塞音）和湍流（擦音）；（5）气流受阻方式：口腔中存在不同程度的阻塞（塞音）或阻碍（擦音）；（6）肌肉活动范围：发音成阻部位肌肉紧张。这是辅音的共性。下面从鄂温克语自身的特点总结其辅音系统的某些特点。

一　鄂温克语辅音基本特点

（一）单辅音系统

鄂温克语基本辅音发音系统可见表 3.1（乌日格喜乐图，2013）。

表 3.1　鄂温克语基本辅音发音系统

发音方法 ＼ 发音部位			双唇	龈	后龈	龈脊		软腭
				舌叶	舌尖	舌尖	舌面前	舌面后
塞音	不送气	清音	p	t				k
	送气		pʰ	tʰ				kʰ
塞擦音	不送气						tʃ	
	送气						tʃʰ	
擦音					s		ʃ	x

续表

发音部位 发音方法	双唇		龈	后龈	龈脊		软腭
			舌叶	舌尖	舌尖	舌面前	舌面后
鼻音	浊音	m	n				ŋ
边音			l				
半元音		w				j	
颤音					r		

按发音方法，鄂温克语基本辅音可以分为：（1）清塞音 [p，pʰ，tʰ，t，k，kʰ]；（2）清塞擦音 [tʃʰ，tʃ]；（3）擦音 [s，ʃ，x]；（4）鼻音 [n，ŋ，m]；（5）边音 [l]；（6）闪音 [r]；（7）半元音 [j，w]。其中，[n，ŋ，m，l，j，r，w] 为浊辅音。

（二）辅音组合问题

在鄂温克语里没有真正的复辅音或复辅音独立音节，复辅音只出现在音节末并且出现频率很低。如图 3.1，[kəntʰxəːŋ] "突然"。

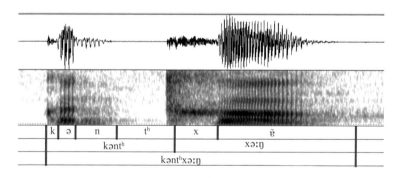

图 3.1　复辅音 [kəntʰxəːŋ] 的三维语图

（三）"长辅音"问题

所谓的"长辅音"也叫重叠辅音。是指某一个辅音音素连着出现两次的语音现象（朝克，1995）。因前一音节音节末辅音与后一音节音节首辅音相同而形成的重叠现象，是同一个辅音在音节之间出现时的特殊发音方式，即两个相同清擦音的持阻段变模糊或两个相同塞音共享一个持阻段（前音节末辅音不破裂）现象。见图 3.2。我们采集声学参数时，把两个相同塞音共享的长 GAP（无声间隙）一分为二，把前一半当作前音节末塞音的时长，把后一半作为后音节首塞音的 GAP 来处理的。辅音重叠是鄂温克语中比较普遍的现象，有人认为鄂温克语几乎每个辅音都能重叠。根据我们调查和分析，鄂温克语里可以重叠出现的辅音有 12 个：［p/p，pʰ/pʰ，t/t，tʰ/tʰ，k/k，kʰ/kʰ，tʃ/tʃ，tʃʰ/tʃʰ，m/m，n/n，ŋ/ŋ，l/l］等。例如：［kəppi］（名字）、［sæpʰpʰɐ］（筷子）、［ettɐrɐŋ］（高兴）、［sutʰtʰə］（全部）、［ɐmmɐ］（口，嘴）、［kukkəltəŋ］（动弹）、［ɐkʰkʰirɐŋ］（刺，扎）、［əʃtʃikkiŋ］（就这些）、［seʃʰtʃʰirɐŋ］（砍）、［ənnəkɐːŋ］（像这样）、［sɐŋŋɐ］（烟）、［pɛːllɐrɐŋ］（拃量）等。但［s，ʃ，x，r，j，w］等辅音不会重叠。图 3.2 为重叠辅音与相应单辅音实例。鄂温克语辅音重叠只出现在词中音节边界上，不会出现在词首或词末。重叠的两个辅音分别属于前、后两个音节，即一个为音节末辅音，而另一个为下一个音节的音节首辅音。

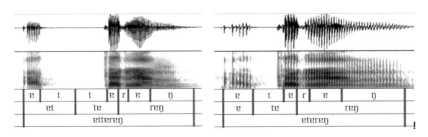

图 3.2 ［ettɐrɐŋ］"高兴"和［etɐrɐŋ］"划破"中重叠辅音与单辅音实例

（四）辅音的清化和浊化问题

在鄂温克语流中辅音因受前后置或前后位音段的影响而会发生清音浊化或浊音清化现象。例如，在［ɐltʰɐŋ］（金子）一词中送气清塞音之前出现的浊辅音［l］已变成清化［ɫ］。请比较图 3.3 中辅音［l］和［ɫ］的三维语图。再如，在语流中元音之间出现的［k］通常会变成软腭浊擦音［ɣ］。请见图 3.4 中［jəɣin］"九"一词的［ɣ］辅音三维语图。

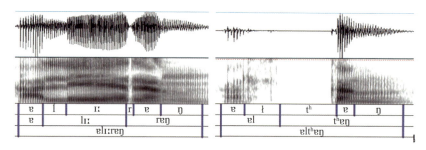

图 3.3　［l］和［ɬ］辅音的波形和三维语图

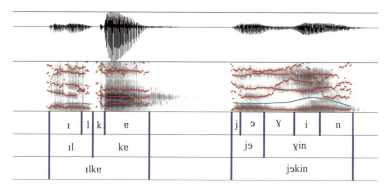

图 3.4　在不同语境中出现的［k，ɣ］等两个变体的三维语图

二　辅音声学特征参数及分析方法

（一）冲直条（spike）

冲直条指塞音破裂产生的脉冲频谱，表现为一直条，时程较短，约 10 ～ 20ms，意味着所有的频率成分上都有能量分布（本书中有关声学语音学方面的基本概念均参考和采纳了鲍怀翘研究员的讲义内容，特此感谢）。图 3.5 为［totʰ］"近便的"一词中［t］和［tʰ］的冲直条示例（请见两个斜线箭头所指位置）。

（二）无声空间（gap）

在塞音和塞擦音破裂之前有一段空白，这是辅音成阻、持阻时段的表现。这一段虽是空白，但对塞音感知来说是不可缺少的。可以说"此处无声胜有声"。请见图 3.5 中直线箭头所指位置。

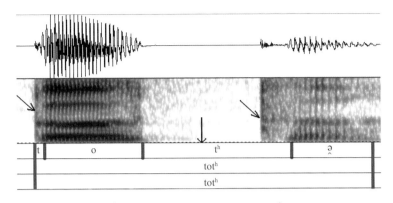

图 3.5 在 [totʰ] "近便的" 一词中 [t] 和 [tʰ] 的冲直条示例

(三) 嗓音横杠 (voice bar)

这是声带振动的浊音流经鼻腔辐射到空气中在语图上的表现。冲直条之前若有一条 500 Hz 以下较宽的嗓音横杠，说明这是浊塞音。鄂温克语中没有浊塞音。

(四) 乱纹 (fills)

这是气流经过口腔狭窄通道造成的湍流，所有的擦音在语图上都表现为乱纹。图 3.6 为 [som] "寺庙" 一词中 [s] 的乱纹示例，请见斜线箭头所指位置。

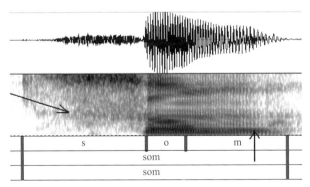

图 3.6 在 [som] "寺庙" 一词中 [s] 的乱纹示例

(五) 共振峰 (formant)

共振峰是由声带振动作为激励源经声腔共鸣形成的。鼻音、边音等浊辅音都有共振峰。请见图 3.7 中直线箭头所指位置。以下是引自鲍怀翘讲义的辅音声学特征基本模式：

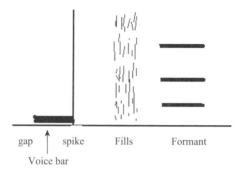

gap　　spike　　Fills　　Formant

Voice bar

图 3.7　辅音声学特征基本模式

因辅音发音方法的不同，这些基本模式的组合方式也不同。如，浊塞音的声学表现为嗓音横杠与冲直条、清塞音为无声间隙与冲直条、清塞擦音为冲直条与一段较短时程的乱纹、清送气塞擦音为冲直条与一段较长时程的乱纹、清擦音为较长的乱纹、浊擦音为乱纹与共振峰等。

（六）嗓音起始时间（Voice Onset Time，VOT）

嗓音起始时间是指声带振动产生的浊音流（嗓音）出现在冲直条前后的位置及其时间。出现在冲直条之前，就是浊音，VOT 为负值，出现在冲直条之后为正值，就是清辅音。它们都分布在时间轴上，因此都可以用时间来量化。根据 VOT 数据，比较容易区分清塞音、清塞擦音、清塞送气音、清塞擦送气音。图 3.8 为引自鲍怀翘讲义的嗓音起始时间（VOT）示意图。

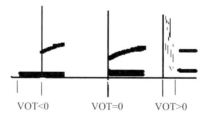

VOT<0　　　VOT=0　　　VOT>0

图 3.8　嗓音起始时间（VOT）示意图

GAP 和 VOT 参数对塞音/塞擦音有较明确的区别意义。图 3.9、图 3.10 为鄂温克语词中音节首塞音、塞擦音的声学格局图。图中的 X 轴为 VOT，Y 轴为 GAP。从该图中我们可以看到，（1）［p］［pʰ］［t］［tʰ］［k］［kʰ］

［tʃ］［tʃʰ］等 8 个清塞音、塞擦音，在格局图上总是分布在三个区域，形成三个聚合；（2）送气塞音［tʰ］在格局图中总是居于最高的位置，而不送气塞音［t］和［p］在格局图中总是居于最左边的位置，送气塞擦音［tʃʰ］在格局图中总是居于最右边的位置，而不送气［k］在格局图中一般居于最低位置上；（3）在送气和不送气塞音、塞擦音中，送气音在格局图中总是居于不送气的右、上的位置。

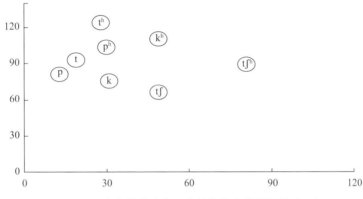

图 3.9　词中音节首塞音、塞擦音的声学格局图（M）

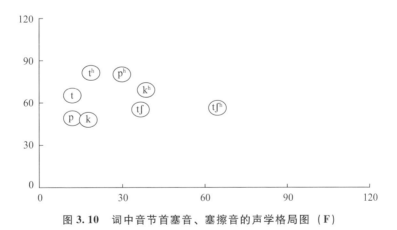

图 3.10　词中音节首塞音、塞擦音的声学格局图（F）

（七）强频集中区（Concentrated Frequency Area，CFA）

强频集中区（CFA）又称辅音共振峰是清擦音和一切摩擦噪声（塞擦音中的摩擦段和送气音）经声腔共鸣形成的共振峰（我们在参数库中标记为 CF1、CF2、…）。擦音是一种摩擦噪声，在语图上表现为乱纹。但由于发音部位的不同（气流受阻位置不同），形成特定的共鸣腔和反共鸣腔，于是某些频率位置的能量得到加强，这就是强频区。发音部位越靠前，共鸣腔越短，共鸣频率（特别是最强共鸣）就越高，反之则反。所以［s］音最高，［h］音最低。［f］是唇齿音，几乎没有共鸣腔体，因此它的乱纹也没有特别强的频率区（鲍怀翘，2005）。

虽然清擦音、清塞音和清塞擦音的 CF 是有效参数，但与其他声学参数相比提取该参数需要经验。我们在"统一平台"中采用了自动提取和手工修改相结合的方法。提取原则和方法是：每个人的共鸣腔是固定的，决定上下移动幅度的是舌位（高低前后）。这对准确采集擦音、清塞音和塞擦音等的共振峰具有非常重要的意义。我们采用这种"顺藤摸瓜"的方法，比较容易找到这些辅音的共振峰。请见图 3.11。

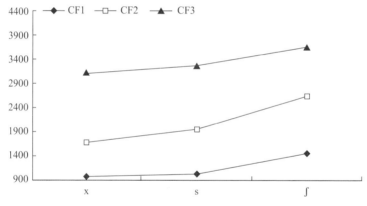

图 3.11　　［s、ʃ、x］等三个辅音共振峰（CF1 ~ CF3）分布模式（M）

（八）辅音谱特征

在清擦音噪声谱分析中 Svantesson（1986）提出了"谱重心"（Center of Gravity，COG）和"离散"（Dispersion）程度方法。具体做法是在擦音谱稳定段的某一时间点上作 FFT 分析，然后将其转换为临界带（critical band）。将 0 ~ 10000Hz 频率范围划分为 24 个子带，计算出每个子带的平均能量。谱重心即为能量最强的子带的频率，计算重心的公式为：

$$m = \sum n * 10^{(xn/10)} / F \qquad 其中\ m\ 为重心子带, n\ 为\ 1 ~ 24\ 个子带$$

离散度表示语音频谱的离散程度，离散度越大表示谱越离散，反之则越集中。离散度的计算公式为：

$$s = \sqrt{[\sum (n-m)^2 * 10^{(xn/10)}/F]} \qquad s\ 为离散度$$

$$F = \sum 10^{(xn/10)} \qquad F\ 为语音谱能量$$

以谱重心为 x 轴，分散度为 y 轴可以绘制下列擦音空间分布图。（图 3.12）

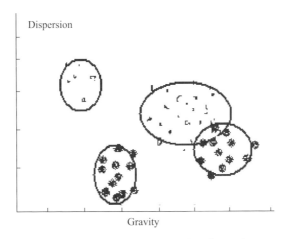

图 3.12　擦音谱重心—分散度分布图示例

对以上公式做一些修正，用 S（f）表示语音的复数谱，f 表示频率，将频率域改为连续域，则参数的积分式定义如下：

谱能量（Energy）$= \int_0^\infty |S(f)|^2 df$

谱重心（COG）为：$\int_0^\infty |S(f)|^2 df$ 除以谱能量，以下公式中 fc 等于谱重心 COG

离散度（Dispersion）为：$\int_0^\infty (f-fc)^2 |S(f)|^2 df$ 除以谱能量，然后取平方根

令 A 为 $\int_0^\infty (f-fc)^3 |S(f)|^2 df$ 除以 $\int_0^\infty |S(f)|^2 df$。B 为 $\int_0^\infty (f-fc)^2 |S(f)|^2 df$

除以 $\int_0^\infty |S(f)|^2 df$，则倾斜度 SKEW 为 $A/(B)^{1.5}$

倾斜度 SKEW 表示低于谱重心的谱与平均频率以上的谱的差。上述描述引自周学文《彝语辅音谱特征分析》（2013）一文。

冉启斌在他的博士论文（2005）中引入了这种方法并对普通话及几种方言的擦音进行了深入的研究并给出了具体的数据。结论是：普通话 5 个清

擦音可分为两类，［s，ç，ʂ］谱重心高而分散度小，分布范围小；［f，x］谱重心低而分散度大，分布范围也大。该文表明，谱重心对应的频率比语图中实际显示的高得多，从统计上看，擦辅音两两比较时才有显著意义。尽管如此，该方法在清擦音研究中是一种值得重视的方法。

我们在"统一平台"中采用了 COG，Dispersion 和 SKEW 这三个谱参数。为了避免辅音随便取点可能带来的野点问题和受其前、后置音段的影响，在经过多次实验的基础上，我们采用辅音中间 1/3 段来计算的方法。

周学文利用上述思路和方法对凉山彝语两位发音人（1 男 1 女）的清擦音谱参数数据进行统计分析后得出，对清擦音 COG 和 Dispersion 两个参数而言，Dispersion 相对稳定，较容易区别清擦音的参数的结论。

三 单辅音

鄂温克语有［p，pʰ，t，tʰ，k，kʰ，x，s，ʃ，tʃʰ，tʃ，m，n，ŋ，l，j，w，r］等 18 个基本辅音音位。按照发音方法可以分塞音［p，pʰ，tʰ，t，k，kʰ］，塞擦音［tʃʰ，tʃ］，擦音［s，ʃ，x］鼻音［n，ŋ，m］，边音［l］，半元音［j，w］，颤音［r］。其中，［p，pʰ，x，k，kʰ，s，ʃ，tʰ，t，tʃʰ，tʃ］为清音，［n，ŋ，m，l，j，r，w］为浊音。

分析方法：我们从以下几个方面观察了辅音声学特征：（1）词首（CV－）和（2）词末（－VC）。其中，V 为任何一个能够在该位置上出现的元音。满足上述两个条件的是在单音节或多音节词中出现的所有开头或结尾的辅音。（3）词中音节首（－CV－）。其中，V 为任何一个能够在该位置上出现的元音。满足这个条件的是在多音节词中出现的所有非词首音节首的辅音。（4）词中音节末（－VC－）。其中 V 为任何一个能够在该位置上出现的元音。满足这个条件的是在多音节词中出现的所有非词末音节末的辅音。（5）复辅音后置辅音（－VC1C2）。其中，C2 为后置辅音，包括词末和非词末位置。（6）复辅音前置辅音（－VC1C2－）。其中，C1 为前置辅音 C2 为能够与其组成复辅音的辅音。满足这个条件的是在音节尾（包括词尾和非词尾）出现的能够与其他辅音组成复辅音的所有辅音。请见图 3.13 中的六位置，对应于上述六种辅音。在上述六种条件中，1~4 针对单辅音，5~6 针对复辅音。显然，这六种条件是不重复的。

图 3.13　辅音分析条件示意图

（一） 塞音

塞音（stop），又称作爆破音（plosive），是辅音中按发音方法区分音的一个基本类别。塞音的发音特点是：（1）主动发音器官上举与被动发音器官构成完全性的接触，从而关闭了口腔或鼻腔的气流通路，这就是塞音的成阻阶段；（2）声门下的气流被阻塞在关闭点后部，随着气流的积聚，口腔内形成超压（即大于体外的大气压力），这就是持阻阶段；（3）关闭点被突然打开，释放出一股强气流，冲破空气的阻力，形成一个类冲击波，这就是除阻阶段。由于发这类辅音时，口腔或鼻腔完全关闭，气流被阻塞，故而称之为塞音。塞音与塞擦音的主要区别是：先是塞音破裂，口腔不马上打开，而是留有一窄缝，紧接着口腔内余气从缝隙中挤出，产生摩擦，发出塞擦音（鲍怀翘，2005）。

1. ［p］辅音

在"统一平台"中男女发音人［p］辅音分别出现了 126 次（M）、162 次（F）。

1.1　声学语图特点

鄂温克语［p］辅音为双唇、不送气、清塞音。图 3.14 为［pɔlɔ］"秋天"一词的波形图、三维语图和三层标注图。可以看出，鄂温克语［p］辅音是比较典型的双唇、不送气、清塞音。以往有些论著中把鄂温克该辅音标记为浊［b］是不符合国际音标的标记原则的。

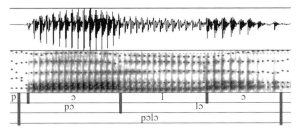

图 3.14　［pɔlɔ］"秋天"一词的波形图、三维语图和三层标注图（音段、音节和词等，下同）

1.2 共振峰分布模式

表 3.2 为［p］辅音的声学参数统计。图 3.15 为男女发音人［p］辅音第一、第二和第三共振峰分布图，图 3.16 为两位发音人［p］辅音三个共振峰均值比较图。从表 3.2 中可以看出，［p］辅音 VOT 比较短（因为词首塞音、塞擦音的 GAP 无法测量，下同），只有十几毫秒，男女发音人音强差异较小。图 3.15 显示，女发音人第二和第三共振峰频率（CF2、CF3）比男发音人第二和第三共振峰频率要高。如男女发音人［p］辅音 CF1 围绕 700Hz，在 400～1000Hz 之间浮动。男发音人 CF2 围绕 1600Hz，在 1000～2000Hz 之间浮动；CF3 围绕 2700Hz，在 2000～3500Hz 之间浮动。而女发音人 CF2 围绕 1750Hz，在 1000～2500Hz 之间浮动，CF3 围绕 2800Hz，在 2000～3500Hz 之间浮动。

从图 3.16 可以看出，两位发音人［p］辅音三个共振峰的频率范围为 CF1 在 650～700Hz 之间，CF2 为 1550～1750 Hz 之间，CF3 为 2650～2850Hz 之间。女发音人第二和第三共振峰频率均值比男发音人要高。

表 3.2　［p］辅音声学参数统计

单位：VOT、GAP、CD 为 ms，CA 为 dB，CF 为 Hz，下同。

	M					F				
	VOT	CA	CF1	CF2	CF3	VOT	CA	CF1	CF2	CF3
平均值	20	51.66	667	1552	2644	15	52.59	709	1731	2866
标准差	8.9	9.853	301	377	514	5.1	9.096	252	352	430
变异系数	44%	19%	45%	24%	19%	34%	17%	35%	20%	15%
变化范围	57	70	1688	2739	3924	32	72	1436	2717	4019
	7	27	131	820	1554	5	33	192	1005	1718

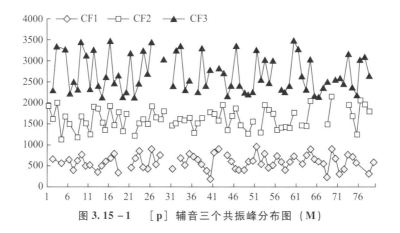

图 3.15 - 1　［p］辅音三个共振峰分布图（M）

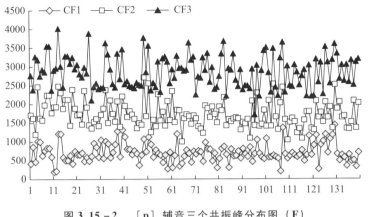

图 3.15 - 2　〔p〕辅音三个共振峰分布图（F）

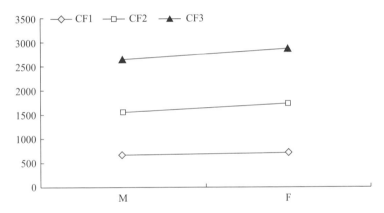

图 3.16　男女两位发音人〔p〕辅音三个共振峰均值比较图

1.3　后置元音音质与声学参数之间的关系

图 3.17 为在〔ɐ〕〔ə〕〔i〕〔ɪ〕〔ɔ〕〔ʊ〕〔o〕〔u〕〔ɐː〕〔əː〕〔iː〕〔eː〕〔ɔː〕〔ʊː〕〔uː〕等元音之前〔p〕辅音的三个共振峰分布图（以 CF2 值从小到大次序排列，下同），图 3.18、图 3.19 为不同元音之前词首〔p〕辅音 VOT 和音强比较图。可以看出，〔p〕在长元音之前的第二共振峰频率比短元音之前的要高。该辅音后置元音音质与其 VOT 和音强之间几乎没有相关性。

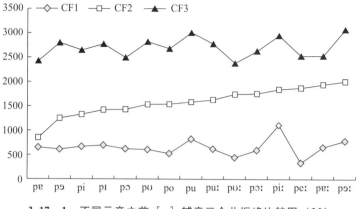

3. 17 – 1　不同元音之前［p］辅音三个共振峰比较图（M）

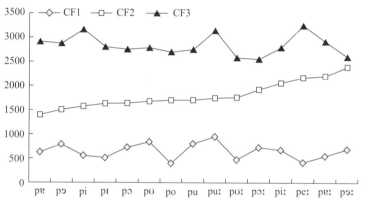

3. 17 – 2　不同元音之前［p］辅音三个共振峰比较图（F）

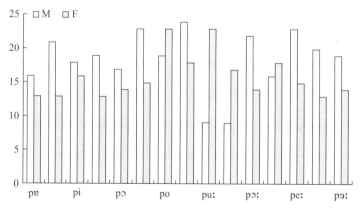

图 3. 18　不同元音之前词首［p］辅音 VOT 比较图

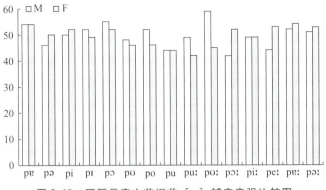

图 3.19　不同元音之前词首［p］辅音音强比较图

1.4　词中位置与声学参数之间的关系

从表 3.3 和图 3.20 中可以看到，男发音人［p］辅音在词首位置出现 79 次，占 63%。女发音人［p］辅音在词首位置出现 81 次，占 58%。该辅音词中不同位置上的 GAP 时长都比 VOT 要长。另外，男发音人［p］辅音总体音长比女发音人要长。

表 3.3　词中不同位置上［p］辅音的声学参数统计

		N	GAP	VOT	CD	CA	CF1	CF2	CF3
M	词首	79		22		47	690	1591	2683
	词中音节首	33	81	12	93	58	569	1446	2629
	词中音节末	12	90	33	123	64	823	1569	2478
F	词首	81		16		48	733	1712	2770
	词中音节首	39	50	12	62	54	638	1773	2997
	词中音节末	19	60	20	80	67	753	1723	3000

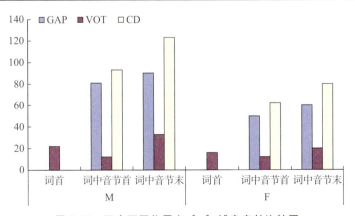

图 3.20　词中不同位置上［p］辅音音长比较图

2. ［pʰ］辅音

在"统一平台"中男女发音人［pʰ］辅音分别出现了 35 次（M）、45 次（F）。其中，男发音人所有［pʰ］辅音中 15 个出现在词首位置，占 43%。14 个出现在词中音节首位置，占 40%。6 个出现在词中音节末位置，占 17%。女发音人所有［pʰ］辅音中 13 个出现在词首位置，占 29%。20 个出现在词中音节首位置，占 44%。12 个出现在词中音节末位置，占 27%（统计表略）。

2.1 声学语图特点

鄂温克语［pʰ］辅音是双唇、送气、清塞音。图 3.21 为男发音人［pʰusərəŋ］"吹"一词的波形图、三维语图和三层标注图。

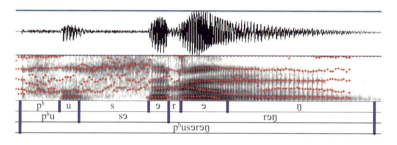

图 3.21 男发音人［pʰusərəŋ］"吹"一词的波形图、三维语图和三层标注图

2.2 共振峰分布模式

表 3.4 为男女发音人［pʰ］辅音声学参数统计。图 3.22 为男女发音人［pʰ］辅音第一、第二和第三共振峰的分布图，图 3.23 为男女发音人［pʰ］辅音三个共振峰均值比较图。从表 3.4 中可以看出，女发音人［pʰ］辅音音强和共振峰频率（CF）都比男发音人相对强和高。图 3.22 显示，男发音人的 CF1～CF3 分布为 CF1 围绕 750Hz，在 500～1000Hz 之间浮动；CF2 围绕 1650Hz，在 1000～2000Hz 之间浮动；CF3 围绕 2700Hz，在 2500～3000Hz 之间浮动。女发音人的 CF1 围绕 900Hz，在 500～1500Hz 之间浮动；CF2 围绕 1900Hz，在 1500～2500Hz 之间浮动；CF3 围绕 2900Hz，在 2000～3500Hz 之间浮动。

表 3.4 和图 3.23 显示了男女发音人［pʰ］辅音的三个共振峰的频率范围。其中，CF1 在 800～1000Hz 之间，CF2 为 1500～2000 Hz 之间，CF3 为 2500～3000 Hz 之间。显然，女发音人所有共振峰频率均值都比男发音人高。

表 3.4 [pʰ] 辅音声学参数统计

参数统计	M (35)					F (45)				
	VOT	CA	CF1	CF2	CF3	VOT	CA	CF1	CF2	CF3
平均值	45	46.94	761	1660	2725	45	49.8	883	1904	2858
标准差	28	10	317	343	479	23	10.9	259	304	409
变异系数	61%	21%	42%	21%	18%	51%	22%	29%	16%	14%
变化范围	119	74	1552	2549	3769	97	71	1677	2903	3527
	9	31	224	1203	2017	10	37	398	1378	1800

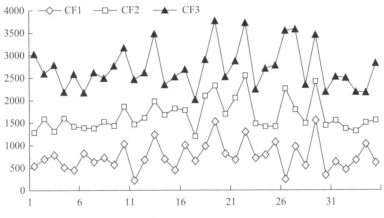

图 3.22－1 [pʰ] 辅音三个共振峰分布图 (M)

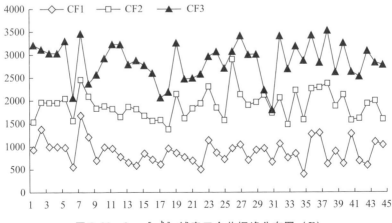

图 3.22－2 [pʰ] 辅音三个共振峰分布图 (F)

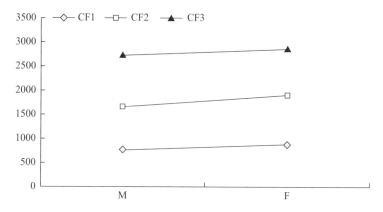

图 3.23   男女发音人［pʰ］辅音的三个共振峰均值比较图

2.3   后置元音音质与声学参数之间的关系

图 3.24 ~ 3.26 为［ɐ］［ǝ］［i］［ɔ］等元音之前［pʰ］辅音三个共振峰、音长、音强比较图。从图 3.24 中可以看出，元音［i］之前的［pʰ］辅音第二共振峰频率（CF2）比其他元音之前的频率相对高，说明该辅音与其后置元音舌位之间有一定的相关性。

从图 3.25、图 3.26 中可以看出，［pʰ］辅音 VOT 和音强随着其后置元音［ɐ］→［ǝ］→［i］→［ɔ］等变长、变强。另外，男发音人［pʰ］辅音的 VOT 和音强明显比女发音人要长、强。

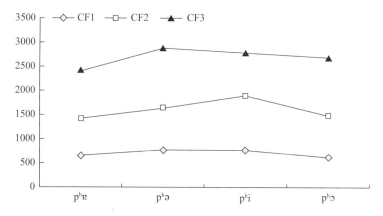

图 3.24 － 1   不同元音之前［pʰ］辅音三个共振峰比较图（M）

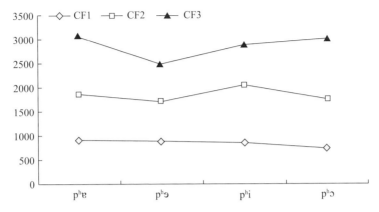

图 3.24－2　不同元音之前［pʰ］辅音的三个共振峰比较图（F）

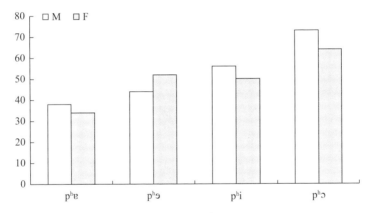

图 3.25　不同元音之前词首［pʰ］辅音的 VOT 比较图

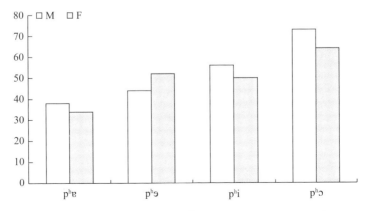

图 3.26　不同元音之前词首［pʰ］辅音的音强（CA）比较图

2.4 词中位置与声学参数之间的关系

从表 3.5 和图 3.27 中可以看到,男发音人所有〔pʰ〕辅音的 15 个出现在词首位置,占 43%。女发音人所有〔pʰ〕辅音的 13 个出现在词首位置,占 29%。该辅音词中不同位置上的 GAP 时长都比 VOT 要长。

表 3.5 词中不同位置上〔pʰ〕辅音的声学参数统计

		GAP	VOT	CD	CA	CF1	CF2	CF3	N
M	词首		60.7		39.8	670.3	1558	2656	15
	词中音节首	103	30.3	133	50.29	768.3	1635	2564	14
	词中音节末	105	30.8	121	50.24	857.5	1716	2790	6
F	词首		65		41.69	840	1758	2679	13
	词中音节首	79.7	30	111	47.4	919	1930	3000	20
	词中音节末	110	44	96	62.75	870	2020	2814	12

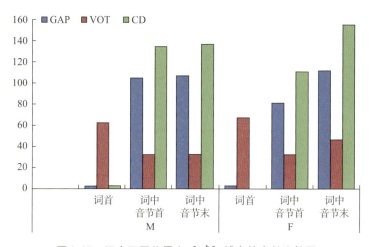

图 3.27 词中不同位置上〔pʰ〕辅音的音长比较图

3. 〔t〕辅音

在"统一平台"中〔t〕辅音共出现了 244 次(M),282 次(F)。

3.1 声学语图特点

鄂温克语〔t〕辅音为舌叶、龈、不送气、清塞音。图 3.28 为〔tɔlpɔ〕"夜晚"一词的波形图、三维语图和三层标注图。显然,鄂温克标准话〔t〕辅音是比较典型的舌叶、龈、不送气、清塞音。有些论著中把鄂温克语该辅音标记为浊塞音［d］是不符合其实际音质的。

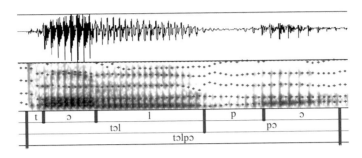

图 3.28　［tɔlpɔ］"夜晚"一词的波形图、
三维语图和三层标注图

3.2　共振峰分布模式

表 3.6 为男女发音人［t］辅音声学参数统计。图 3.29 为两位发音人［t］辅音第一、第二和第三共振峰的分布图，图 3.30 为男女发音人［t］辅音三个共振峰均值比较图。从表 3.6 中可以看出，［t］辅音的 VOT 比较短，男女发音人音强均值基本相等。图 3.29 显示，男女发音人［t］辅音的共振峰频率（CF1～CF3）范围总体上一致，分布模式基本相同。如 CF1 围绕700Hz，在 500～1000Hz 之间浮动，CF2 围绕 1700Hz，在 1000～2000Hz 之间浮动，CF3 围绕 2800Hz，在 2000～3500Hz 之间浮动。

从表 3.6 和图 3.30 中可以看出，男女发音人［t］辅音三个共振峰的频率范围为 CF1 在 700～750Hz 之间，CF2 为 1700～1800 Hz 之间，CF3 为2800～2900 Hz 之间。其中，女发音人 CF1 频率均值比男发音人要低，CF2频率均值比男发音人高，两个发音人 CF3 频率基本相等。

表 3.6　［t］辅音声学参数统计

	M					F				
	VOT	CA	CF1	CF2	CF3	VOT	CA	CF1	CF2	CF3
平均值	20	52.32	767	1709	2846	13	53.84	713	1781	2833
标准差	8.8	8.32	230	299	378	8.1	7.288	196	360	466
变异系数	43%	16%	30%	17%	13%	60%	14%	28%	20%	16%
变化范围	243	78	1766	2795	4166	114	74	1299	3035	4241
	21	35	146	802	2018	6	37	207	443	1900

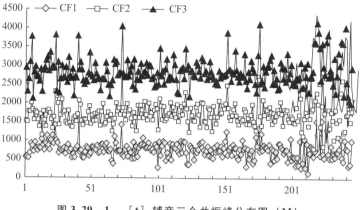

图 3.29 - 1 ［t］辅音三个共振峰分布图（M）

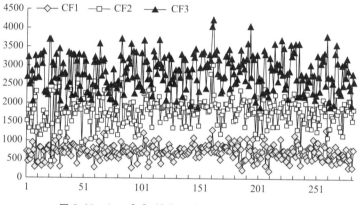

图 3.29 - 2 ［t］辅音三个共振峰分布图（F）

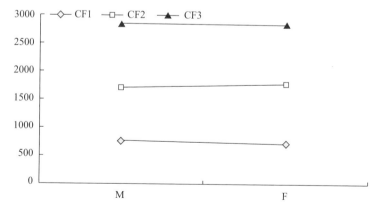

图 3.30 男女发音人 ［t］辅音三个共振峰均值比较图

3.3 后置元音音质与声学参数之间的关系

图 3.31 ~ 3.33 为在 [ɐ] [ə] [i] [ɪ] [e] [ɔ] [ʊ] [o] [u] [ɐː] [əː] [iː] [ɪː] [ɔː] [ʊː] [uː] 等元音之前 [t] 辅音的三个共振峰和 VOT、音强比较图。从图 3.32 中可以看出，男发音人不同元音之前辅音 [t] 的 VOT 均比女发音人相对长（除 [u] 之外）。图 3.33 显示，该辅音后置元音音质与其音强之间几乎没有相关性。

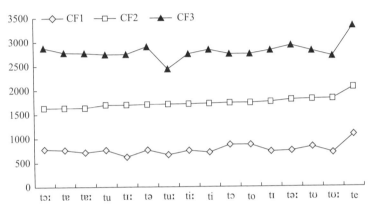

图 3.31 - 1　不同元音之前 [t] 辅音的三个共振峰比较图（M）

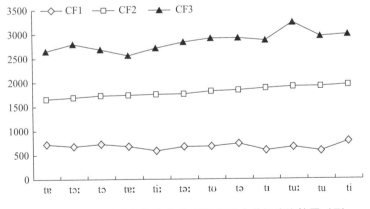

图 3.31 - 2　不同元音之前 [t] 辅音的三个共振峰比较图（F）

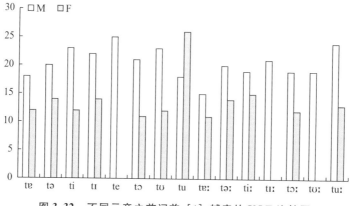

图 3.32 不同元音之前词首［t］辅音的 VOT 比较图

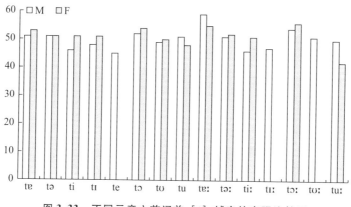

图 3.33 不同元音之前词首［t］辅音的音强比较图

3.4 词中位置与声学参数之间的关系

从表 3.7 中可以看到，男发音人所有［t］辅音中 146 个出现在词中音节首位置，占 60%。女发音人所有［t］辅音中 181 个出现在词中音节首位置，占 64%。从图 3.34 中可以看出，男发音人不同位置上［t］辅音音长都比女发音人要长。男女发音人［t］辅音任何位置上的 GAP 都比 VOT 相对长。

表 3.7 词中不同位置上［t］辅音声学参数统计

		N	GAP	VOT	CD	CA	CF1	CF2	CF3
	词首	59		23		49	797	1658	2817
M	词中音节首	146	92	19	111	51	749	1728	2818
	词中音节末	38	106	26	132	63	788	1720	2990

续表

		N	GAP	VOT	CD	CA	CF1	CF2	CF3
F	词首	61		17		51	722	1779	2810
	词中音节首	181	65	12	77	52	712	1785	2814
	词中音节末	40	90	21	111	65	705	1763	2957

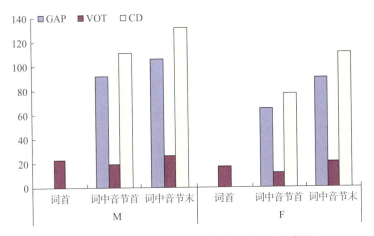

图 3.34　词中不同位置上［t］辅音的音长比较图

4.　［tʰ］辅音

在"统一平台"中［tʰ］辅音共出现了 366 次（M），413 次（F）。显然，这是鄂温克语中出现频率较高的辅音。

4.1　声学语图特点

鄂温克语［tʰ］辅音是舌叶、龈、送气、清塞音。图 3.35 为男发音人［tʰeŋkʊːr］"碗"一词的波形图、三维语图和三层标注图。

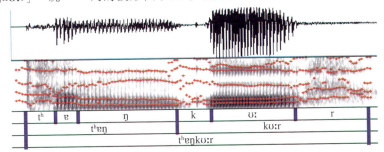

图 3.35　男发音人［tʰeŋkʊːr］"碗"一词的波形图、三维语图和三层标注图

4.2 共振峰分布模式

表3.8为男女发音人［tʰ］辅音声学参数统计。图3.36为男女发音人［tʰ］辅音第一、第二和第三共振峰的分布图，图3.37为男女发音人［tʰ］辅音三个共振峰均值比较图。从表3.8中可以看出，［tʰ］辅音的VOT相对长，达到了40ms左右。男女发音人音强差异较小。图3.36显示，男女发音人共振峰频率分布基本一致，即CF1围绕800Hz，在500～1000Hz之间浮动，CF2围绕1500Hz，在1000～2000Hz之间浮动，CF3围绕2700Hz，在2500～3500Hz之间浮动。

图3.37显示了男女发音人［tʰ］辅音三个共振峰的频率范围，即CF1在800～1000Hz之间，CF2为1500～2000 Hz之间，CF3为2500～3000 Hz之间。其中，女发音人CF1频率均值比男发音人要低，CF2和CF3频率均值都比男发音人要高。

表3.8　［tʰ］辅音声学参数统计

参数 统计	M					F				
	VOT	CA	CF1	CF2	CF3	VOT	CA	CF1	CF2	CF3
平均值	41	50.99	804	1709	2827	39	51.58	777	1797	2917
标准差	23	10.5	242	305	378	26	10.16	246	363	470
变异系数	56%	21%	30%	18%	13%	66%	20%	32%	20%	16%
变化 范围	125	79	1608	2785	4215	128	74	1888	3009	4632
	8	20	215	556	1688	5	34	213	520	1863

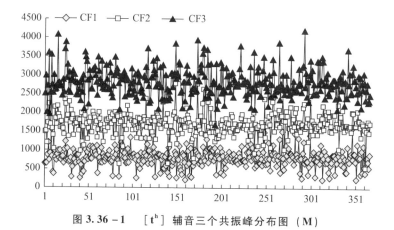

图3.36－1　［tʰ］辅音三个共振峰分布图（M）

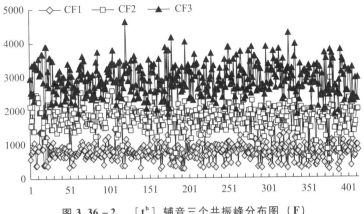

图 3.36 – 2　［tʰ］辅音三个共振峰分布图（F）

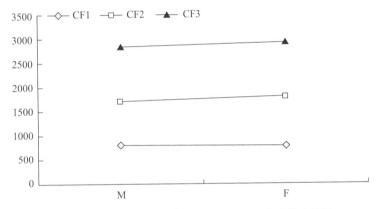

图 3.37　男女发音人［tʰ］辅音三个共振峰均值比较图

4.3　后置元音音质与声学参数之间的关系

图 3.38 分别为在［ɤ］［ə］［i］［ɿ］［e］［ɔ］［ʊ］［o］［u］等元音之前［tʰ］辅音的三个共振峰比较图。可以看出，［tʰ］在［i］和［ɿ］元音之前的第二共振峰频率（CF2）比其在其他元音之前的频率相对高。显然，［tʰ］辅音后置元音音质与其共振峰频率之间具有一定的相关性。

图 3.39、图 3.40 分别为不同元音之前词首［tʰ］辅音的 VOT 和音强比较图。图 3.39、图 3.40 显示，从总体上看虽然女发音人不同元音之前词首［tʰ］辅音的 VOT 时长比男发音人要长，但男女发音人［tʰ］辅音音长、音强与其后置元音音质之间几乎没有相关性。

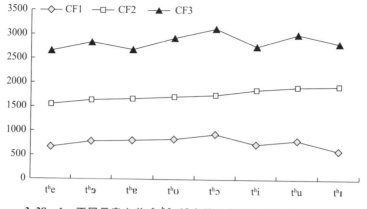

3.38 - 1　不同元音之前［tʰ］辅音的三个共振峰比较图（M）

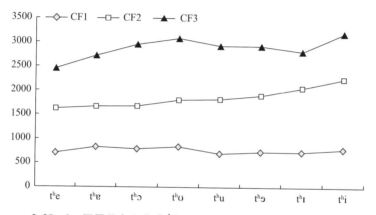

3.38 - 2　不同元音之前［tʰ］辅音的三个共振峰比较图（F）

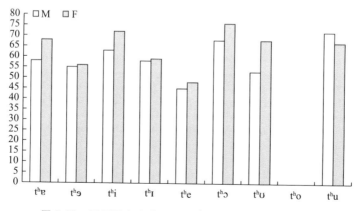

图 3.39　不同元音之前词首［tʰ］辅音的 VOT 比较图

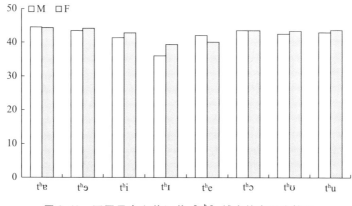

图 3.40　不同元音之前词首 [tʰ] 辅音的音强比较图

4.4　词中位置与声学参数之间的关系

从表 3.9 中我们可以看到，男发音人所有 [tʰ] 辅音的 112 个出现在词首位置，占 31%，153 个出现在词中音节首位置，占 42%，101 个 [tʰ] 辅音出现在词中音节末位置，占 27%。女发音人所有 [tʰ] 辅音的 131 个出现在词首位置，占 31%，175 个出现在词中音节首位置，占 42%，107 个出现在词中音节末位置，占 26%。图 3.41 显示，从总体上看男发音人 [tʰ] 辅音音长比女发音人音长相对长。男女发音人 [tʰ] 辅音词首位置 VOT 最长。无论词中音节首还是词中音节末 [tʰ] 辅音 GAP 的时长都比 VOT 相对长。

表 3.9　词中不同位置上 [tʰ] 辅音声学参数统计

		N	GAP	VOT	CD	CA	CF1	CF2	CF3
M	词首	112		59.1		43	798	1719	2830
	词中音节首	153	124	28.3	153	49	851	1758	2836
	词中音节末	101	127	36.9	138	63	741	1625	2810
F	词首	131		65		44	778	1826	2907
	词中音节首	175	80.7	19	102	49	818	1818	2894
	词中音节末	107	89.9	25.4	83.9	66	707	1728	2966

5. /k/ 辅音

在统一平台中 /k/ 辅音以 [k]　[ɣ] 等 2 种变体形式共出现了 305（M），353 次（F）。其中男发音人的 [k] 为 219 次，占所有 /k/ 辅音的

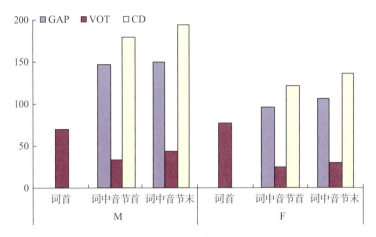

图 3.41 词中不同位置上 [tʰ] 辅音的音长比较图

72% ；女发音人的 [k] 为 240 次，占所有 /k/ 辅音的 68% 。变体 [k] 主要出现在词首位置和词中 [k] 辅音前后，即同一个辅音重叠时出现；男发音人的 [ɣ] 为 96 次，占所有 /k/ 辅音的 31% ，女发音人的 [ɣ] 为 113 次，占所有 /k/ 辅音的 32% 。变体 [ɣ] 一般出现在词中音节首 [n] [m] [l] [tʃ] [j] 等辅音之前。从 /k/ 辅音 [k] [ɣ] 等 2 种变体的统计分析结果看，无论是词和音节里的分布特点，还是词中的出现位置和条件以及出现频率，[k] 已具备了作为典型变体的条件，把 [k] 作为典型变体，符合鄂温克语语音特点。/k/ 辅音的 2 种变体 [k] [ɣ] 等是在不同条件下出现的变体。请见表 3.10。

表 3.10 /k/ 辅音统计表

发音人 辅音	M		F	
	出现次数	百分比	出现次数	百分比
/k/	305	100	353	100
[k]	219	72%	240	68%
[ɣ]	96	31%	113	32%

5.1 [k] 辅音

5.1.1 声学语图特点

鄂温克语 /k/ 辅音的典型变体 [k] 为舌面后、软腭、不送气清塞音。图 3.42 为男发音人 [kuːŋ] "玻璃" 一词的波形图、三维语图和三层标准图。

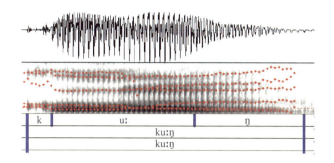

图 3.42　男发音人［ku:ŋ］"玻璃"一词的波形图、三维语图和三层标注图

5.1.2　共振峰分布模式

表 3.11 为男女发音人［k］辅音的声学参数统计。图 3.43 为男女发音人［k］辅音第一、第二和第三共振峰的分布图，图 3.44 为男女发音人［pʰ］辅音三个共振峰均值比较图。从表 3.11 中可以看出，［k］辅音 VOT 相对短，男女发音人［k］辅音音强差异小。图 3.43 显示，男女发音人［k］辅音的共振峰分布模式基本相同，即 CF1 围绕 800Hz，在 500～1000Hz 之间浮动；CF2 围绕 1500Hz，在 1000～2000Hz 之间浮动；CF3 围绕 2700Hz，在 2500～3500Hz 之间浮动。

表 3.11　［k］辅音声学参数统计

	M					F				
	VOT	CA	CF1	CF2	CF3	VOT	CA	CF1	CF2	CF3
平均值	32	52.34	803	1514	2755	20	53.17	752	1584	2772
标准差	12	10.74	325	457	587	7	10.47	260	495	541
变异系数	39%	21%	40%	30%	21%	34%	20%	35%	31%	20%
变化范围	85	77	1848	3181	4216	48	73	1644	2912	4378
	10	25	225	556	1221	8	33	192	386	1308

从表 3.11 和图 3.44 中可以看出，男女发音人［k］辅音三个共振峰的频率范围为 CF1 在 650～750Hz 之间，CF2 为 1500～1700Hz 之间，CF3 为 2500～2700Hz 之间。其中，女发音人 CF1 频率均值比男发音人要低，CF2 频率均值比男发音人要高。男女发音人 CF3 频率基本相等。

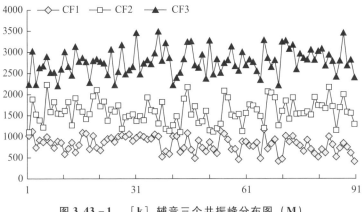

图 3.43 - 1　　［k］辅音三个共振峰分布图（M）

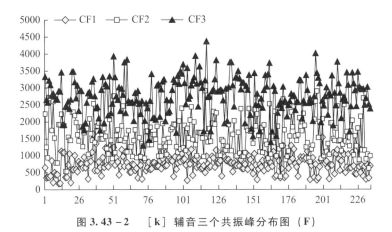

图 3.43 - 2　　［k］辅音三个共振峰分布图（F）

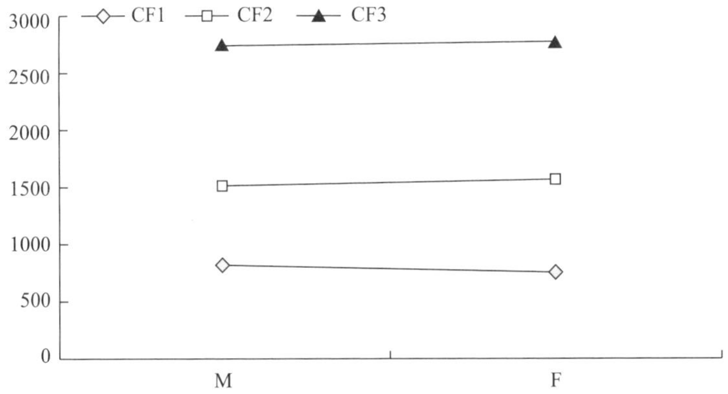

图 3.44　男女两位发音人［k］辅音三个共振峰均值比较图

5.1.3　后置元音音质与声学参数之间的关系

图 3.45 分别为在 [ɐ] [ə] [e̞] [i] [ɪ] [e] [ɔ] [ʊ] [o] [u] [ɐ̠]
[eᵊ] [i:] [ɪ:] [ɔ:] [ʊ:] [u:] 等元音之前 [k] 辅音的三个共振峰比较
图。可以看出，在 [i] [ɪ] [e] 和 [i:] [ɪ:] [e̞] 等前元音之前的 [k]
辅音第二共振峰频率（CF2）比其他元音之前的要高。显然，[k] 辅音共
振峰频率与其后置元音音质之间具有一定的相关性。

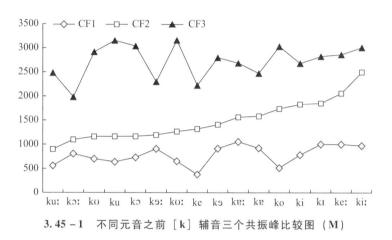

3.45－1　不同元音之前 [k] 辅音三个共振峰比较图（M）

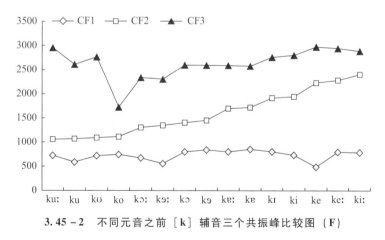

3.45－2　不同元音之前 [k] 辅音三个共振峰比较图（F）

从图 3.46、图 3.47 为不同元音之前词首辅音 [k] VOT 时长和音强
比较图。可以看出，该辅音 VOT 时长和音强与其后置元音音质之间几乎
没有相关性。

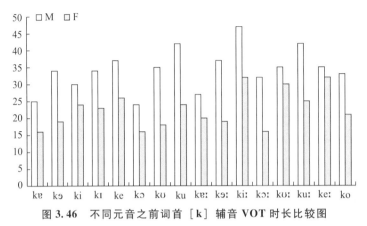

图 3.46 不同元音之前词首 [k] 辅音 VOT 时长比较图

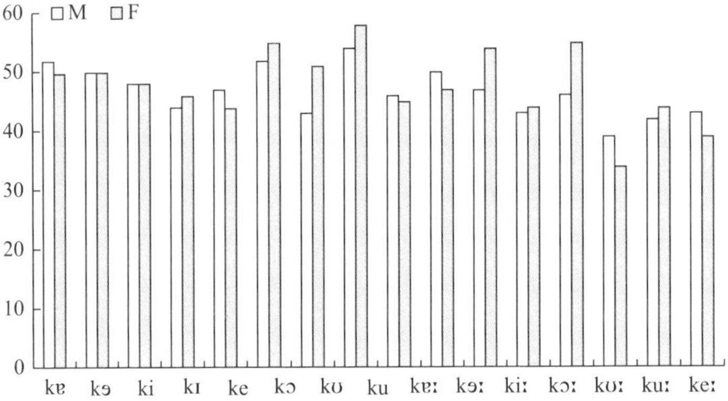

图 3.47 不同元音之前词首 [k] 辅音音强比较图

5.1.4 词中位置与声学参数之间的关系

从表 3.12 中可以看到,男发音人所有 [k] 辅音中 108 个出现在词中音节首位置,占 49%。女发音人所有 [k] 辅音中 121 个出现在词中音节首位置,占 50%。图 3.48 显示,无论在词中哪个位置上,词中音节首还是词中音节末,[k] 辅音 GAP 的时长都比 VOT 要长。另外,男发音人 [k] 辅音 VOT 时长都比女发音人要长。

表 3.12 词中不同位置上 [k] 辅音声学参数统计

		N	GAP	VOT	CD	CA	CF1	CF2	CF3
M	词首	57		34.6		43	853	1423	2690
	词中音节首	108	75.2	30.5	99	51	833	1466	2750
	词中音节末	54	70	34	104	65	696	1710	2840

续表

		N	GAP	VOT	CD	CA	CF1	CF2	CF3
F	词首	65		23.4		45	811	1609	2685
	词中音节首	121	48.4	18.4	68	51	758	1506	2692
	词中音节末	54	53	24	76	67	666	1731	3058

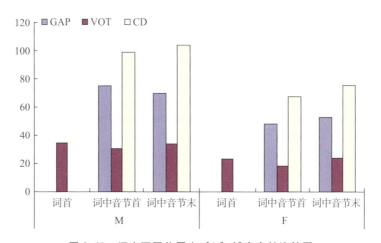

图 3.48　词中不同位置上［k］辅音音长比较图

5.2　［ɣ］辅音

5.2.1　声学语图特点

浊擦音［ɣ］是/k/辅音的另一个重要变体。图 3.47 为男发音人
［inəɣə］"日子"一词的波形图、三维语图和三层标准图。显然，鄂温克语
［ɣ］辅音是舌面后、软腭、浊擦音。

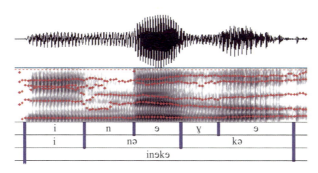

图 3.49　男发音人［inəɣə］"日子"一词的波形图、
三维语图和三层标准图

5.2.2　共振峰分布模式

表 3.13 为男女发音人 ［ɣ］ 辅音声学参数统计。图 3.50 为男女发音人 ［k］ 辅音第一、第二和第三共振峰的分布图，图 3.51 为男女发音人 ［ɣ］ 辅音三个共振峰均值比较图。从表 3.13 中可以看出，男发音人 ［ɣ］ 辅音音长比女发音人要长。男女发音人音强差异较小。图 3.50 显示，男女发音人共振峰频率 VF1 围绕 500Hz，在 400 ~ 700Hz 之间浮动；VF2 围绕 1300Hz，在 1000 ~ 2000Hz 之间浮动。女发音人 VF3 频率比男发音人相对高。如，男发音人 VF3 围绕 2500Hz，在 2000 ~ 3000Hz 之间浮动，而女发音人 VF3 围绕 3000Hz，在 2500 ~ 4000Hz 之间浮动。

表 3.13 和图 3.51 显示了男女发音人 ［ɣ］ 辅音三个共振峰的频率范围：VF1 在 400 ~ 550Hz 之间，VF2 为 1300 ~ 1500 Hz 之间，VF3 为 2500 ~ 3000 Hz 之间。其中，女发音人三个共振峰频率均值都比男发音人高。

表 3.13　［ɣ］辅音声学参数统计

	M					F				
	CD	CA	VF1	VF2	VF3	CD	CA	VF1	VF2	VF3
平均值	72	56.85	418	1333	2497	56	55.42	526	1447	3115
标准差	24	5.519	118	468	399	14	6.235	291	449	393
变异系数	34%	10%	28%	35%	16%	25%	11%	55%	31%	13%
变化范围	155	72	756	2385	3767	88	71	1643	2773	4143
	28	44	240	545	1861	25	44	247	571	1960

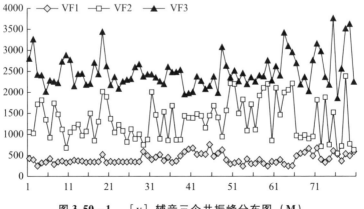

图 3.50 - 1　［ɣ］辅音三个共振峰分布图（M）

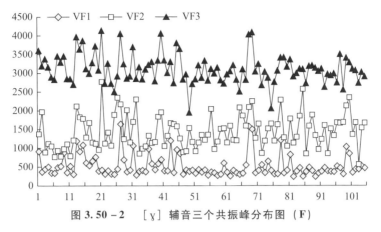

图 3.50 - 2 ［ɣ］辅音三个共振峰分布图（F）

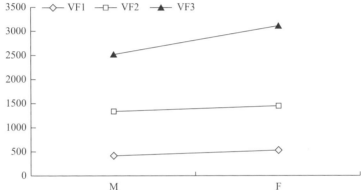

图 3.51 男女两位发音人［ɣ］辅音三个共振峰均值比较图

5.2.3 后置元音音质与声学参数之间的关系

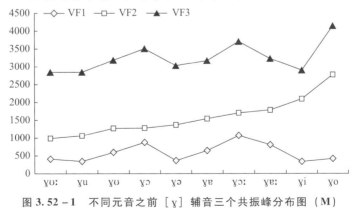

图 3.52 - 1 不同元音之前［ɣ］辅音三个共振峰分布图（M）

图 3.52 为在［ɐ］［ə］［i］［ɪ］［e］［ɔ］［ʊ］［o］［u］［ɐ］［ɚ］
［iː］［ɪː］［eː］［ɔː］［ʊː］［uː］之前［ɣ］辅音的三个共振峰分布图，图

3.53、图 3.54 分别为不同元音之前词首［ɣ］辅音音长、音强比较图。可以看出，该辅音共振峰频率与其后置元音音质之间几乎没有相关性。

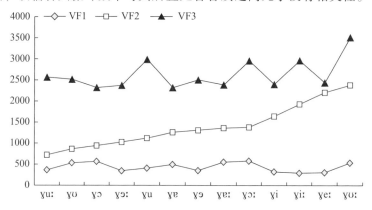

图 3.52－2　不同元音之前［ɣ］辅音三个共振峰分布图（F）

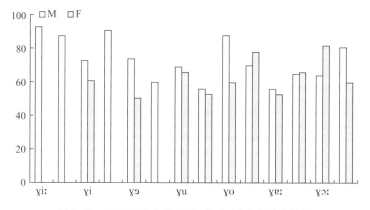

图 3.53　不同元音之前词首［ɣ］辅音音长比较图

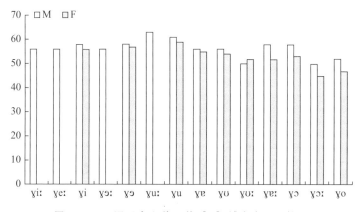

图 3.54　不同元音之前词首［ɣ］辅音音强比较图

5.2.4 词中位置与声学参数之间的关系

从表 3.14 中我们可以看到，男发音人 96 个 ［ɣ］ 辅音中 90 个出现在词中音节首位置，占 94％；4 个出现在词中音节末位置，占 4％；2 个出现在词末位置，占 2％。女发音人 113 个 ［ɣ］ 辅音中 105 个出现在词中音节首位置，占 96％；8 个出现在词中音节末位置，占 4％。图 3.55 显示在词末位置上 ［ɣ］ 辅音的音长明显长于其他位置上的 ［ɣ］。

表 3.14 词中不同位置上 ［ɣ］ 辅音声学参数统计

		N	CD	CA	VF1	VF2	VF3	COG	STD	SKEW
M	词中音节首	90	72	57	418	1333	2497	395	405	10.6
	词中音节末	4	53	59	400	1324	2367	452	506	11.1
	词末	2	172	59	532	1370	2120	573	331	9.43
F	词中音节首	105	56	55	526	1447	3115	555	722	11.1
	词中音节末	8	56	54	523	1447	3067	559	715	11.2

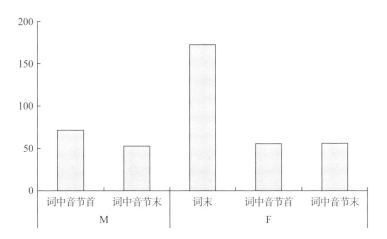

图 3.55 词中不同位置上 ［ɣ］ 辅音音长比较图

6. ［kʰ］ 辅音

在 "统一平台" 中 ［kʰ］ 辅音共出现了 156（M），214（F）次。

6.1 声学语图特点

鄂温克语 [kʰ] 辅音是舌面后、软腭、送气清塞音。图 3.54 为男发音人 [nəlkʰi] "春天" 一词的波形图、三维语图和三层标注图。

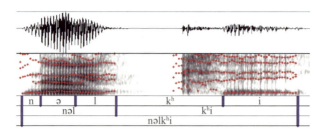

图 3.56　男发音人 [nəlkʰi] "春天" 一词的波形图、三维语图和三层标注图

6.2 共振峰分布模式

表 3.15 为男女发音人 [kʰ] 辅音的声学参数统计。图 3.57 为男女发音人 [kʰ] 辅音的第一、第二和第三共振峰的分布图，图 3.58 为 [kʰ] 辅音三个共振峰均值比较图。从表 3.15 中可以看出，[kʰ] 辅音的 VOT 比较短，男女发音人音强之间的差异较小。图 3.57 显示，男女发音人 [kʰ] 辅音的共振峰分布模式基本相同，即 CF1 围绕 800Hz，在 500～1000Hz 之间浮动；CF2 围绕 1700Hz，在 1000～2500Hz 之间浮动；CF3 围绕 2800Hz，在 2000～3500Hz 之间浮动。可以看出，CF2 和 CF3 部分叠加。表 3.15 和图 3.58 显示了两位发音人 [kʰ] 辅音三个共振峰的频率范围，即 CF1 在 800～1000Hz 之间，CF2 为 1500～2000 Hz 之间，CF3 为 2500～3000 Hz 之间。其中，女发音人 CF2 频率均值比男发音人要高。

表 3.15　[kʰ] 辅音声学参数统计

	M (156)					F (214)				
	VOT	CA	CF1	CF2	CF3	VOT	CA	CF1	CF2	CF3
平均值	48	52.08	841	1578	2813	41	53.95	833	1716	2849
标准差	20	9.132	340	524	563	17	10.18	273	461	517
变异系数	43%	18%	40%	33%	20%	43%	19%	33%	27%	18%
变化范围	112	74	1988	2966	4037	90	73	1605	2729	4314
	0.4	37	218	719	1506	9	36	241	510	1514

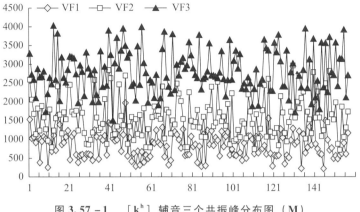

图 3.57 – 1　［kʰ］辅音三个共振峰分布图（M）

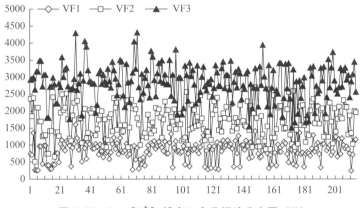

图 3.57 – 2　［kʰ］辅音三个共振峰分布图（F）

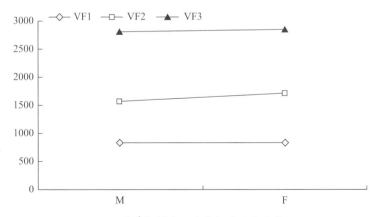

3.58　［kʰ］辅音三个共振峰均值比较图

6.3 后置元音音质与声学参数之间的关系

图 3.59～3.61 分别为在 [ɐ] [ə] [i] [ɪ] [ɔ] [ɐː] [əː] [iː] [ɪː] [ɔː] 等元音之前出现的 [kʰ] 辅音三个共振峰和 VOT、音强比较图。可

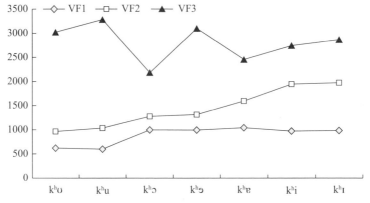

图 3.59 - 1 不同元音之前的 [kʰ] 辅音三个共振峰比较图 （M）

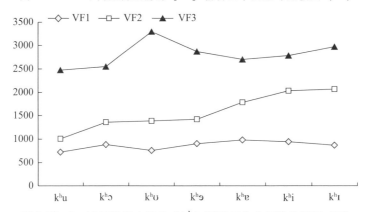

图 3.59 - 2 不同元音之前的 [kʰ] 辅音三个共振峰比较图 （F）

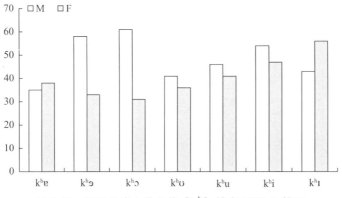

图 3.60 不同元音之前词首 [kʰ] 辅音 VOT 比较图

以看出，在［i］和［ɪ］等前元音之前［kʰ］的 CF2 频率比其他元音之前的要高。显然，这是受后置［i］和［ɪ］的舌位影响。

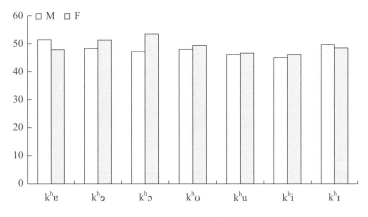

图 3.61 不同元音之前词首［kʰ］辅音音强比较图

6.4 词中位置与声学参数之间的关系

从表 3.16 中可以看到，男发音人所有［kʰ］辅音中只有 2 个出现在词首位置，占 1%；101 个是出现在词中音节首位置，占 65%；53 个出现在词中音节末位置，占 34%。女发音人所有［kʰ］辅音中只有 7 个出现在词首位置，占 3%；138 个出现在词中音节首位置，占 64%；69 个出现在词中音节末位置，占 33%。

从表 3.16 和图 3.62 中可以看出，男女发音人词首位置［kʰ］辅音 VOT 最长。无论在哪个位置上，［kʰ］辅音 GAP 的时长都比 VOT 相对长。

表 3.16 词中不同位置上［kʰ］辅音声学参数统计

		N	GAP	VOT	CD	CA	CF1	CF2	CF3
M	词首	2		52		42.5	873	1273	2800
	词中音节首	101	110	49	158	47.4	888	1519	2852
	词中音节末	53	119	25	129	61.6	756	1712	2743
F	词首	7		67		42.1	912	1410	2874
	词中音节首	138	69	39	109	48.5	897	1700	2778
	词中音节末	69	144	35	92.1	66.1	697	1780	2988

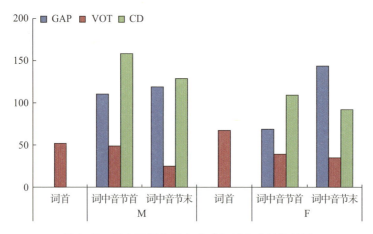

图 3. 62 词中不同位置上〔kʰ〕辅音音长比较图

（二）擦音

擦音指发音时两个器官靠近，不完全阻塞，形成一个缝隙，气流强行通过缝隙产生摩擦噪声。这是气流流经口腔某部位狭窄通道造成的湍流，所有的擦音在语图上都表现为乱纹。鄂温克语有〔s，ʃ，x〕等三个清擦音音位。

1. 〔s〕辅音

1.1 词中分布特征

表 3.17 为"统一平台"中〔s〕辅音出现频率统计。可以看出，〔s〕辅音以单辅音形式共出现了 153 次（M）和 184 次（F）。〔s〕辅音的 90% 左右是在词首和词中音节首出现，只有 10% 左右的〔s〕是在词中音节末出现。显然，该辅音主要是在词首和词中音节首位置上出现。

表 3. 17 〔s〕辅音出现频率统计

发音人 词中位置	M		F	
	出现次数	百分比	出现次数	百分比
共计	153		184	
词首	82	54%	100	54%
词中音节首	64	42%	74	40%
词中音节末	7	4%	10	6%

1.2　声学语图特点

1.2.1　声学语图

鄂温克语［s］辅音是舌尖齿、后龈、清擦音。图 3.61 为男发音人［seːlpɐn］"桦树"一词的波形图和三维语图、三层标注图。

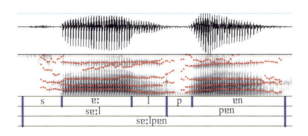

图 3.63　男发音人［seːlpɐn］"桦树"一词的波形图、
三维语图和三层标注图

1.2.2　共振峰分布模式

表 3.18 为男女发音人［s］辅音声学参数统计。图 3.64 为男女发音人［s］辅音第一、第二和第三共振峰的分布图，图 3.65 为男女发音人［s］辅音三个共振峰均值比较图。从表 3.18 中可以看出，女发音人［s］辅音的音长和音强比男发音人相对长而强。图 3.64 显示，女发音人的第二和第三共振峰频率（CF2、CF3）总体分布比男发音人相对高。男女发音人 CF1 均围绕 1000Hz，在 500～1500Hz 之间浮动。男发音人 CF2 围绕 2000Hz，在 1500～2500Hz 之间浮动；CF3 围绕 3300Hz，在 2500～4000Hz 之间浮动。而女发音人［s］辅音的 CF2 围绕 2200Hz，在 1500～2500Hz 之间浮动；CF3 围绕 3500Hz，在 3000～4000Hz 之间浮动。

表 3.18 和图 3.65 显示了两位发音人［s］辅音的三个共振峰频率均值范围，即 CF1 在 1000Hz 左右，CF2 在 1900～2100 Hz 之间，CF3 为 3200～3500 Hz 之间。女发音人的 CF2 和 CF3 比男发音人要高。

表 3.18　［s］辅音声学参数统计

	M					F				
	CD	CA	CF1	CF2	CF3	CD	CA	CF1	CF2	CF3
平均值	129	39.1	1024	1955	3269	141	45.7	985	2099	3449
标准差	46	6.3	320	412	462	28	5.6	282	254	369

续表

	M					F				
	CD	CA	CF1	CF2	CF3	CD	CA	CF1	CF2	CF3
变异系数	36%	16%	31%	21%	14%	20%	12%	29%	12%	11%
变化范围	289	57	1891	3657	4528	239	62	1786	3176	4396
	29	25	356	1301	2154	60	31	361	1231	2649

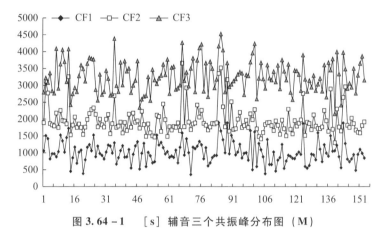

图 3.64 - 1　　 [s] 辅音三个共振峰分布图 (M)

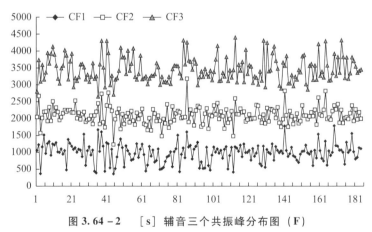

图 3.64 - 2　　 [s] 辅音三个共振峰分布图 (F)

1.2.3 词中位置与声学参数之间的关系

表 3.19 为词中不同位置上 [s] 辅音声学参数统计。图 3.66 ~ 3.68 为出现在词中不同位置上 [s] 辅音的共振峰、音长、音强均值比较图。从表和图中看出，[s] 辅音词中位置与其声学参数之间具有一定的相关性。例如，[s]

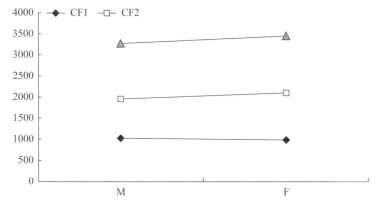

图 3.65 男女发音人 [s] 辅音三个共振峰均值比较图

辅音在词首位置上的第一和第二共振峰频率比其在词中音节末位置上的频率
要高。词首 [s] 的音强比其他位置上的音强要弱。

表 3.19 词中不同位置上 [s] 辅音声学参数统计

		N	CD	CA	CF1	CF2	CF3
	词首	82	102	34.93	1029	1960	3249
M	词中音节首	64	158	44.36	1033	1967	3290
	词中音节末	7	171	40.86	877	1784	3310
	词首	100	142	42.35	1096	2158	3529
M	词中音节首	74	141	49.41	832	2020	3372
	词中音节末	10	130	52.2	1010	2099	3221

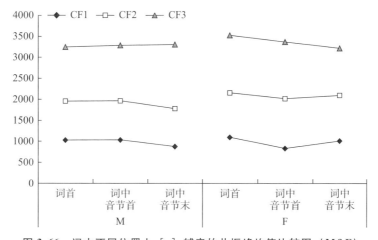

图 3.66 词中不同位置上 [s] 辅音的共振峰均值比较图 （M&F）

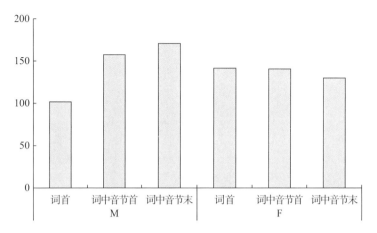

图 3.67　词中不同位置上［s］辅音的音长均值比较图（M&F）

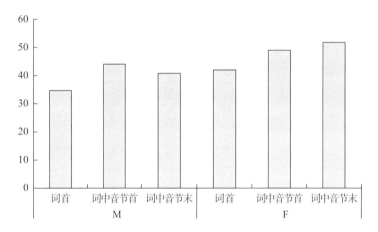

图 3.68　词中不同位置上［s］辅音的音强均值比较图（M&F）

1.2.4　后置元音音质与声学参数之间的关系

图 3.69～3.71 为在［ɐ］［ə］［e］［ɔ］［ʊ］［ɐː］［ie］［ɔː］［ɪː］
［uː］等元音之前［s］辅音的三个共振峰分布图和音长、音强比较图。从
图 3.69～3.71 中可以看出，后置元音音质与声学参数之间几乎没有相关性。
不过女发音人词首［s］辅音音长和音强比男发音人要长而强。

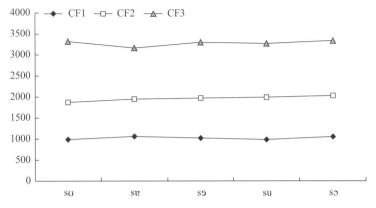

图 3.69 - 1　不同元音之前 [s] 辅音的三个共振峰分布图（M）

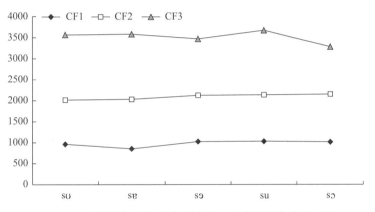

3.69 - 2　不同元音之前 [s] 辅音的三个共振峰分布图（F）

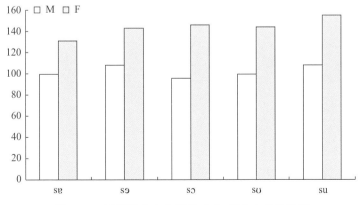

图 3.70　不同元音之前词首 [s] 辅音音长比较图

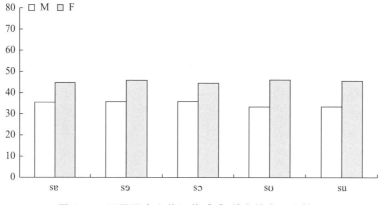

图 3.71　不同元音之前词首［s］辅音的音强比较图

2.　［ʃ］辅音

2.1　词中分布特征

表 3.20 为"统一平台"中出现的［ʃ］辅音出现频率统计。可以看出，［ʃ］辅音以单辅音形式共出现了 112 次（M）和 107 次（F）。该辅音主要在词中音节首位置和词首位置上出现。其中，词中音节首出现的频率最高，达到了 53%（M）和 63%（F）。该辅音很少在词中音节末出现（M：8 次，F：0 次）。显然，在词中音节末位置上出现的比例很低，也不出现在词末位置。

表 3.20　［ʃ］辅音出现频率统计

发音人 词中位置	M		F	
	出现次数	百分比	出现次数	百分比
共计	112		107	
词首	45	40%	40	37%
词中音节首	59	53%	67	63%
词中音节末	8	7%		

2.2　声学语图特点

2.2.1　声学语图

鄂温克语［ʃ］辅音是舌面前、龈脊、清擦音。图 3.72 为男发音人［ʃɪːkʰkʰɐːn］"小鸟"一词的波形图、三维语图和三层标注图。

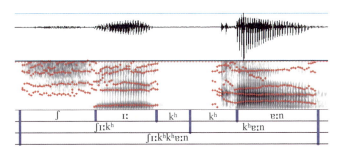

图 3.72　男发音人［ʃiːkʰkʰeːn］"小鸟"一词的波形图、
三维语图和三层标注图

2.2.2　共振峰分布模式

表 3.21 为男女发音人［ʃ］辅音声学参数统计。图 3.73 为男女发音人［ʃ］辅音第一、第二和第三共振峰的分布图，图 3.74 为男女发音人［ʃ］辅音三个共振峰均值比较图。从表 3.20 中可以看出，男女发音人［ʃ］辅音音长和音强差异较小。图 3.73 显示，男发音人共振峰（CF）频率总体上高于女发音人。如，男发音人［ʃ］辅音的共振峰分布模式为：CF1 围绕 1500Hz，在 1000～2000Hz 之间浮动；CF2 围绕 2600Hz，在 2000～3000Hz 之间浮动；CF3 围绕 3700Hz，在 3500～4000Hz 之间浮动。女发音人［ʃ］辅音的共振峰分布模式为：CF1 围绕 1000Hz，在 800～1400Hz 之间浮动；CF2 围绕 2300Hz，在 2000～2500Hz 之间浮动；CF3 围绕 3600Hz，在 3000～4000Hz 之间浮动。

表 3.21 和图 3.74 显示了两位发音人［ʃ］辅音三个共振峰的频率范围，即 CF1 在 1000～1500Hz 之间，CF2 为 2300～2600 Hz 之间，CF3 为 3300～3600 Hz 之间。男发音人共振峰（CF）频率均值比女发音人的要高。有关该问题有待进一步分析。

表 3.21　［ʃ］辅音声学参数统计

参数统计	M					F				
	CD	CA	CF1	CF2	CF3	CD	CA	CF1	CF2	CF3
平均值	156	48.4	1456	2636	3658	139	48.9	965	2306	3380
标准差	43.8	6.47	440	325	299	31	5.0	274	215	230
变异系数	28%	13%	30%	12%	8%	22%	10%	28%	9%	7%
变化范围	287	58	2529	3528	4205	244	62	1656	2947	4490
	73	25	259	1453	2462	41	38	321	1653	2847

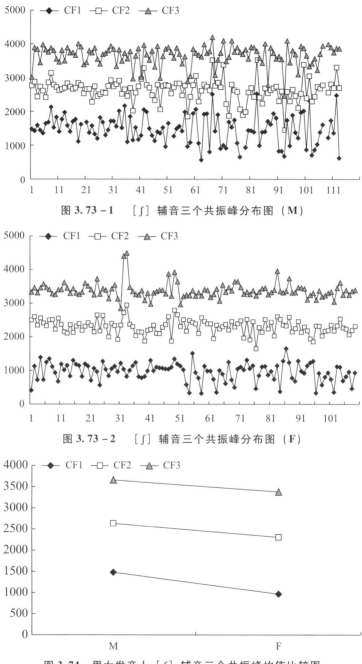

图 3.73 – 1　　［ʃ］辅音三个共振峰分布图（M）

图 3.73 – 2　　［ʃ］辅音三个共振峰分布图（F）

图 3.74　男女发音人［ʃ］辅音三个共振峰均值比较图

2.2.3　词中位置与声学参数之间的关系

表 3.22 为词中不同位置上［ʃ］辅音声学参数统计。图 3.75 ~ 3.77 为

出现在词中不同位置上［ʃ］辅音的共振峰、音长、音强均值比较图。从表和图中看出，［ʃ］辅音词中位置与其声学参数之间具有一定的相关性。例如，词首节［ʃ］的共振峰频率一般比其他位置上的相对多；词中音节首［ʃ］辅音音强比其他位置上的要强。

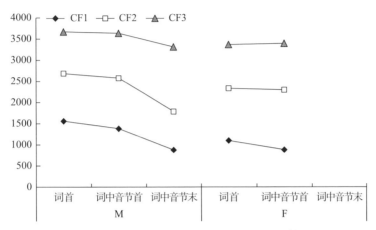

图 3.75　词中不同位置上［ʃ］辅音的共振峰均值比较图（M&F）

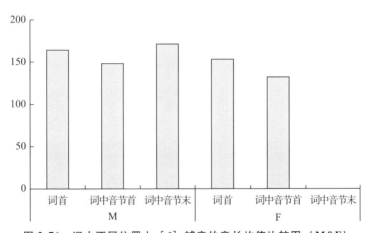

图 3.76　词中不同位置上［ʃ］辅音的音长均值比较图（M&F）

表 3.22　词中不同位置上［ʃ］辅音声学参数统计

		N	CD	CA	CF1	CF2	CF3
M	词首	45	164	43	1559	2687	3668
	词中音节首	59	148	51.8	1380	2576	3633
	词中音节末	8	171	40.86	877	1784	3310

续表

		N	CD	CA	CF1	CF2	CF3
F	词首	40	153	44.13	1099	2331	3364
	词中音节首	67	132	51.72	880	2293	3391
	词中音节末						

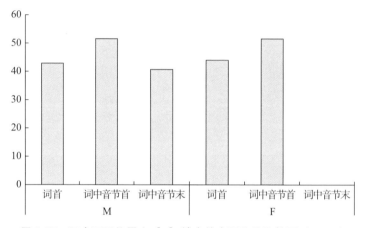

图 3.77　词中不同位置上 ［∫］ 辅音的音强均值比较图 （M&F）

2.2.4　后置元音音质与声学参数之间的关系

鄂温克语 ［∫］ 辅音主要在 ［i］［iː］［ɪ］［ɪː］［e］［eː］ 等元音之前出现，很少在其余元音之前出现。图 3.78 ~ 3.80 为不同元音之前 ［∫］ 辅音的三个共振峰、音长和音强比较图。可以看出，该辅音后置元音音质与其声学参数之间几乎没有相关性。

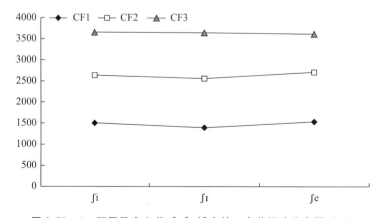

图 3.78 - 1　不同元音之前 ［∫］ 辅音的三个共振峰分布图 （M）

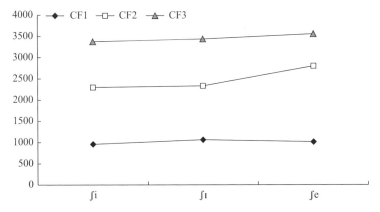

图 3.78 – 2　不同元音之前［ʃ］辅音的三个共振峰分布图（F）

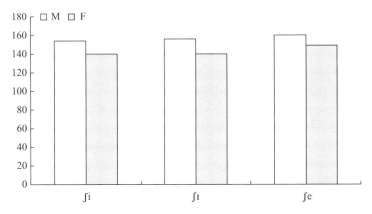

图 3.79　不同元音之前词首［ʃ］辅音的音长比较图

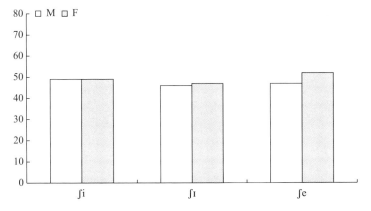

图 3.80　不同元音之前词首［ʃ］辅音的音强比较图

3. [x] 辅音

3.1 词中分布特征

表 3.23 为 [x] 辅音出现频率统计。可以看出，[x] 辅音以单辅音形式共出现了 306 次（M）和 326 次（F）。其中，约 60% 的 [x] 辅音是在词中音节首位置上出现的。显然，该辅音在词中音节首位置上出现的频率高于其在词首位置上出现的频率。

表 3.23　[x] 辅音出现频率统计

发音人 词中位置	M		F	
	出现次数	百分比	出现次数	百分比
共计	306		326	
词首	122	40%	135	41%
词中音节首	184	60%	191	59%
词中音节末				

3.2　声学语图特点

3.2.1　声学语图

鄂温克语 [x] 辅音是舌面后、软腭、清擦音。图 3.81 为男发音人 [xɪntɐ]"便宜"一词的波形图、三维语图和三层标注图。

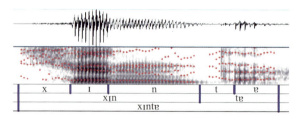

图 3.81　男发音人 [xɪntɐ]"便宜"一词的波行图、三维语图和三层标注图

3.2.2　共振峰分布模式

表 3.24 为男女发音人 [x] 辅音的参数统计。图 3.82 为男女发音人 [x] 辅音第一、第二和第三共振峰的分布图，图 3.83 为男女发音人 [x] 辅音三个共振峰频率均值比较图。从表 3.24 中可以看出，女发音人 [x]

辅音的音强比男发音人略强，而其第二、第三共振峰频率分布比男发音人相对高。男发音人［x］辅音的共振峰分布模式为，CF1 围绕 1000Hz，在 800～1400Hz 之间浮动；CF2 围绕 1700Hz，在 1400～2500Hz 之间浮动；CF3 围绕 3100Hz，在 2500～3500Hz 之间浮动。女发音人［x］辅音的共振峰分布模式为，CF1 围绕 1000Hz，在 800～1400Hz 之间浮动，CF2 围绕 1800Hz，在 1400～2500Hz 之间浮动；CF3 围绕 3200Hz，在 2500～3800Hz 之间浮动。

图 3.83 显示了男女发音人［x］辅音的三个共振峰频率范围，即 CF1 在 1000Hz 左右，CF2 为 1600～1800 Hz 之间，CF3 为 3100～3300 Hz 之间。女发音人第二、第三共振峰频率均值比男发音人相对要高。

表 3. 24　［x］辅音声学参数统计

参数统计	M					F				
	CD	CA	CF1	CF2	CF3	CD	CA	CF1	CF2	CF3
平均值	116	41.4	976	1678	3102	119	42.5	1009	1797	3211
标准差	39	6.8	295	462	452	25	5.8	369	534	514
变异系数	33%	16%	30%	28%	15%	21%	14%	37%	30%	16%
变化范围	348	57	1871	3115	4055	196	58	3182	3383	4845
	31	20	183	702	1798	43	26	161	918	1556

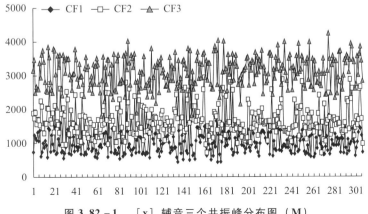

图 3. 82 - 1　［x］辅音三个共振峰分布图（M）

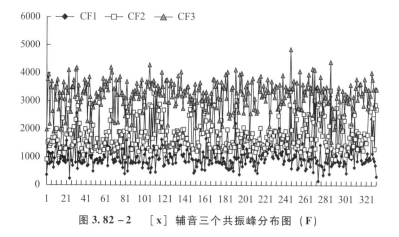

图 3.82 - 2 ［x］辅音三个共振峰分布图 （F）

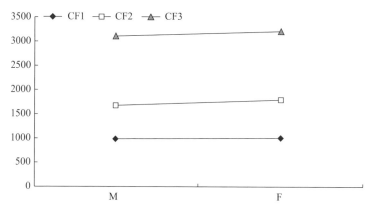

图 3.83 男女发音人 ［x］辅音的三个共振峰频率均值比较图

3.2.3 词中位置与声学参数之间的关系见表 3.25

表 3.25 不同位置上 ［x］辅音声学参数统计

		N	CD	CA	CF1	CF2	CF3
M	词首	122	92	36.25	1004	1635	3080
	词中音节首	184	132	44.84	967	1711	3123
	词中音节末						
F	词首	135	117	38.13	1056	1681	3151
	词中音节首	191	120	45.52	976	1886	3253
	词中音节末						

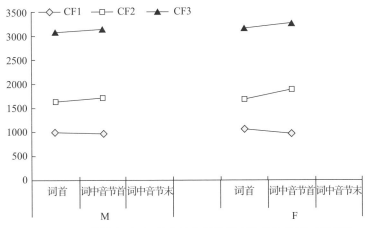

图 3.84　不同位置上 ［x］ 辅音的共振峰频率均值比较图 （M&F）

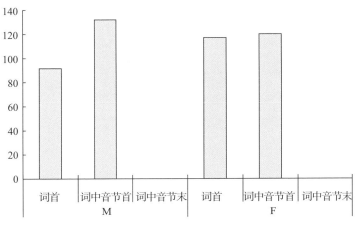

图 3.85　不同位置上 ［x］ 辅音的音长比较图 （M&F）

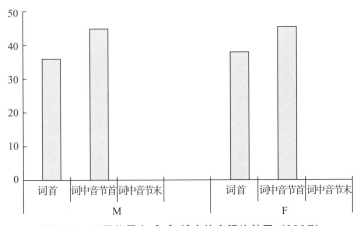

图 3.86　不同位置上 ［x］ 辅音的音强比较图 （M&F）

表3.25 为词中不同位置上［x］辅音的声学参数统计。图 3.84 ~ 3.86 为出现在词中不同位置上［x］辅音的共振峰频率、音长、音强均值比较图。从表和图中看出，词中位置与该辅音声学参数之间具有一定的相关性。例如，在词中音节首位置上的第二和第三共振峰频率、音长和音强都比其他位置的相对高、长、强。

3.2.4 后置元音音质与声学参数之间的关系

鄂温克语［x］辅音只出现在［ɐ］［ə］［ɐ:］［ə:］［i］［ɪ］［e］［ɔ］［ʊ］［o］［u］等元音之前。图 3.87 ~ 3.89 为［x］辅音在［ɐ］［ə］［i］［ɪ］［e］［ɔ］［ʊ］［o］［u］等元音之前的三个共振峰频率、音长和音强比较图。可以看出，后置元音音质与该辅音声学参数之间具有一定的相关性。如，在前元音［i］［ɪ］［e］等之前的［x］辅音第二共振峰频率比其他

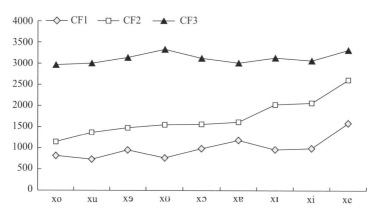

图 3.87 - 1　不同元音之前［x］辅音的三个共振峰比较图（M）

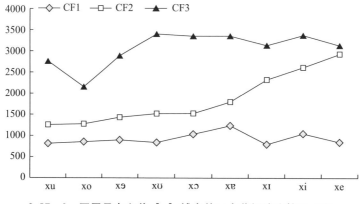

3.87 - 2　不同元音之前［x］辅音的三个共振峰比较图（F）

元音之前的要高。在［e］元音之前的音长比其他元音之前的相对长。另外，总体上女发音人音长和音强都比男发音人长而强。

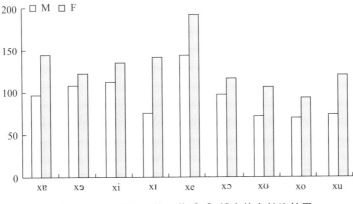

图 3.88　不同元音之前词首［x］辅音的音长比较图

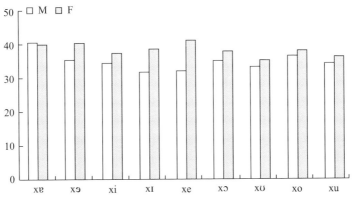

图 3.89　不同元音之前词首［x］辅音的音强比较图

（三）塞擦音

塞擦音的发音特点是：发音时主动发音器官和被动发音器官构成阻塞，气流不断在口腔内聚集，口腔内形成超压，发音时，口腔先开一缝隙，气流挤出缝隙产生摩擦，形成塞擦音。鄂温克语固有词中有［tʃ］［tʃʰ］等 2 个清塞擦音。

1. ［tʃ］辅音

1.1 词中分布特征

表 3.26 为［tʃ］辅音出现频率统计。可以看出，［tʃ］辅音以单辅音形式共出现了 111 次（M）和 132 次（F）。其中，在词首和词中音节首出现的频率较高。如在词首 M：62 次，占所有［tʃ］辅音的 56%；F：81 次占所有［tʃ］辅音的 61%。在词中音节首位置出现的频率也较高。如 M：42 次，占所有［tʃ］辅音的 38%；F：49 次占所有［tʃ］辅音的 39%。只有少数［tʃ］辅音在词中音节末出现。如 M：7 次，F：0 次。

表 3.26　［tʃ］辅音出现频率统计

单位：次

发音人 词中位置	M		F	
	出现次数	百分比	出现次数	百分比
共	111		132	
词首	62	56%	81	61%
词中音节首	42	38%	49	39%
词中音节末	7	6%		

1.2　声学语图特点

1.2.1　声学语图

鄂温克语［tʃ］辅音是舌面前、龈脊、不送气清塞擦音。图 3.90 为男发音人［tʃexʊn］"八"一词的波形图、三维语图和三层标注图。

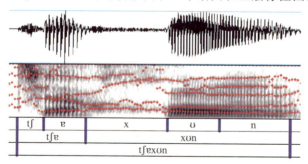

图 3.90　男发音人［tʃexʊn］"八"一词的波形图、三维语图和三层标注图

1.2.2　共振峰分布模式

表 3.27 为男女发音人［tʃ］辅音的参数统计。图 3.91 为男女发音人

［tʃ］辅音第一、第二和第三共振峰的分布图，图 3.92 为男女发音人［tʃ］
辅音三个共振峰均值比较图。显示了男女发音人［tʃ］辅音的三个共振峰的
频率范围，即 CF1 在 800～1000Hz 之间、CF2 为 2100～2300 Hz 之间、CF3
为 3100～3300 Hz 之间浮动。

表 3.27　［tʃ］辅音声学参数统计

参数 统计	M					F				
	VOT	CA	CF1	CF2	CF3	VOT	CA	CF1	CF2	CF3
平均值	46	48.76	1156	2344	3386			46.23	771	2119
标准差	20	6.3	449	455	391	16	10.2	6.7	235	338
变异系数	44%	13%	39%	19%	12%	43%	20%	15%	30%	16%
变化 范围	185	69	2284	3225	4329	182	74	72	1555	3125
	18	35	193	892	2140	15	34	32	295	920

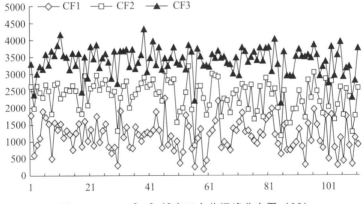

图 3.91 - 1　［tʃ］辅音三个共振峰分布图（M）

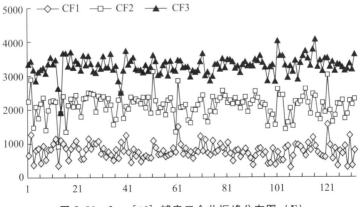

图 3.91 - 2　［tʃ］辅音三个共振峰分布图（F）

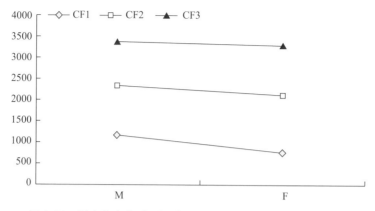

图 3.92　男女发音人［tʃ］辅音的三个共振峰频率均值比较图

从表 3.27 中可以看出，［tʃ］辅音的 VOT（因为词首塞音的 GAP 无法测量），大概在 30～40 毫秒左右，女发音人音强 CA 数据略大于男发音人音强数据。图 3.93 显示，男发音人 CF 频率总体上略高于女发音人的 CF 的频率。男女发音人［tʃ］辅音的共振峰分布模式基本相同，即 CF1 围绕 800Hz，在 500～1200Hz 之间上下浮动；CF2 围绕 2100Hz，在 2000～2400Hz 之间上下浮动；CF3 围绕 3300Hz，在 3200～3500Hz 之间上下浮动。

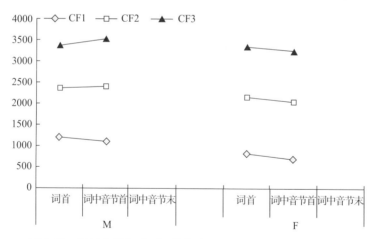

图 3.93　不同位置上［tʃ］辅音的共振峰均值比较图（M&F）

1.2.3　词中位置与声学参数之间的关系

表 3.28 为词中不同位置上的［tʃ］辅音参数统计。图 3.94、图 3.95 为出现在词中不同位置上［tʃ］辅音的音长、音强均值比较图。音强方面［tʃ］辅音在词中音节首位置时其音强强于词首位置。VOT 数据上男发音人

女发音人未能呈现有规律的分布。

表 3.28 不同位置上 [tʃ] 辅音的声学参数统计

		GAP	VOT	CD	CA	CF1	CF2	CF3
M	词首		44		45.76	1204	2358	3353
	词中音节首	66	49	113	50.81	1121	2408	3510
	词中音节末							
F	词首		38		43.52	825	2152	3332
	词中音节首	55	37	95	49.82	696	2070	3242
	词中音节末							

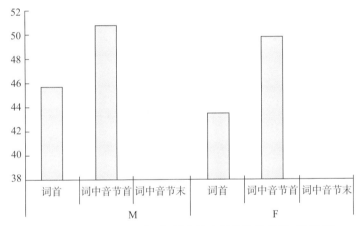

图 3.94 不同位置上 [tʃ] 辅音的音强均值比较图（M&F）

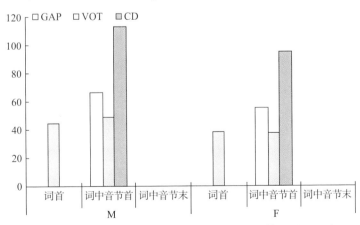

图 3.95 不同位置上 [tʃ] 辅音的音长均值比较图（M&F）

1.2.4 后置元音音质与声学参数之间的关系

图 3.96 ~ 3.98 分别为［ɐ］［ə］［i］［ɪ］［e］［ɔ］［ʊ］［u］［ɐː］［əː］［iː］［ɪː］［ɔː］［ʊː］［uː］之前［tʃ］辅音的三个共振峰分布图及音长、音强比较图。可以看出，［tʃ］辅音与其后置元音音质之间几乎没有相关性。

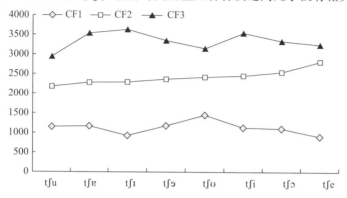

3. 96 － 1　不同元音之前［tʃ］辅音的三个共振峰分布图（M）

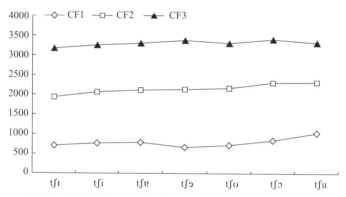

3. 96 － 2　不同元音之前［tʃ］辅音的三个共振峰分布图（F）

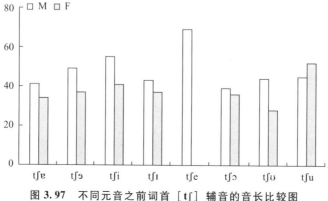

图 3. 97　不同元音之前词首［tʃ］辅音的音长比较图

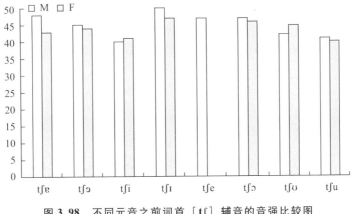

图 3.98 不同元音之前词首 [tʃ] 辅音的音强比较图

2. [tʃʰ] 辅音

2.1 词中分布特征

在"统一平台"中 [tʃʰ] 辅音共出现了 118 次（M）和 143 次（F），以单辅音形式出现。其中，单辅音形式出现在词首、词中音节首、词中音节末等位置。鄂温克语 [tʃʰ] 辅音不出现在词末位置。在所有 [tʃʰ] 辅音中，大多数 [tʃʰ] 辅音在词中音节首和词中音节末位置上出现。如 M：65 和 51 次，F：77 和 60 次；少数 [tʃʰ] 辅音在词首位置上出现。如 M：2 次，F：6 次。显然，该辅音主要在词中音节首位置和词中音节末位置上出现，在词首位置上出现的比例很低，在词末位置不出现。请见表 3.29。

表 3.29 [tʃʰ] 辅音出现频率统计

发音人 词中位置	M		F	
	出现次数	百分比	出现次数	百分比
共	118		143	
词首	2	2%	6	4%
词中音节首	65	55%	77	54%
词中音节末	51	43%	60	42%

2.2 声学语图特点

2.2.1 声学语图

鄂温克语 [tʃʰ] 辅音是舌面前、龈脊、送气清塞擦音。图 3.99 为男发音人［ɐntʃʰɪn］"脸颊"一词的波形图、三维语图和三层标注图。

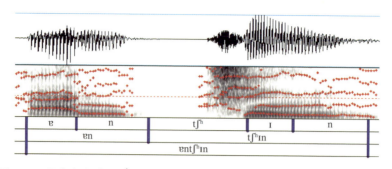

图 3.99　男发音人［ɐntʃʰɪn］"脸颊"一词的波形图、三维语图和三层标注图

2.2.2　共振峰分布模式

表 3.30 为男女发音人［tʃʰ］辅音声学参数统计。图 3.100 为男女发音人［tʃʰ］辅音第一、第二和第三共振峰的分布图。图 3.101 为男女发音人［tʃʰ］辅音三个共振峰均值比较图。从表 3.30 中可以看出，男发音人［tʃʰ］辅音的 VOT 和共振峰频率都比女发音人相对长而高。图 3.100 显示，男发音人三个共振峰频率都比女发音人要高。男发音人［tʃʰ］辅音共振峰的分布模式为 CF1 围绕 1000Hz，在 500～1500Hz 之间浮动；CF2 围绕 2200Hz，在 1500～2800Hz 之间浮动；CF3 围绕 3200Hz，在 2500～3800Hz 之间浮动。而女发音人［tʃʰ］辅音共振峰的分布模式为 CF1 围绕 800Hz，在 500～1300Hz 之间浮动；CF2 围绕 2000Hz，在 1500～2500Hz 之间浮动；CF3 围绕 3200Hz，在 2500～3800Hz 之间浮动。

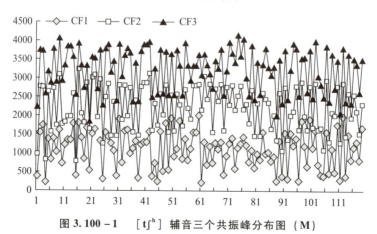

图 3.100 - 1　［tʃʰ］辅音三个共振峰分布图（M）

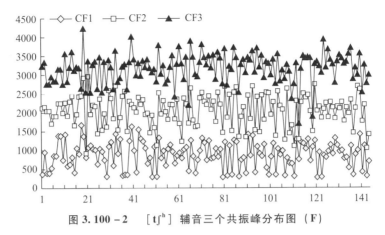

图 3.100 – 2　［tʃʰ］辅音三个共振峰分布图（F）

表 3.30 和图 3.101 显示了男女发音人［tʃʰ］辅音的三个共振峰的频率范围。即 CF1 在 800～1000Hz 之间，CF2 为 2000～2300 Hz 之间，CF3 为 3100～3300 Hz 之间。

表 3.30　［tʃʰ］辅音声学参数统计

参数统计	M					F				
	VOT	CA	CF1	CF2	CF3	VOT	CA	CF1	CF2	CF3
平均值	81	56.4	1104	2209	3236	66	57.1	875	2058	3179
标准差	43.3	9.4	485	591	569	20	8.9	344	417	394
变异系数	54%	17%	44%	27%	18%	31%	16%	39%	20%	12%
变化范围	193	78	2010	3243	4157	108	73	1669	2960	4237
	13	30	217	787	1855	13	38	272	920	1705

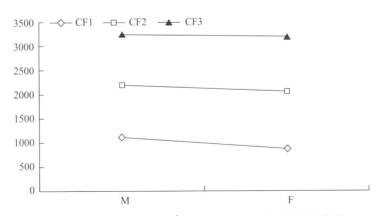

图 3.101　男女发音人［tʃʰ］辅音的三个共振峰均值比较图

2.2.3　词中位置与声学参数之间的关系

　　表 3.31 为词中不同位置上的 [ʧ] 辅音的声学参数统计。图 3.102 ~
3.104 为出现在词中不同位置上 [ʧ] 辅音的共振峰、音长、音强均值比
较图。可以看出，词中位置与该辅音声学参数之间具有一定的相关性。
如，词中音节首 [ʧ] 辅音的共振峰频率和音强比其他位置上的要
高、强。

表 3.31　不同位置上 [ʧʰ] 辅音的声学参数统计

		GAP	VOT	CD	CA	CF1	CF2	CF3
M	词首		53		39.5	855	2037	3180
	词中音节首	89	82	170	51.22	1402	2612	3573
	词中音节首	89	82	170	51.22	1402	2612	3573
F	词首		75		44.17	934	2192	3359
	词中音节首	56	65	121	50.94	1010	2264	3357
	词中音节末		84					

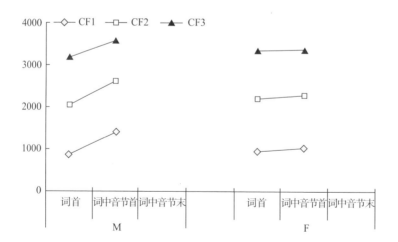

图 3.102　不同位置上 [ʧʰ] 辅音的共振峰
频率均值比较图 （M&F）

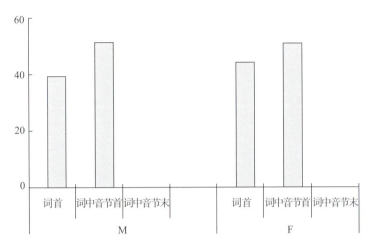

图 3.103　不同位置上〔tʃʰ〕辅音的音强
均值比较图（M&F）

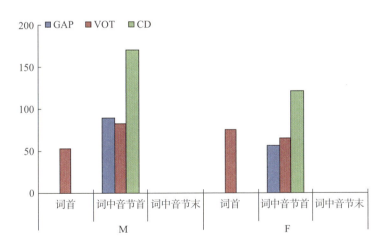

图 3.104　不同位置上〔tʃʰ〕辅音的音长
均值比较图（M&F）

2.2.4　后置元音音质与声学参数之间的关系

图 3.105～3.107 为〔ɐ〕〔ə〕〔i〕〔ɪ〕〔e〕〔ɔ〕〔ʊ〕〔u〕等元音之前的〔tʃʰ〕辅音三个共振峰频率、音长和音强比较图。可以看出，词中位置与该辅音声学参数之间几乎没有相关性。

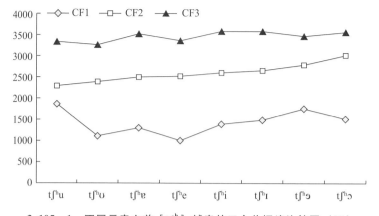

3. 105 - 1 不同元音之前［tʃʰ］辅音的三个共振峰比较图（M）

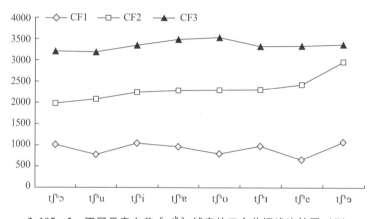

3. 105 - 2 不同元音之前［tʃʰ］辅音的三个共振峰比较图（F）

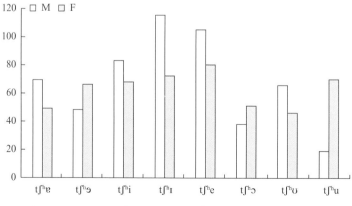

图 3. 106 不同元音之前词首［tʃʰ］辅音的 VOT 比较图

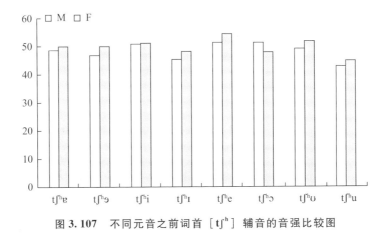

图 3.107　不同元音之前词首［tʃʰ］辅音的音强比较图

（四）鼻音

鼻音的发音特点是：发音时口腔里形成的阻碍，完全闭塞，但软腭下降，打开气流通往鼻腔的通道，口腔内阻塞的气流顺利地从鼻腔出去，形成鼻音。鼻音是浊音性的，发音时声带振动产生周期性声波。鄂温克语有［n］［m］［ŋ］等 3 个鼻音。

1. ［n］辅音

1.1　词中分布特征

表 3.32 是［n］辅音出现频率统计。可以看出，［n］辅音以单辅音形式共出现了 331 次（M）和 358 次（F）。显然，鄂温克语中［n］是出现频率相对高的辅音。该辅音在词末出现的比例相对较高，男女发音人分别达到了 31%（M）和 26%（F）。词首和音节首、词末和音节末出现的比例较接近。

表 3.32　［n］辅音出现频率统计

发音人 词中位置	M		F	
	出现次数	百分比	出现次数	百分比
共计	331		358	
词首	68	21%	78	22%
词中音节首	89	27%	108	30%

续表

词中位置\发音人	M		F	
	出现次数	百分比	出现次数	百分比
词中音节末	70	21%	78	22%
词末	104	31%	94	26%

1.2 声学语图特点

1.2.1 声学语图

鄂温克语 ［n］ 辅音为龈、舌叶鼻辅音。图 3.108 为男发音人 ［nəlkʰi］"春天"一词的波形图、三维语图和三层标注图实例。

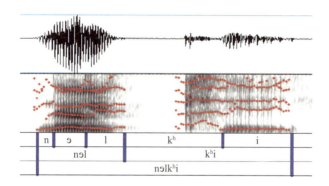

图 3.108　男发音人 ［nəlkʰi］"春天"一词的波形图、
三维语图和三层标注图

1.2.2 共振峰分布模式

表 3.33 为男女发音人 ［n］ 辅音的声学参数统计。图 3.109 为男女发音人 ［n］ 辅音第一、第二和第三共振峰的分布图，图 3.110 为男女发音人 ［n］ 辅音三个共振峰均值比较图。从表 3.33 中可以看出，女发音人 ［n］ 辅音的音强和第二、第三共振峰频率（VF2、VF3）比男发音人相对强、高。图 3.109 显示，男女发音人的共振峰频率（VF）分布模式基本上一致。如，VF1 围绕在 400Hz，在 250～500Hz 之间浮动；VF2 围绕 1500Hz，在 1000～2000Hz 之间浮动。男发音人 VF3 围绕 2500Hz，在 2000～3000Hz 之间浮动，而女发音人 VF3 围绕 2750Hz，在 2500～3200Hz 之间浮动。

表 3.33 和图 3.110 显示了两位发音人 ［n］ 辅音的三个共振峰的频率范围，即 VF1 在 400Hz 左右，VF2 为 1500 Hz 左右，VF3 为 2500～2800Hz 之间。

表 3. 33　　［n］辅音声学参数统计

参数 统计	M					F				
	CD	CA	VF1	VF2	VF3	CD	CA	VF1	VF2	VF3
平均值	119	57.9	412	1465	2481	92	61.5	398	1547	2763
标准差	63.7	3.8	176	332	334	26	4.6	96.8	508	255
变异系数	53%	7%	43%	23%	13%	28%	7%	24%	33%	9%
变化范围	378	68	1920	3183	3888	180	72	1128	2924	4157
	17	45	217	709	1398	31	47	186	386	1737

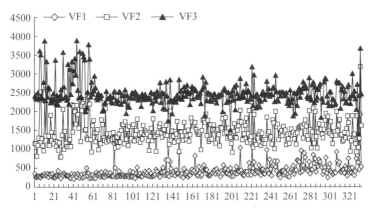

图 3. 109 – 1　　［n］辅音三个共振峰分布图（M）

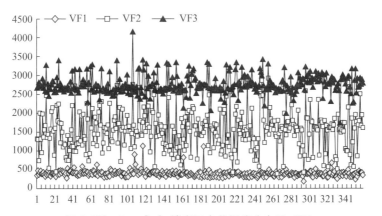

图 3. 109 – 2　　［n］辅音三个共振峰分布图（F）

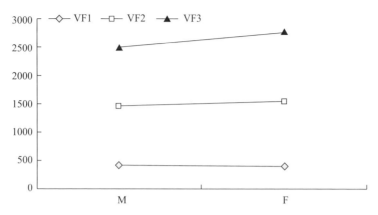

图 3.110　男女发音人［n］辅音三个共振峰均值比较图

1.2.3　词中位置与声学参数之间的关系

表 3.34 为词中不同位置上［n］辅音声学参数统计。图 3.111～3.113 为出现在词中不同位置上［n］辅音的共振峰频率、音长、音强均值比较图。词中位置与该辅音声学参数之间具有一定的相关性。男女发音人词末第一共振峰频率（VF1）比其他位置上的要高，而该位置上的第二共振峰频率（VF2）比其他位置上的要低。在音长方面，词首位置出现的［n］辅音音长相对短，词中音节末出现的［n］辅音音长相对长。在词中音节首出现的［n］辅音音强比其他位置上的要强。

表 3.34　不同位置上［n］辅音声学参数统计

		CD	CA	VF1	VF2	VF3
M	词首	48	53	305	1513	2711
	词中音节首	98	60	367	1442	2382
	词中音节末	141	59	395	1460	2428
	词末	170	59	518	1439	2441
F	词首	78	59	381	1584	2773
	词中音节首	81	65	372	1636	2753
	词中音节末	107	63	374	1618	2806
	词末	58	64	464	1357	2729

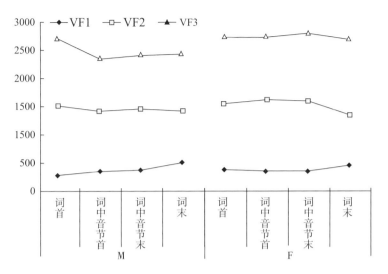

图 3.111 不同位置上［n］辅音的共振峰均值比较图（M&F）

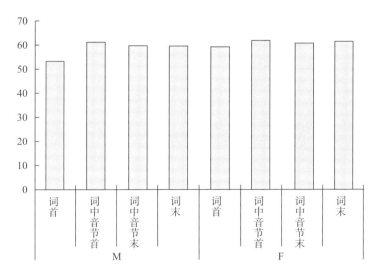

图 3.112 不同位置上［n］辅音的音强均值比较图（M&F）

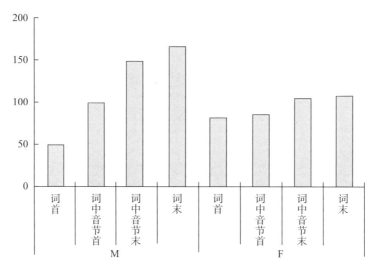

图 3.113　不同位置上 [n] 辅音的音长均值比较图 （M&F）

1.2.4　后置元音音质与声学参数之间的关系

图 3.114~3.116 分别为 [ɐ] [ə] [e] [i] [ɪ] [ɔ] [ʊ] [u] 等短元音之前 [n] 辅音的三个共振峰频率、音长、音强比较数据。可以看出，后置元音音质与该辅音声学参数之间几乎没有相关性。女发音人音强比男发音人音强要强。

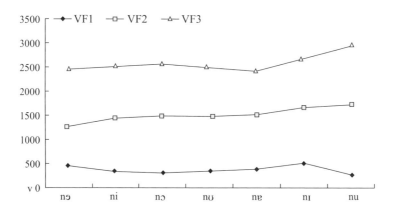

图 3.114-1　不同元音之前 [n] 辅音的三个共振峰比较图 （M）

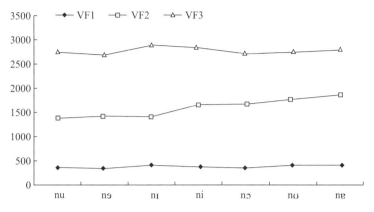

图 3.114 - 2　不同元音之前 [n] 辅音的三个共振峰比较图（F）

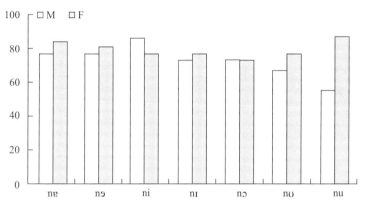

图 3.115　不同元音之前词首 [n] 辅音的音长比较图

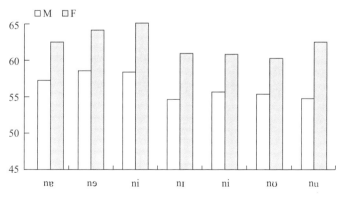

图 3.116　不同元音之前词首 [n] 辅音的音强比较图

2. ［m］辅音

2.1　词中分布特征

表 3.35 为 ［m］辅音出现频率统计。可以看出，在 "统一平台" 中 ［m］辅音以单辅音形式共出现了 191 次 （M） 和 198 次 （F），也是出现频率较高的辅音，主要在词首和词中音节首 （该位置上出现的频率最高） 出现，词中音节末和词末出现频率较少。

表 3.35　［m］辅音出现频率统计

发音人 词中位置	M		F	
	出现次数	百分比	出现次数	百分比
共计	191		198	
词首	71	37%	78	39%
词中音节首	93	49%	101	51%
词中音节末	25	13%	19	10%
词末	2	1%		

2.2　声学语图特点

2.2.1　声学语图

鄂温克语 ［m］辅音为双唇鼻辅音。图 3.117 为男发音人 ［mɔ:］ "木头" 一词的波形图、三维语图和三层标注图。

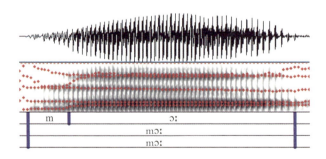

图 3.117　男发音人 ［mɔ:］ "木头" 一词的波形图、三维语图和三层标注图

2.2.2　共振峰分布模式

表 3.36 为男女发音人 ［m］辅音的声学参数统计。图 3.118 为男女发音人 ［m］辅音第一、第二和第三共振峰的分布图，图 3.119 为男女两位发

音人［m］辅音三个共振峰频率均值比较图。从表 3.36 中可以看出，女发音人［m］辅音的 VF1 频率比男发音人相对低，VF3 频率比男发音人相对高。图 3.118 显示，男女发音人［m］辅音的共振峰分布模式基本相同，即 VF1 围绕 400Hz，在 300～500Hz 之间浮动；VF2 围绕 1400Hz，在 1000～2000Hz 之间浮动；男发音人 VF3 围绕 2400Hz，在 2000～2500Hz 之间浮动，女发音人 VF3 围绕 2800Hz，在 2500～3000Hz 之间浮动。

　　表 3.33 和图 3.119 显示了男女发音人［m］辅音的三个共振峰的频率范围，即 VF1 在 300～500Hz 之间，VF2 为 1000～1800 Hz 之间，VF3 为 2000～2500 Hz（M），2500～3000 Hz（F）之间。

表 3.36　　［m］辅音声学参数统计

参数 统计	M					F				
	CD	CA	VF1	VF2	VF3	CD	CA	VF1	VF2	VF3
平均值	87	56.9	435	1397	2398	82	62.5	339	1411	2795
标准差	39	4.60	263	401	319	24	4.15	92.9	319	188
变异系数	45%	8%	61%	29%	13%	29%	7%	27%	23%	7%
变化 范围	219	67	1119	2456	3705	182	71	1177	2846	3811
	18	38	130	640	1922	32	53	90	495	2257

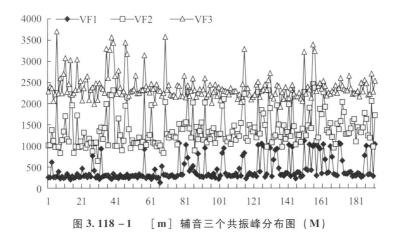

图 3.118 – 1　　［m］辅音三个共振峰分布图（M）

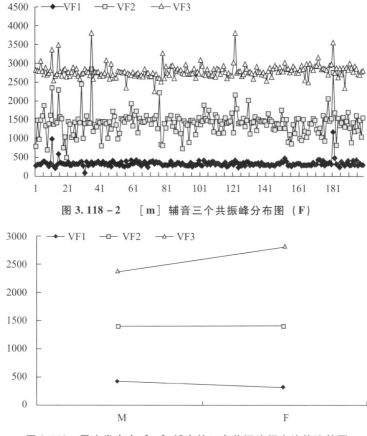

图 3. 118 - 2　　［m］辅音三个共振峰分布图（F）

图 3. 119　　男女发音人［m］辅音的三个共振峰频率均值比较图

2.2.3　词中位置与声学参数之间的关系

表 3. 37 为词中不同位置上的［m］辅音声学参数统计。图 3. 120 ~ 3. 122 为出现在词中不同位置上［m］辅音的共振峰、音长、音强均值比较图。词中位置与该辅音声学参数之间具有一定的相关性。词首［m］辅音音长比其他位置上的音长要短。

表 3. 37　不同位置上［m］辅音声学参数统计

		CD	CA	VF1	VF2	VF3
M	词首	51	53	311	1282	2503
	词中音节首	102	601	504	1474	2328
	词中音节末	128	59	507	1437	2361
	词末	118	59	659	1438	2343

续表

		CD	CA	VF1	VF2	VF3
M	词首	79	59	335	1363	2776
	词中音节首	80	65	342	1441	2816
	词中音节末	105	64	346	1453	2767
	词末					

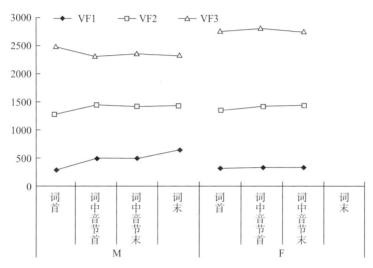

图 3.120　不同位置上［m］辅音的共振峰均值比较图（M&F）

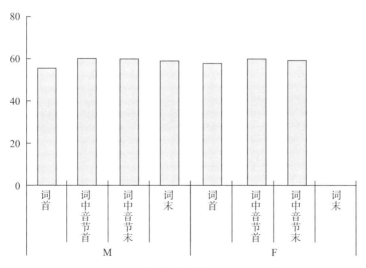

图 3.121　不同位置上［m］辅音的音强均值比较图（M&F）

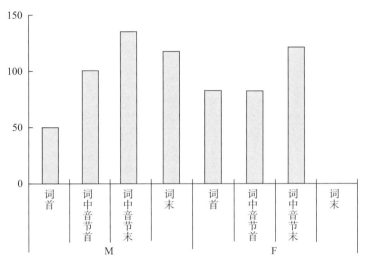

图 3.122 不同位置上［m］辅音的音长均值比较图（M&F）

2.2.4 后置元音音质与声学参数之间的关系

图 3.123～3.125 为在［ɐ］［ə］［i］［ɪ］［e］［ɔ］［ʊ］［o］［u］等元音之前出现的［m］辅音三个共振峰、音长和音强比较图。可以看出，［m］辅音在［i］［ɪ］等前元音之前的第二共振峰频率比其他元音之前的要高。男发音人数据说明，这种相关性相对不稳定。女发音人［m］辅音音强比男发音人要强。

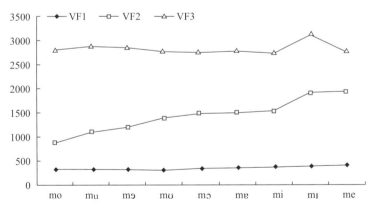

图 3.123－1 不同元音之前［m］辅音的三个共振峰比较图（M）

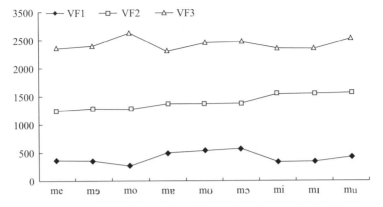

图 3.123 - 2　不同元音之前 ［m］ 辅音的三个共振峰比较图（F）

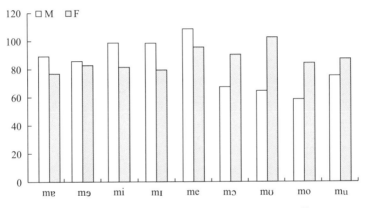

图 3.124　不同元音之前词首 ［m］ 辅音的音长比较图

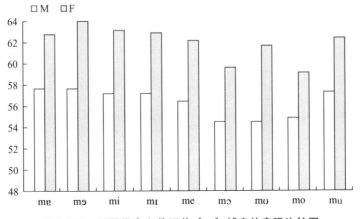

图 3.125　不同元音之前词首 ［m］ 辅音的音强比较图

3. ［ŋ］辅音

3.1 词中分布特征

表 3.38 为［ŋ］辅音出现频率统计。在"统一平台"中［ŋ］辅音以单辅音形式共出现了 551 次（M）和 560 次（F）。显然，该辅音出现频率相对较高。其中，［ŋ］辅音在词末出现的比例最高，达到了 77%（M）和73%（F）。词中音节首也出现了 6%（M）和 7%（F）。这是鄂温克语［ŋ］辅音的一个重要特点。

表 3.38 ［ŋ］辅音出现频率统计表

发音人　　　　词中位置	M		F	
	出现次数	百分比	出现次数	百分比
共	551		560	
词首				
词中音节首	33	6%	39	7%
词中音节末	94	17%	115	21%
词末	424	77%	406	73%

3.2. 声学语图特点

3.2.1 声学语图

鄂温克语［ŋ］辅音软腭、舌面后鼻辅音。图 3.126 为男发音人［ʊteŋ］"雨"一词的波形图、三维语图和三层标注图。

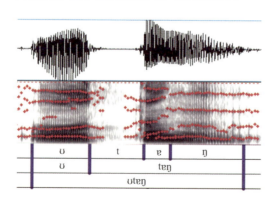

图 3.126　男发音人［ʊteŋ］"雨"一词的波形图、三维语图和三层标注图

3.2.2　共振峰分布模式

表 3.39 为男女发音人 [ŋ] 辅音的声学参数统计。图 3.127 为男女发音人 [ŋ] 辅音第一、第二和第三共振峰的分布图，图 3.128 为男女发音人 [ŋ] 辅音三个共振峰均值比较图。从表 3.39 中可以看出，男发音人 [ŋ] 辅音的音长比女发音人的要长，男女发音人 [ŋ] 辅音音强差异性较小。男发音人 VF1 和 VF2 的频率比女发音人要高，男发音人 VF3 频率比女发音人的要低。

表 3.39　　[ŋ] 辅音声学参数统计

参数 统计	M					F				
	CD	CA	VF1	VF2	VF3	CD	CA	VF1	VF2	VF3
平均值	172	59.0	540	1483	2455	102	58.58	438	1304	2760
标准差	70.4	2.94	206	345	239	33	4.28	90.3	302	188
变异系数	41%	5%	38%	23%	10%	32%	7%	21%	23%	7%
变化范围	390	69	1414	2297	3824	275	71	1157	3034	4227
	36	40	146	738	1730	31	35	206	385	2286

图 3.127 显示，男女发音人的共振峰分布模式有差异性。如，男发音人 VF1 围绕 500Hz，300Hz ~ 800Hz 之间浮动；VF2 围绕 1500Hz，在 1500 ~ 2000Hz 之间浮动；VF3 围绕 2500Hz，在 2000 ~ 3000Hz 之间浮动。女发音人 VF1 围绕 400Hz，在 300Hz ~ 600Hz 之间浮动；VF2 围绕 1300Hz，在 1000 ~ 1500Hz 之间浮动；VF3 围绕 2700Hz，在 2500 ~ 3000Hz 之间浮动。

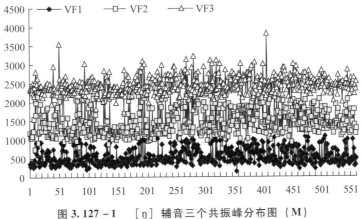

图 3.127 – 1　　[ŋ] 辅音三个共振峰分布图（M）

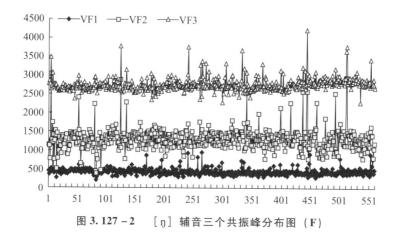

图 3. 127 - 2　[ŋ] 辅音三个共振峰分布图（F）

图 3. 128　男女发音人 [ŋ] 辅音的三个共振峰频率均值比较图

图 3. 128 显示了男女发音人 [ŋ] 辅音的三个共振峰的频率范围，即 VF1 在 300 ~ 500Hz 之间，VF2 为 1200 ~ 1500 Hz 之间，VF3 为 2300 ~ 2800 Hz 之间。女发音人 VF1 和 VF2 均值频率比男发音人要低，而 VF3 频率比男发音人要高。女发音人后一个特征，即 VF3 频率相对高是鼻音的总体特征。请见女发音人 [n] 和 [m] 辅音的 VF3 频率。

3. 2. 3　词中位置与声学参数之间的关系

表 3. 40 为词中不同位置上 [ŋ] 辅音的声学参数统计。图 3. 129 ~ 3. 131 为出现在词中不同位置上 [ŋ] 辅音的共振峰频率、音长、音强均值比较图。词中位置与该辅音声学参数之间具有一定的相关性。鄂温克语 [ŋ] 辅音音长分布模式为词中音节首 ＜ 词中音节末 ＜ 词末。

表 3.40　不同位置上［ŋ］辅音的声学参数统计

		CD	CA	VF1	VF2	VF3
M	词首					
	词中音节首	61	60	477	1429	2384
	词中音节末	113	60	494	1449	2425
	词末	194	59	555	1495	2467
F	词首					
	词中音节首	44	65	411	1263	2757
	词中音节末	85	60	420	1400	2832
	词末	113	58	445	1281	2740

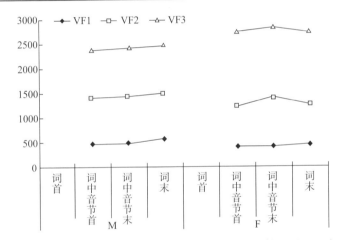

图 3.129　不同位置上［ŋ］辅音的共振峰均值比较图（M&F）

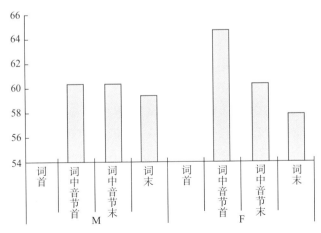

图 3.130　不同位置上［ŋ］辅音的音强均值比较图（M&F）

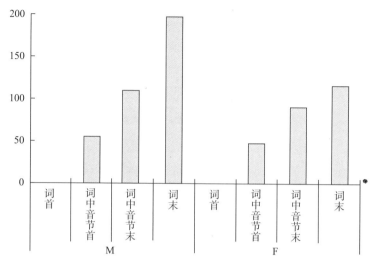

图 3.131   不同位置上 [ŋ] 辅音的音长均值比较图 (M&F)

3.2.4   后置元音音质与声学参数之间的关系

图 3.132 ~ 3.134 为在 [ɐ] [ə] [i] [ɿ] [ɔ] [ʊ] [u] 等元音之前
[ŋ] 辅音的三个共振峰频率、音长和音强比较图。可以看出，后置元音音
质与该辅音声学参数之间几乎没有相关性。男发音人 [ŋ] 辅音音长比女发
音人音长要长，而音强比女发音人要弱。

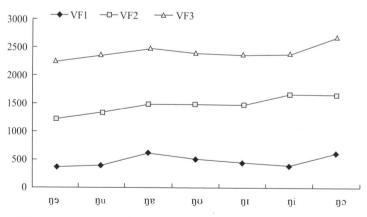

图 3.132 - 1   不同元音之前 [ŋ] 辅音的三个共振峰比较图 (M)

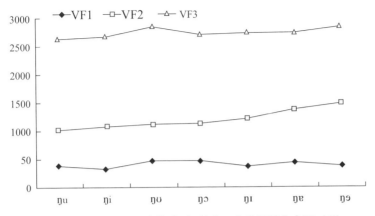

图 3.132 – 2 元音之前的［ŋ］辅音三个共振峰分布图（F）

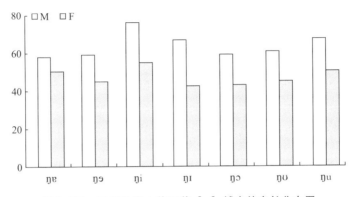

图 3.133 不同元音之前词首［ŋ］辅音的音长分布图

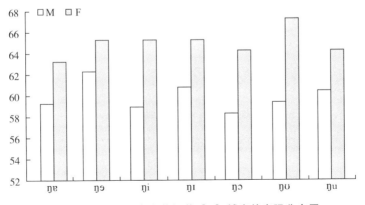

图 3.134 不同元音之前词首［ŋ］辅音的音强分布图

（五）边音

边音的发音特点是：发音时舌尖形成阻碍，不让气流通过，气流从舌头两边空隙流出。边音同鼻音一样是浊音。鄂温克语有 1 个边音 [l]。

1. 词中分布特征

表 3.41 为 [l] 辅音出现频率统计。可以看出在"统一平台"中 [l] 辅音以单辅音形式共出现了 345 次（M）和 395 次（F）。显然，该辅音出现频率相对较高。鄂温克语 [l] 辅音主要在词首（M：36%，F：34%）和词中音节首（M：50%，F：52%）出现。出现在词末位置上的男女比例均为 6%。

表 3.41　[l] 辅音出现频率统计

发音人 词中位置	M		F	
	出现次数	百分比	出现次数	百分比
共	345		395	
词首	125	36%	135	34%
词中音节首	170	50%	204	52%
词中音节末	29	8%	30	8%
词末	21	6%	26	6%

2. 声学语图特点

2.1　声学语图

鄂温克语 [l] 辅音为双唇鼻辅音。图 3.135 为男发音人 [ɡerele]"吃饱"一词的波形图、三维语图和三层标注图。

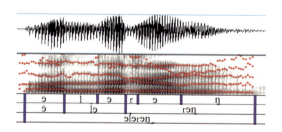

图 3.135　男发音人 [ɡerele]"吃饱"一词的波形图、三维语图和三层标注图

2.2 共振峰分布模式

表 3.42 为男女发音人 [1] 辅音的声学参数统计。图 3.136 为男女发音人 [1] 辅音第一、第二和第三共振峰的分布图，图 3.137 为男女发音人 [1] 辅音三个共振峰均值比较图。从表 3.42 中可以看出，男发音人 [1] 辅音的音长比女发音人的要长。女发音人的 VF2 和 VF3 频率都比男发音人相对高。图 3.136 显示，男女发音人共振峰分布模式有所差异。如，男女发音人 VF1 围绕 300Hz 在 200～500Hz 之间浮动。男发音人 VF2 围绕 1500Hz，在 1500～2000Hz 之间浮动，而女发音人 VF2 围绕 1700Hz，在 1500～2000Hz 之间浮动。男发音人 VF3 围绕 2500Hz，在 2000～3000Hz 之间浮动，而女发音人 VF3 围绕 2900Hz，在 2000～3500Hz 之间浮动。

图 3.137 显示了男女发音人 [1] 辅音的三个共振峰的频率范围，即 VF1 在 300～500Hz 之间，VF2 为 1500～1800 Hz 之间，VF3 为 2500～3000Hz 之间。

表 3.42 　[l] 辅音声学参数统计

参数 统计	M					F				
	CD	CA	VF1	VF2	VF3	CD	CA	VF1	VF2	VF3
平均值	117	59.3	415	1522	2556	86	58.1	397	1730	2913
标准差	52.2	6.58	187	289	318	23.1	5.09	172	287	490
变异系数	45%	11%	45%	19%	12%	27%	9%	43%	17%	17%
变化范围	362	73	1649	2428	4366	165	68	2280	2672	4281
	30	35	160	907	1782	32	37	240	744	1617

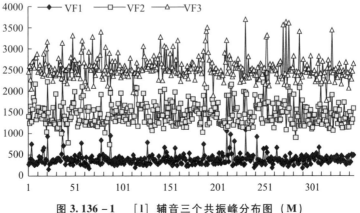

图 3.136 - 1 　[l] 辅音三个共振峰分布图 （M）

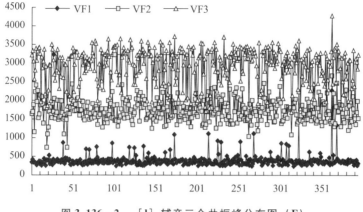

图 3.136－2　［l］辅音三个共振峰分布图（F）

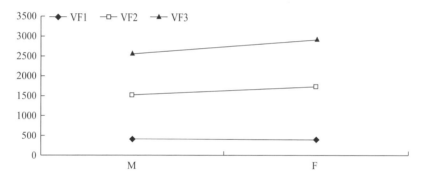

图 3.137　男女发音人［l］辅音三个共振峰均值比较图

2.3　词中位置与声学参数之间的关系

表 3.43 为词中不同位置上的［l］辅音声学参数统计。图 3.138 ～ 3.140 为出现在词中不同位置上［l］辅音的共振峰频率、音长、音强均值比较图。可以看出，词中位置与该辅音声学参数之间几乎没有相关性。

表 3.43　不同位置上［l］辅音声学参数统计

		CD	CA	VF1	VF2	VF3
M	词首	140	54	433	1357	2533
	词中音节首	90	615	369	1419	2529
	词中音节末	110	63	388	1517	2392
	词末	230	61	370	1368	2547

续表

		CD	CA	VF1	VF2	VF3
F	词首	77	57	379	1610	2907
	词中音节首	74	59	364	1740	2939
	词中音节末	104	57	454	1748	2884
	词末	83	55	360	1675	2876

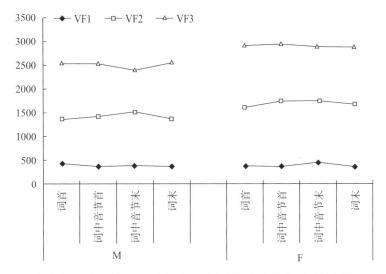

图 3.138　不同位置上［l］辅音的共振峰均值比较图（M&F）

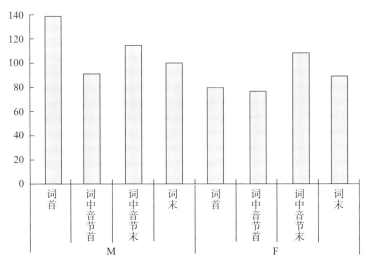

图 3.139　不同位置上［l］辅音的音长均值比较图（M&F）

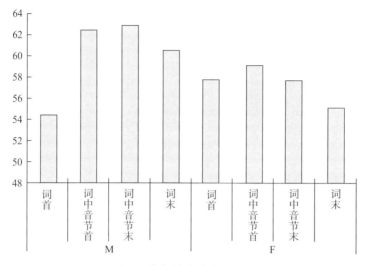

图 3.140　不同位置上 [l] 辅音的音强均值比较图 （M&F）

2.4　后置元音音质与声学参数之间的关系

图 3.141～3.143 为在 [ɤ] [ə] [i] [ɪ] [ɔ] [ʊ] [u] 等元音之前 [l] 辅音的三个共振峰频率、音长和音强比较图。从图 3.141 中可以看出，[l] 辅音第二共振峰与其后置元音音质之间具有一定的相关性。如，男女发音人 [l] 辅音在 [i] [ɪ] [e] 等前元音之前的第二共振峰频率比其他元音之前的要高。

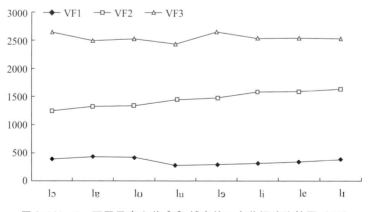

图 3.141 - 1　不同元音之前 [l] 辅音的三个共振峰比较图 （M）

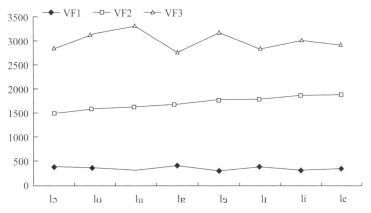

图 3.141 - 2　不同元音之前 [l] 辅音的三个共振峰比较图 （F）

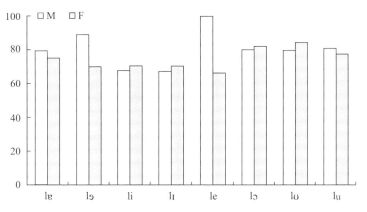

图 3.142　不同元音之前词首 [l] 辅音的音长比较图

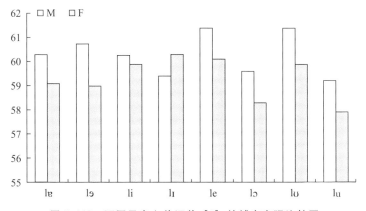

图 3.143　不同元音之前词首 [l] 的辅音音强比较图

（六）颤音

颤音的发音特点是：舌尖的肌肉具有一定的弹性，当气流通过时舌尖受气流冲击产生颤动而发出的音。鄂温克语有 1 个颤音［r］。

1. 词中分布特征

表 3.44 为［r］辅音出现频率统计。在"统一平台"中［r］辅音以单辅音形式共出现了 513 次（M）和 586 次（F）。这是出现频率相当高的辅音。从表 3.44 中可以看出，鄂温克语［r］辅音主要在词中音节首位置出现。

表 3.44　［r］辅音出现频率统计

发音人 词中位置	M		F	
	出现次数	百分比	出现次数	百分比
共	513		586	
词首				
词中音节首	460	90%	533	91%
词中音节末	22	4%	15	2%
词末	31	6%	38	6%

2. 声学语图特点

2.1　声学语图

鄂温克语［r］辅音是龈脊、舌尖颤音。图 3.144 为男发音人［urə］"山"一词的波形图、三维语图和三层标注图。

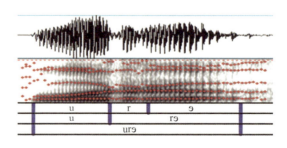

图 3.144　男发音人［urə］"山"一词的波形图、三维语图和三层标注图

2.2　共振峰分布模式

表 3.45 为男女发音人［r］辅音的声学参数统计。图 3.145 为男女发音

人［r］辅音第一、第二和第三共振峰的分布图，图3.146为男女发音人
［r］辅音三个共振峰均值比较图。

表3.45 ［r］辅音声学参数统计

参数\统计	M					F				
	CD	CA	VF1	VF2	VF3	CD	CA	VF1	VF2	VF3
平均值	46	60.18	538	1528	2351	32	58	479	1750	3030
标准差	34	4.59	246	233	484	14	3.5	187	276	387
变异系数	74%	8%	46%	15%	21%	0.5	0.1	0.39	0.16	0.13
变化范围	358	71	1782	3152	3944	154	66	1853	3473	4372
	16	35	135	961	1490	14	44	139	994	1597

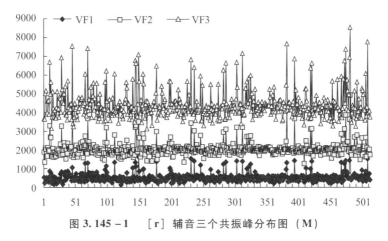

图3.145－1 ［r］辅音三个共振峰分布图（M）

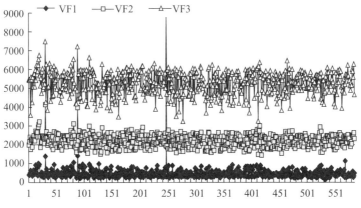

图3.145－2 ［r］辅音三个共振峰分布图（F）

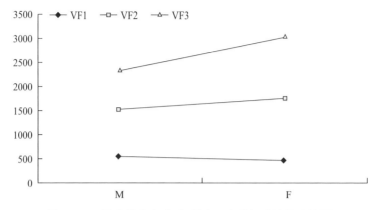

图 3.146　男女发音人［r］辅音三个共振峰均值比较图

从表 3.45 中可以看出，女发音人［r］辅音的第二和第三共振峰（VF2，VF3）频率都比男发音人要高。图 3.145 显示，男发音人的 VF1 围绕 500Hz，在 300 ~ 1000Hz 之间浮动；VF2 围绕 2000Hz，在 1500 ~ 2500Hz 之间浮动；VF3 围绕 4500Hz，在 3500 ~ 5500Hz 之间上下浮动。女发音人的 VF1 围绕 500Hz，在 300 ~ 1000Hz 之间浮动；VF2 围绕 2500Hz，在 1500 ~ 2500Hz 之间浮动；VF3 围绕 5000Hz，在 5000 ~ 6000Hz 之间浮动。

表 3.45 和图 3.146 显示了男女发音人［r］辅音的三个共振峰频率范围，即 VF1 在 500Hz 左右，VF2 为 1500 ~ 1800 Hz 之间，VF3 为 2300 ~ 3000 Hz 之间。女发音人［r］辅音的 VF3 频率比男发音人频率要高。

2.3　词中位置与声学参数之间的关系

表 3.46 为词中不同位置上的［r］辅音声学参数统计。图 3.147 ~ 3.149 为出现在词中不同位置上［r］辅音的共振峰、音长、音强均值比较图。可以看出，词中位置与该辅音声学参数之间具有一定的相关性。如，词中音节末［r］辅音的共振峰频率都比其他位置上的要高（F 的 VF1 除外）。词中音节首［r］辅音的音强比其他位置上的要强。

表 3.46　不同位置上［r］辅音声学参数统计

		CD	CA	VF1	VF2	VF3
M	词首					
	词中音节首	38	61	526	1519	2346
	词中音节末	78	58	731	1715	2617
	词末	98	56	578	1529	2241

续表

		CD	CA	VF1	VF2	VF3
F	词首					
	词中音节首	30	58	473	1746	3032
	词中音节末	49	55	495	1992	3204
	词末	44	56	548	1701	2938

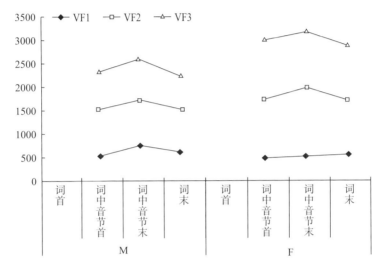

图 3.147　不同位置上［r］辅音的共振峰均值比较图（M&F）

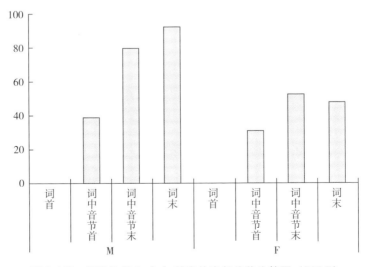

图 3.148　不同位置上［r］辅音的音长均值比较图（M&F）

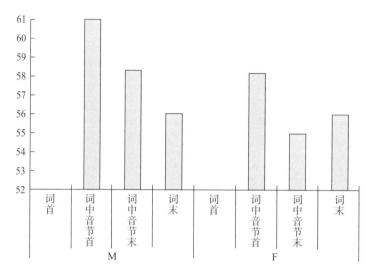

图 3. 149　不同位置上［r］辅音的音强均值比较图（M&F）

2.4　后置元音音质与声学参数之间的关系

图 3.150 ~ 3.152 为在［ɐ］［ɘ］［i］［ɪ］［ɔ］［ʊ］［u］等元音之前［r］辅音的三个共振峰频率、音长和音强比较图。可以看出，后置元音音质与［r］辅音声学参数之间几乎没有相关性。

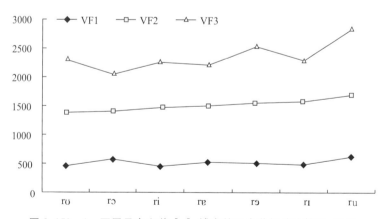

图 3. 150 - 1　不同元音之前［r］辅音的三个共振峰比较图（M）

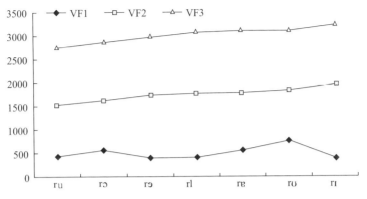

图 3.150 - 2 不同元音之前 [r] 辅音的三个共振峰比较图（F）

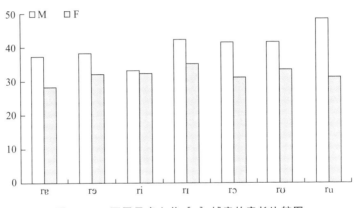

图 3.151 不同元音之前 [r] 辅音的音长比较图

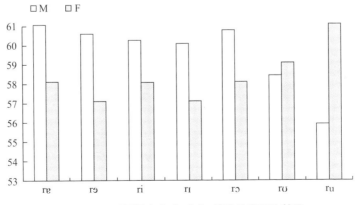

图 3.152 不同元音之前 [r] 辅音的音强比较图

（七）半元音

半元音（或近音）的发音特点是：发音时主动器官和被动器官不形成阻碍，口腔通路接近开放。气流通过时只产生轻微的摩擦或没有摩擦。发音时声带振动产生周期性声波。鄂温克语有［w］［j］等2个半元音。

1. 半元音［w］

1.1　词中分布特征

表3.47为［w］辅音出现频率统计。在"统一平台"中［w］以单辅音形式共出现了49次（M）和40次（F）。可以看出，该辅音主要在词中音节首出现（男：80%，女：75%），不出现在词末位置上。

表3.47　［w］辅音出现频率统计

发音人 词中位置	M		F	
	出现次数	百分比	出现次数	百分比
共计	49		40	
词首	7	14%	8	20%
词中音节首	39	80%	30	75%
词中音节末	3	6%	2	5%
词末				

1.2　声学语图特点

1.2.1　声学语图

鄂温克语［w］辅音为双唇半元音。图3.153为男发音人［weːltɪreŋ］"相互残杀"一词的波形图、三维语图和三层标注图。

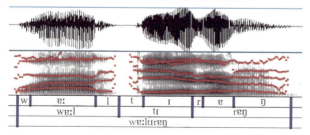

图3.153　男发音人［weːltɪreŋ］"相互残杀"一词的波形图、
三维语图和三层标注图

1.2.2　共振峰分布模式

表 3.48 为男女发音人［w］的声学参数统计。图 3.154 为男女发音人［w］辅音第一、第二和第三共振峰的分布图，图 3.155 为男女发音人［w］辅音三个共振峰均值比较图。从表 3.48 中可以看出，女发音人［w］辅音第三共振峰（VF3）频率比男发音人的要高。图 3.154 显示，男女发音人［w］辅音的共振峰分布模式基本相同，即 VF1 围绕在 500Hz 浮动，VF2 围绕 1000Hz 浮动。男发音人 VF3 围绕 2200Hz，在 2000～2500Hz 之间浮动，女发音人 VF3 围绕 3000Hz 浮动。

图 3.155 显示了男女发音人［w］辅音的三个共振峰频率范围，即 VF1 在 500Hz 左右，VF2 为 1000～1200 Hz 之间，VF3 为 2300～3200 Hz 之间。

表 3.48　　［w］辅音声学参数统计

参数 统计	M					F				
	CD	CA	VF1	VF2	VF3	CD	CA	VF1	VF2	VF3
平均值	63	64	483	1148	2434	73	65	512	1166	3128
标准差	24	5.6	107	543	390	27	4	123	386	245
变异系数	38%	9%	22%	47%	16%	37%	6%	24%	33%	8%
变化范围	134	73	764	3098	3662	165	71	891	2871	3970
	28	51	291	451	1832	38	56	350	711	2376

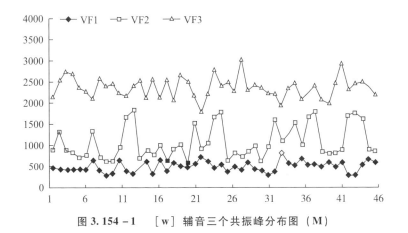

图 3.154 - 1　　［w］辅音三个共振峰分布图（M）

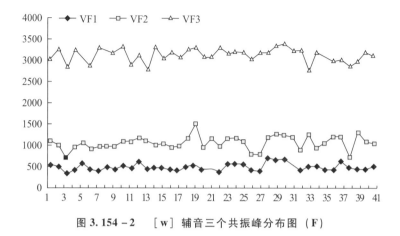

图 3.154 – 2 ［w］辅音三个共振峰分布图（F）

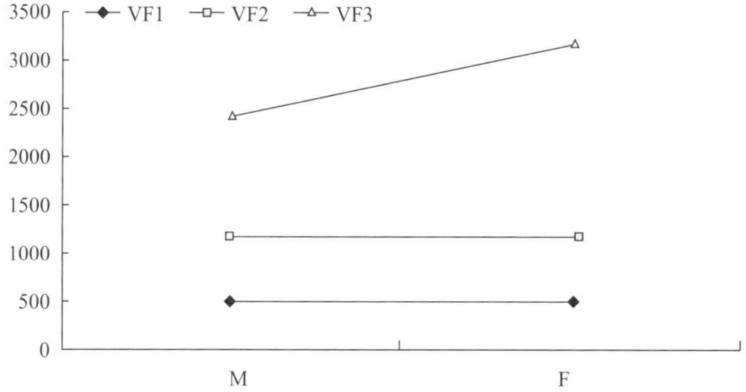

图 3.155 男女发音人［w］辅音的三个共振峰均值比较图

1.2.3 词中位置与声学参数之间的关系

表 3.49 为词中不同位置上的［w］辅音声学参数统计。图 3.156 ~ 3.158 为出现在词中不同位置上［w］辅音的共振峰频率、音长、音强均值比较图。可以看出，词中位置与该辅音声学参数之间具有一定的相关性。如，［w］辅音的第一至第三共振峰（VF1 ~ VF3）频率随着词首、词中音节首和词中音节末次序逐渐升高（除 F 的词中音节末）。该辅音音长和音强随着词首、词中音节首和词中音节末次序逐渐变长、变强。

表 3.49　不同位置中 ［w］ 辅音的声学参数统计

		CD	CA	VF1	VF2	VF3
M	词首	46	54	459	975	2439
	词中音节首	62	65	479	1170	2412
	词中音节末	105	68	578	1265	2711
	词末					
F	词首	78	58	463	1040	3039
	词中音节首	69	66	518	1206	3146
	词中音节末	119	68	617	1078	3209
	词末					

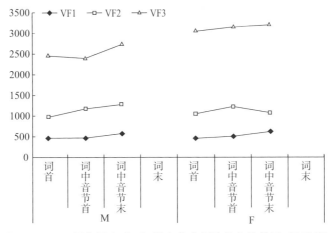

图 3.156　不同位置上 ［w］ 辅音的共振峰均值比较图 （M&F）

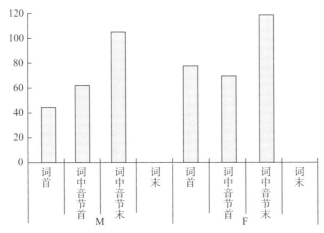

图 3.157　不同位置上 ［w］ 辅音的音长均值比较图 （M&F）

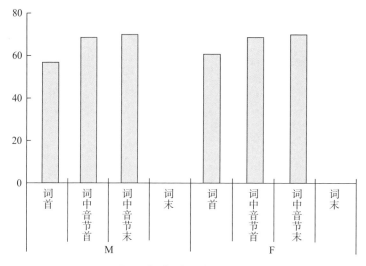

图 3.158　不同位置上［w］辅音的音强均值比较图（M&F）

1.2.4　后置元音音质与声学参数之间的关系

图 3.159～3.160 为在［ɐ］［ə］［i］［ɔ］［ʊ］［u］等元音之前［w］辅音的三个共振峰频率、音长和音强比较图。可以看出，［w］辅音在前高元音［i］之前的第二共振峰频率比其他位置上的频率要高。显然，后置元音音质与该辅音声学参数之间具有一定的相关性。

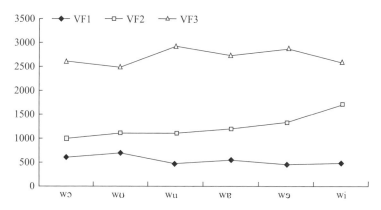

图 3.159－1　不同元音之前［w］辅音的三个共振峰比较图（M）

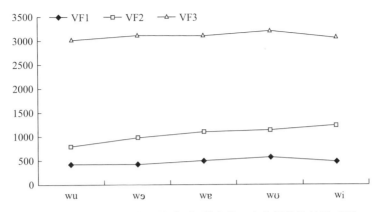

图 3.159 – 2　不同元音之前［w］辅音的三个共振峰比较图（F）

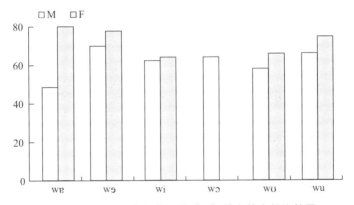

图 3.160　不同元音之前词首［w］辅音的音长比较图

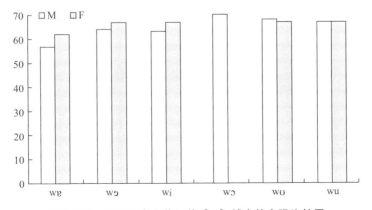

图 3.161　不同元音之前词首［w］辅音的音强比较图

2. 半元音 [j]

2.1 词中分布特征

表 3.50 为 [j] 辅音出现频率统计。在"统一平台"中 [j] 辅音以单辅音形式共出现了 48 次（M）和 69 次（F）。鄂温克语 [j] 辅音主要在词中音节首出现。词首和词中音节末出现的比例也较高。

表 3.50　[j] 辅音出现频率统计

发音人 词中位置	M		F	
	出现次数	百分比	出现次数	百分比
共	48		69	
词首	12	25%	14	20%
词中音节首	23	48%	36	52%
词中音节末	13	27%	19	28%
词末				

2.2 声学语图特点

2.2.1 声学语图

鄂温克语 [j] 辅音龈脊、舌面前半元音。图 3.162 为男发音人 [juːrəŋ] "出"一词的波形图、三维语图和三层标注图。

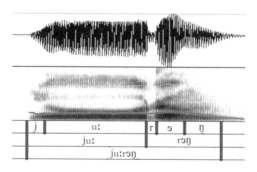

图 3.162　男发音人 [juːrəŋ] "出"一词的波形图、三维语图和三层标注图

2.2.2 共振峰分布模式

表 3.51 为男女发音人 [j] 辅音的声学参数统计。图 3.163 为男女发音人 [j] 辅音第一、第二和第三共振峰的分布图，图 3.164 为男女发音人 [j] 辅音三个共振峰均值比较图。

表 3.51　　［j］辅音声学参数统计

参数 统计	M					F				
	CD	CA	VF1	VF2	VF3	CD	CA	VF1	VF2	VF3
平均值	79	61	417	1856	2646	88	65	469	2273	3032
标准差	34	6	147	237	327	31	4	156	403	379
变异系数	43%	10%	35%	13%	12%	36%	7%	33%	18%	12%
变化范围	160	73	820	2460	3488	213	72	891	2923	3959
	28	48	219	1277	1873	33	54	254	751	2268

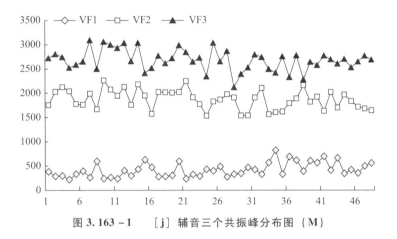

图 3.163 - 1　　［j］辅音三个共振峰分布图（M）

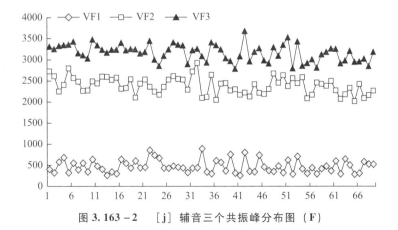

图 3.163 - 2　　［j］辅音三个共振峰分布图（F）

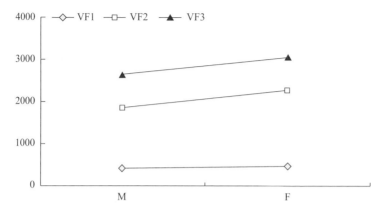

图 3.164　男女发音人 [j] 辅音的三个共振峰均值比较图

从表 3.51 中可以看出，女发音人 [j] 辅音所有共振峰频率都比男发音人频率要高。图 3.163 显示，男女发音人的共振峰频率分布模式有所差异。如，男发音人 VF1 围绕 450Hz，在 400 ~ 500Hz 之间浮动；VF2 围绕 1800Hz，在 1500 ~ 2500Hz 下浮动；VF3 围绕 2700Hz，在 2500 ~ 3000Hz 之间浮动。女发音人 VF1 围绕 500Hz，在 400 ~ 600Hz 之间浮动；VF2 围绕 2200Hz，在 2000 ~ 2600Hz 之间浮动；VF3 围绕 3200Hz，在 2800 ~ 3500Hz 之间浮动。

图 3.164 显示了男女发音人 [j] 辅音的三个共振峰频率范围，即 VF1 在 300 ~ 500Hz 之间，VF2 为 1800 ~ 2500 Hz 之间，VF3 为 2500 ~ 3500 Hz 之间。

2.2.3　词中位置与声学参数之间的关系

表 3.52 为词中不同位置上的 [j] 辅音声学参数统计。图 3.165 ~ 3.167 为出现在词中不同位置上 [j] 辅音的共振峰频率、音长、音强均值比较图。可以看出，词中位置与该辅音声学参数之间具有一定的相关性。如，[j] 辅音的第一共振峰（VF1）频率随着词首、词中音节首和词中音节末次序逐渐升高，而其第二、第三共振峰频率（VF2、VF3）随着词首、词中音节首和词中音节末次序逐渐降低。该辅音音长和音强随着词首、词中音节首和词中音节末次序逐渐变长、变强。

表 3.52　不同位置上［j］辅音声学参数统计

		CD	CA	VF1	VF2	VF3
M	词首	62	53	325	1937	2821
	词中音节首	73	63	405	1829	2647
	词中音节末	103	65	522	1829	2484
	词末					
F	词首	80	58	355	2571	3229
	词中音节首	87	67	431	2318	3018
	词中音节末	91	67	629	1903	2851
	词末					

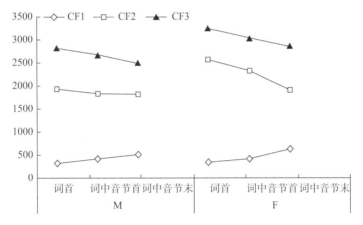

图 3.165　不同位置上［j］辅音的共振峰均值比较图（M&F）

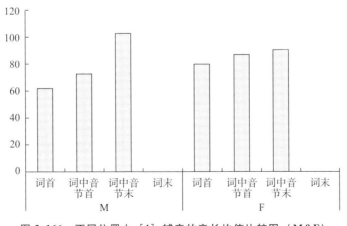

图 3.166　不同位置上［j］辅音的音长均值比较图（M&F）

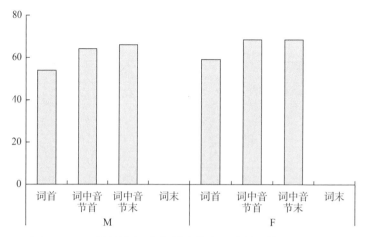

图 3.167　不同位置上［j］辅音的音强均值比较图（M&F）

2.2.4　后置元音音质与声学参数之间的关系

图 3.168 ~ 3.170 为在［ɐ］［ə］［i］［ɔ］［ʊ］［u］等元音之前的［j］辅音的三个共振峰频率、音长和音强比较图。可以看出，除［i］元音之前的［j］辅音音强比其他元音之前的要强外，后置元音音质与该辅音声学参数之间几乎没有相关性。

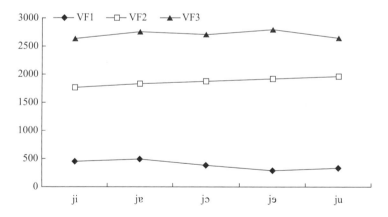

图 3.168 - 1　不同元音之前［j］辅音的三个共振峰比较图（M）

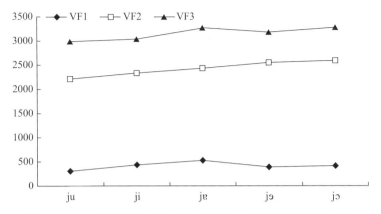

图 3. 168 - 2　不同元音之前 [**j**] 辅音的三个共振峰比较图 （**F**）

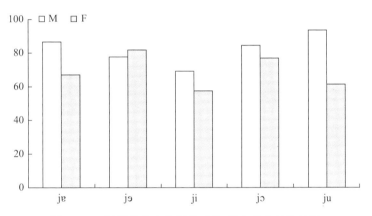

图 3. 169　不同元音之前词首 [**j**] 辅音的音长比较图

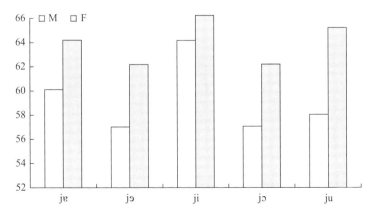

图 3. 170　不同元音之前词首 [**j**] 辅音的音强比较图

第四章

鄂温克语音系特点

一 元音音系特点

（一）元音音位及其在声学空间中的分布特点

1. 总体格局

鄂温克语有［ɐ、ə、i、ɪ、e、ɔ、ʊ、o、u］等短元音和与之相对应的长元音。［ɐ］元音共振峰均值为 F1 = 754Hz、F2 = 1468Hz，是展唇、央、低短元音。［ɔ］元音共振峰均值为 F1 = 662Hz、F2 = 1112Hz，是圆唇、后、次低元音。［o］元音共振峰均值为 F1 = 469Hz、F2 = 1174Hz，是圆唇、后、次高元音。鄂温克语［o］是使用率很低的元音，只在少数词中出现。［ʊ］元音共振峰均值为 F1 = 555Hz、F2 = 1036Hz，是圆唇、后、中元音。［u］元音共振峰均值为 F1 = 377Hz、F2 = 959Hz，是圆唇、后、高元音。［ə］元音共振峰均值为 F1 = 452Hz、F2 = 1246Hz，是展唇、中、次高元音。［i］元音共振峰均值为 F1 = 329Hz、F2 = 1960Hz，是展唇、前、高元音。［ɪ］元音共振峰均值为 F1 = 495Hz、F2 = 1841Hz 为展唇、前、高元音。［e］元音共振峰均值为 F1 = 467Hz、F2 = 1774Hz 为展唇、前、次高元音。图 4.1、图 4.2 为鄂温克语元音音位声学空间分布图。图中的空心圆为词首音节短元音，实心圆为非词首音节短元音，＋心圆为词首长元音，×心圆为非词首长元音。可以看出，词中位置对鄂温克语元音音质的影响不显著。与蒙古语相比，鄂温克语非词首音节短元音虽然已有央化趋势，但央化程度相对小，尚未演变成独立音位。长元音的声学空间比短元音要大。

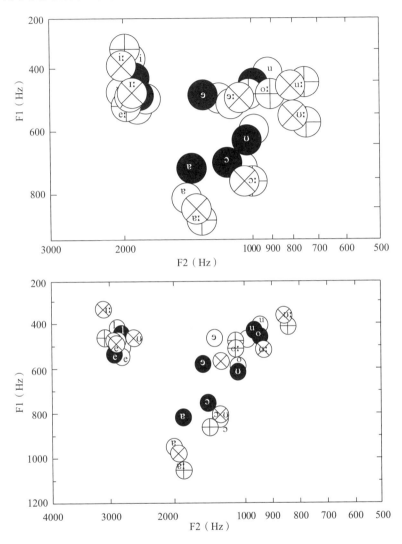

4.1 鄂温克语元音音位声学空间分布图（M&F）

2. 舌位格局

根据鄂温克语元音声学空间分布特征，鄂温克语元音从舌位高低维度上可分为高（[i，u]）、半高（[e，ɤ，o]）、半低（[ɔ]）和次低（[ɐ]）等四个层级；在舌位前后维度上也可分为前（前展唇 [i，ɪ，e]）、央（展唇 [ɐ，ɤ]）、后（圆唇 [ɔ，o，u]）三个层级。显然，鄂温克语元音分布

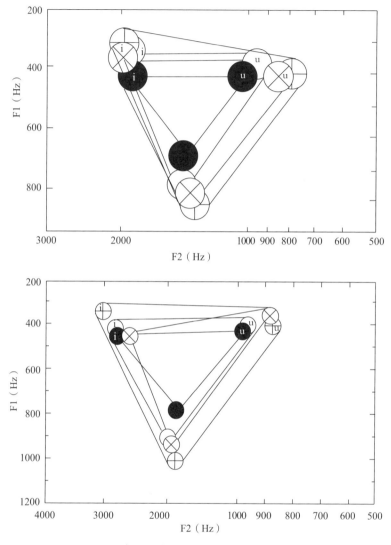

4.2　鄂温克语元音音位声学空间分布图 （M&F）

呈以 ［i，ɐ，u］ 为极端元音的 "倒三角形" 格局，这是满—通古斯语族语言和蒙古语族语言元音系统的共性。请见图4.3。

3. 阴阳格局

鄂温克语阴阳元音在舌位高低维度上，虽然不像蒙古语那样具有相对固定的分界线，但总体上也呈阴高（［i，e，ɪ，ɘ，o，u］）、阳低（［ɐ，ɔ，ʊ］）分布格局。其中，男发音人的 ［ʊ］ 位于阴阳界限的中心位置，女发

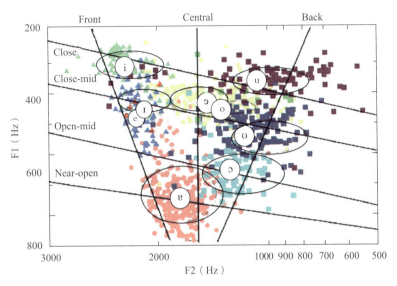

图 4.3 基于国际音标的鄂温克语男发音人词首音节短元音舌位分类图

音人的［ʊ］相对靠上。男女发音人的［ʊ］在听感上接近蒙古语的［ʊ］（第五元音），而不是［o］（第六元音）。

（二）有争议的元音及其格局问题

鄂温克语词首音节有/ɐ，ə，e，i，ɪ，ɔ，ʊ，o，u/等九个短元音。其中，/i/有［e］［ɪ］［i］等三个变体。学者们对/e/，/ə/，/o/等三个元音音位及其变体的标记和描写一直有争议。

1. /e/ 元音

/e/是鄂温克语使用率较低的元音。该元音主要在满语借词里出现。从图 2.56 和图 4.3（见蓝色三角形）上可以看出，/e/在舌位高低维度上的分布范围比其前后维度上的分布相对大，即该元音舌位高低变化较大，可向高延伸到/i/的范围，向低延伸到/ɐ/的范围。我们认为，/e/有［e］［ɪ］等两个变体。女发音人的语料中出现了/e/与/i/有较大的叠加现象。从声学空间中的分布特点看，该元音的分布范围与国际音标的［ɪ］元音接近。通过分析归纳男女发音人元音系统在声学空间中的分布特点以及男女发音人元音的整体格局，我们决定用国际音标的［e］作为该元音的典型变体。

2. /ə/ 元音

/ə/元音在舌位前、后维度上的分布范围比其在高、低维度上的分布范围相对大，即该元音舌位前后变化较大。在传统语言学论著中，一般都用央元音［ə］标记该元音。我们的实验数据显示，用国际音标的［ɤ］标记该元音更符合其实际音质。当然，鄂温克语［ɤ］元音比国际音标的［ɤ］相对高，按照严式记音法应标记为［ɤ̝］更加切合其实际音值。请见图4.3。

3. /o/ 元音

鄂温克语词首音节短元音/o/是使用频率非常低的元音。图4.3显示，/o/元音在舌位高低（F1：540Hz）方面比蒙古语（F1：517Hz）低，比达斡尔语（F1：587Hz）高。/o/虽然是一个使用率较低的元音，但在鄂温克语音系中是一个独立的音位。如，在鄂温克语/ɛːɤlɤ/（煮）和/olɔːɤ/（虚伪的）等两个单词中，/ɤ/和/o/能够区别词义。不是/ɤ/或/u/的变体。鄂温克语［o］元音是比较典型的半高后圆唇元音。

（三）小结

通过观察分析"元音音位声学空间分布图"和遵循"系统"和"发音全空间"，可以确定鄂温克语词首音节短元音音位及其变体的数量和音质问题。

（1）鄂温克语词首音节中有/ə，ɤ，e，i，ɔ，ʊ，o，u/等八个短元音音位。其中，/e/有［e］［ɪ］等两个变体。

（2）鄂温克语词首音节短元音及其变体的声学空间范围为：

M：前后2200～700Hz，高低250～880Hz；

F：前后2800～820Hz，高低300～1100Hz。

虽然女发音人的/e/，/ɤ/，/o/等三个元音舌位相对靠上，导致整个元音分布在高低和前后维度上相对收缩，但从元音系统（"发音全空间"）看，两位发音人词首音节短元音格局是相似的。

（3）鄂温克语词首音节短元音在舌位高、低维度上可分高（［i，u］）、半高（［e，ɤ，o］）、半低（［ɔ］）和次低（［ə］）等四个层级；在舌位前、后维度上分前（［i，e］）、央（［ə，ɤ］）、后（［ɔ，o，u］）等三个层级。另外，以/i，ə，u/为极端元音的"倒三角形"格局，是满—通古斯语族语言和蒙古语族语言元音分布的典型特点。

（4）从声学元音图上看，鄂温克语阴阳元音虽然不像蒙古语元音那样有相对明晰的分界线，但总体上依然呈阴高（［i，e，ɪ，ɘ，o，u］），阳低（［ɐ，ɔ，o］）的分布格局。

二　辅音音系特点

（一）清塞音和塞擦音共振峰在声学空间中的分布格局

本节在对鄂温克语词首和词中音节首清塞音、塞擦音的无声空间（GAP）、嗓音起始时间（Voice Onset Time，VOT）和强频集中区（本文采用了辅音共振峰，用 CF1～CF3 标记）等声学参数进行统计分析的基础上，探讨这些辅音在词中不同位置上的出现频率、第 1～3 共振峰分布格局、声学空间中的分布格局以及这些格局与发音方法和发音部位之间的关系等问题。

表 4.1 为男发音人词中音节首清塞音、塞擦音 GAP 和 VOT 值统计。图 4.4 是根据表 4.1 绘制的以 VOT－GAP 二维坐标的清塞音格局图（女发音人格局图与男性发音人相似，本文略去女发音人格局图）。其中，横轴为 VOT，纵轴为 GAP。从图 4.4 中可以看到，（1）鄂温克语词中音节首［pʰ］［p］［tʰ］［t］［tʃʰ］［tʃ］［kʰ］［k］等 8 个清塞音、塞擦音在以 VOT－GAP 二维坐标的声学空间中清塞音分布在"左下"和"右上"两个区域（不因发音人和词中的位置而改变）。总体格局为：不送气清塞音、塞擦音［p］［t］［k］［tʃ］分布在左下部分。送气清塞音、塞擦音［pʰ］［tʰ］［kʰ］［tʃʰ］分布在右上部分。清塞音和塞擦音以送气与否自然分为两类。

表 4.1　词中音节首清塞音、塞擦音 GAP 和 VOT 值统计（M）

单位：毫秒

	tʰ		t		tʃʰ		tʃ		k		kʰ	
	GAP	VOT	GAP	VOT	GAP	VOT	GAP	VOT	GAP	VOT	GAP	VOT
平均值	124	41	95	20	89	81	66	46	48	26	111	48
标准差	35	23	41	9	30	43	27	20	20	12	40	20
变异系数	0.28	0.56	0.43	0.43	0.34	0.54	0.41	0.44	0.42	0.46	0.36	0.43
最大值	295	125	243	83	164	193	118	185	79	41	229	112
最小值	41	8	21	7	38	13	21	18	23	24	43	40

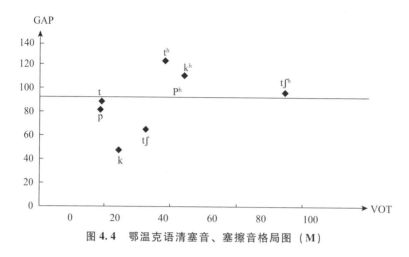

图 4.4　鄂温克语清塞音、塞擦音格局图（M）

（二）清擦音音谱特征分布特点

1. 词首［s、ʃ、x］的音谱特征分布

表 4.2 为男发音人词首清擦音共振峰和音谱参数均值统计。图 4.5 为根据表 4.2 绘制的所有词首［s，ʃ，x］的音谱重心 - 音谱偏移量分布图。从表 4.2 和图 4.5 中可以看出，在以 COG 和 STD 为坐标轴的两个维度的声学空间中，鄂温克语词首［s，ʃ，x］等清擦音具有各自的分布范围。如，［ʃ］的音谱重心最高，分布范围为 4000～8000Hz；［s］居中，分布范围为 4000～6000Hz；［x］最低，分布范围为 500～3000Hz。显然，发音部位与 COG 值之间存在正相关，即发音部位靠前 COG 值大，靠后则 COG 值小，即［x < s < ʃ］。另外，与 COG 值相比，辅音发音部位与 SKEW 之间存在负相关，即发音部位靠前 SKEW 值小，靠后则 SKEW 值大。如，4.21（［x］）< 0.66 <（［ʃ］）< 0.10（［s］）。

表 4.2　词首清擦音共振峰和音谱参数均值统计（M）

N				82					
	统计项	CF1	CF2	CF3	CF4	CF5	COG	STD	SKEW
	平均值	1029	1960	3249	4163	4927	5003	2605	0.0991
	标准差	281	390	474	428	263	2118	544	1.2562
［s］	变异系数	27%	20%	15%	10%	5%	42%	21%	1267%
	最大值	1724	3657	4383	5107	5343	9124	3621	4.19
	最小值	356	1465	2337	3013	4026	694	1056	- 2.7

续表

N				45				
	统计项	CF1	CF2	CF3	CF4	CF5	COG	STD	SKEW
[∫]	平均值	1559	2687	3668	4330	4923	4814	1457	0.659
	标准差	297	212	250	273	164	497	256	0.574
	变异系数	19%	8%	7%	6%	3%	10%	18%	87%
	最大值	2169	3289	4005	4906	5233	5723	2307	2.59
	最小值	778	2019	2969	3759	4633	3757	839	- 0.4

N				153				
	统计项	CF1	CF2	CF3	CF4	CF5	COG	STD	SKEW
[x]	平均值	1004	1635	3080	3982	4820	1604	1169	4.21
	标准差	316	445	452	363	219	718	623	3.936
	变异系数	32%	27%	15%	9%	5%	45%	53%	93%
	最大值	2617	3376	4201	4859	5343	4738	3290	16.47
	最小值	345	702	1798	3481	4333	557	298	- 0.4

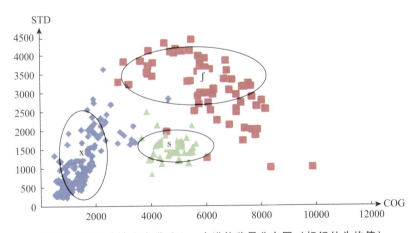

图 4.5　词首清擦音音谱重心－音谱偏移量分布图（标记处为均值）

上述分析说明，COG、STD 和 SKEW 等参数都与清擦音的发音部位具有相关性，利用它们能够有效区分不同清擦音的发音部位，说明这些声学参数具有语言学意义。

为了更直观地看到三个不同发音部位清擦音在音谱重心方面的差异性，我们绘制了音谱重心（COG）和相对于音谱重心的音谱偏移量（STD）分布图。请见图 4.6。

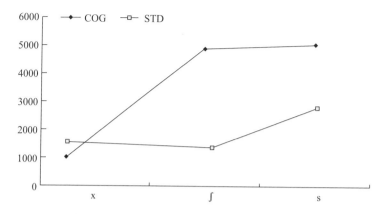

4.6 清擦音的音谱重心（COG）和相对于音谱重心的音谱
偏移量（STD）分布图示例（M）

2. 词首 ［n、m、l、j、w］ 辅音音谱特征分布特点

与 ［s、ʃ、x］ 等清擦音相比 ［n、m、ŋ、l、j、w］ 等浊辅音虽然有其
自身的共振峰（VF）模式，但从声学语图上较难辨认 ［n、m］ 等两个辅
音。为此，我们在最新声学参数库中，也增加了浊辅音的 COG、STD 和
SKEW 等参数。表4.4为男性发音人词首浊辅音共振峰和音谱参数均值统
计。图4.7为根据表4.4绘制的 ［n、m、ŋ、l、j、w］ 等词首浊辅音音谱
重心－音谱偏移量（均值）分布图。

表 4.4 词首浊辅音共振峰和音谱参数均值统计（M）

	N					68			
	统计项	VF1	VF2	VF3	VF4	VF5	COG	STD	SKEW
	平均值	305	1513	2711	4022	4908	257	308	18.22
	标准差	49.7	496	502	515	141	55	154	6.929
［n］	变异系数	16%	33%	19%	13%	3%	21%	50%	38%
	最大值	505	2598	3888	5277	5279	476	835	34.03
	最小值	217	796	2002	2601	4573	173	128	6.03
	N					71			
	统计项	VF1	VF2	VF3	VF4	VF5	COG	STD	SKEW
	标准差	138	432	409	443	165	59	173	6.619
［m］	标准差	138	432	409	443	165	59	173	6.619
	最大值	927	2314	3705	4984	5378	526	1018	39.98
	最小值	130	640	1986	2546	4478	176	103	5.95

续表

	N	125							
	统计项	VF1	VF2	VF3	VF4	VF5	COG	STD	SKEW
	平均值	374.5	1402	2494	3782	4155	340	455	12.4
[l]	标准差	98.2	197	111	289	123	83.3	113	4.39
	变异系数	26%	14%	4%	8%	3%	24%	25%	35%
	最大值	455	1613	2628	4061	4242	423	596	18.7
	最小值	235	1136	2372	3445	4068	232	330	8.49
	N	12							
	统计项	VF1	VF2	VF3	VF4	VF5	COG	STD	SKEW
	平均值	325	1937	2821	3687	4425	332	375	11.2
[j]	标准差	106	295	347	240	306	101	122	5.64
	变异系数	33%	15%	12%	7%	7%	30%	33%	50%
	最大值	594	2460	3435	3953	4797	552	605	20.7
	最小值	219	1277	2188	3217	4078	203	196	3.13
	N	7							
	统计项	VF1	VF2	VF3	VF4	VF5	COG	STD	SKEW
	平均值	459	975	2439	3860	4858	438	286	11
[w]	标准差	69	227	283	205	283	106	122	3.6
	标准差	69	227	283	205	283	106	122	3.6
	最大值	612	1312	2807	4170	5215	658	555	16
	最小值	416	752	2119	3697	4434	317	195	6.6

图 4.7 显示，在以 COG 和 STD 为坐标轴的两个维度声学空间，鄂温克词首 [n，m，l，j，w] 等浊辅音也有一定的分布范围。五个浊辅音界限较清晰。从均值看，COG、STD 与浊辅音发音部位之间似乎也存在一定的相关性，即发音部位靠前 COG 值大，靠后则 COG 值小。如，w > l > j > n > m。但是 SKEW 值与浊辅音发音部位之间没有相关性。如，18.22 [n] > 12.4 [l] > 11.2 [j] > 11 [w] > 6.62 [m]。

可以看出，与音谱声学参数相比，辅音共振峰（CF）与鄂温克语辅音发音部位之间的相关性较差，不适合用于辅音发音部位的描写。有关声学参数与浊辅音之间的相关性问题有待进一步探讨。

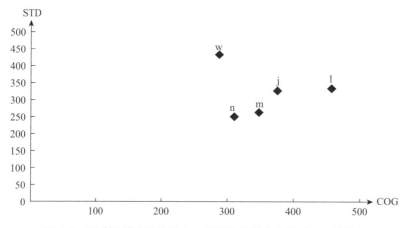

图 4.7 词首浊辅音音谱重心 - 音谱偏移量分布图（M，均值）

3. 小结

鄂温克语有 18 个基本辅音音位。其音位系统如下。

清塞音：/p/，/pʰ/，/t/，/tʰ/，/k/，/kʰ/；

塞擦音：/tʃ/，/tʃʰ/；

清擦音：/s/，/ʃ/，/x/

鼻音：/n/，/m/，/ŋ/；

边音：/l/；

颤音：/r/；

半元音：/w/，/j/

第五章

鄂温克语音节声学特征

一 音节理论综述

在有关音节的定义问题方面，学者们的分歧较大。代表性的观点有四种。第一，元音说。元音说是古希腊人最早提出的。他们将音节定义为"由一个元音或一个元音与几个辅音联合构成的语音单位"。古印度人则认为，"有多少个元音就有多少个音节"。但是实际上，情况并不是这样。例如英语"film"（胶卷）中虽然只有一个元音，但音节却是 2 个。第二，呼气说。呼气说是奥地利语言学家斯托尔姆（J. Storm）提出的。他认为"音节是一组用一次呼气发出来的声音。……说话时有多少次呼气就有多少个音节。呼气力最弱的地方就是音节的分界线"。但是日常说话，谁也不会发一个音就呼一次气。第三，响度说。响度说是丹麦语言学家叶斯柏逊（Jes-person）等人提出的。他把音素按照声音的响度分成 8 级，最响的地方就是音节的中心，响度最低的地方就是音节的分界线。第四，紧张度说。紧张度说是法国语言学家格拉蒙（M. Grammot）和苏联的谢尔巴提出的。这种学说按照发音时肌肉的紧张程度的变化来划分音节。肌肉每次由紧张到放松构成一个音节，最紧张的地方就是音节的中心。

尽管音节的定义较多，但迄今没有一个定义被验证为恰当的。可以说音节是易理解但难以解释的单元。按着特拉斯克（R. L. Trask）的说法，它是一个基本的但难以捉摸的音系单位。……尽管人们通常觉得很容易确定在一个给定的词或话语中有几个音节，尽管以音节为基础的书写系统已使用几千年，尽管口误为音节的心理真实性提供了丰富的证据，但事实证明音节极难定义。如今有两种研究方法占统治地位：（1）音节是一个神经程序的单位，尽管没有一个单一的语音上的对应物，但它可由听话者从大量线索中重新组建；（2）音节是纯音系单位，每一个单位包括一个固有的响度峰，尽管对像英语 spit 这样有两个峰的词要做一些修改（R. L. Trask，1996）。

二　对音节的理解

本文不对音节定义和理论做进一步的阐述。而是根据学者们的阐述和我们对音节的理解，解读鄂温克语音节的相关问题。

第一，鄂温克语可以采用以下音节定义："音节是语流中最小的发音单位，也是从听觉上能够自然辨别出来的最小的语音单位。一个音节中可以只包含一个音段，也可以包含几个音段"（邢公畹，1995）。音节具有物理、生理和心理等属性。

第二，语音四要素在鄂温克语音节中的作用。音节是语音四要素的统一体，四要素是构成音节的因素。鄂温克语音节包含了具有辨义作用的音长这一要素。对鄂温克语来说音色和音长是最重要的，因为它们具有辨义作用或功能。其他两个要素音高和音强的作用不明显。

第三，基本音节与一般音节问题。根据语音四要素地位的不平等性，我们可以把音节中只考虑音色因素、由音素所构成的音节称为基本音节，以便与一般音节即在基本音节基础上还涉及音高、音强和音长等其他非音质因素的音节相区分。就汉语而言，基本音节就是不带声调的音节，带声调的音节是一般音节（米嘉瑗，2006）。鄂温克语音节同蒙古语一样可以分为基本音节和一般音节。基本音节是只考虑音色因素、由音素所构成的音节，如［pɘr］［xɘr］等，而一般音节是在基本音节基础上还涉及音长的音节，如［tɘr］［tɘːr］等。

第四，音节与节位问题，音系音节（phonological syllable）与语音音节（phonetical syllable）问题。音系音节的概念并非是全新的。最早可追溯到俄国人波利万诺夫（Polivanov）及伊万诺夫（Ivanov）所论之"音节"与"音节的节位观念"。格拉蒙（1933 年）认为，音系音节为理论上的、典型的、生理上正规的音节。语音音节为在语音上偶然显示某种不规则特性的音节。其实，音节本身兼具语音性质和音系性质的单位。他在语音上表现为发音活动与音响的一次加强，在音系上又以其特定的形式隶属于一定语言的语音系统（没有"超语言的音节"）。其语音表现形式（语音音节）与音系形式（音系音节）在多数情况下是统一的。但音节的音系形式是固定的，而其语音表现形式却可以在语流中发生一定的变化。比如，连读可以造成音节界限的移动和音节变形，有时可以出现双属辅音（ambisyllabic consonant），不同程度的连读可以造成多种不同的音节变形，这些变形都是非区别性的，它们显然与变形之前的音节形式有所龃龉。正是基于对此种事实的考虑，人们认为有必要对音系音节与语音音节加以区分（史延恺，1986）。

有声单元和抽象单元的区别：（1）有声单元是语言的存在形式（把某种语言或方言的语音从小单元到大单元可以分成音素→音节），抽象单元是对有声单元进行简单化、抽象化、系统化的结果；（2）有声单元远远多于抽象单元；（3）有声单元和抽象单元都是针对某一语言或方言的，而不是跨语言、方言的。有声单元和抽象单元的关系是约定性的、固定性的。如，鄂温克语音节的类型较多而较复杂，我们从语音参数库里的统计结果看有 V、VV、VC、VVC、VCC、CV、CVV、CVC、CVVC、CVCC 等 10 种类型音节类型，但我们可以把它们归纳成 V、VC、VCC、CV、CVC、CVCC 等 6 个音节位。

为了能够使我们的观点与国际接轨，我们采用音系音节与语音音节概念，以便代替我们原来提出的音节和音节位。如鄂温克语标准话有上述 10 中语音音节，有 6 种音系音节。

我们认为，（1）不能排除音节所包含的心理因素；（2）音节在声学上的表现是错综复杂的，一般用音长、音高和音强等参数可以较容易地划分音节，但这是相对的；（3）音节之间的短暂停顿是音节的重要信息。鄂温克语是音节节奏语言，音节是鄂温克语最小的韵律单元。在音节边界处（音节之间）不出现塞音或塞擦音等有 GAP 的辅音的情况下，鄂温克语者也能够感知到音节间的短暂停延。这与每个音节边界处前音节元音的延长有关。这符合韵律学理论。边界前音节元音的延长是在听感上音节间有短暂停延的重要原因之一。虽然，有上述诸多的音节理论，如，元音说、呼气说、响度说和紧张度说，甚至是突显论，但应该把音节之间的停延作为音节定义的一个重要部分，这对于音节来说是绝不能忽视的因素。音节边界处前音节元音的相对延长可以作为区别音节的重要参数之一。

三　语音音节统计分析

我们曾经把鄂温克语口语音节分为：V、VV、VC、VVC、VCC、CV、CVV、CVC、CVVC、CVCC 等 10 种类型。以下是我们以往的统计分析结果：（1）一个音节中可以容纳 1~6 个音，非词首不出现以元音开头的音节；（2）鄂温克语各类音节在词里的分布情况是：词首音节[①]的类型最多（以男发音人为例），共出现 10 种类型，其中出现频率最高的是 CV 音节（占所有词首音节的 36%），其次是 CVC 音节（占所有词首音节的 30%）；词中音节中，出现频率最高的是 CV 音节（占所有词中音节的 76%），其次是 CVC 音节（占所有词中音节的 24%）；词末音节中，出现频率最高的是 CVC 音节（占所有词末音节的 54%），其次是 CV 音节（占所有词末音节的 45%）。

以上统计结果告诉我们，鄂温克语各类音节中 CV、CVC 为较活跃的音节。它们的出现频率分别为 49%、38%。在词首音节 CV 类型音节最多，其次是 CVC，如表 5.1 所示。

表 5.1　鄂温克语音节统计表

	M						F					
	词首		词中		词末		词首		词中		词末	
V	250	%21					283	%21				
VV	1						1					
VC	143	%12					151	%11				
VVC	1											
VCC	3						2					
CV	433	%36	601	%76	526	45%	498	%37	745	%79	781	%61
CVV	6		2		2		3					
CVC	369	%30	189	%24	630	%54	409	%30				
CVVC	2						1		1			
CVCC	5		3		1		1		201	%21	492	%39
共计	1213		795		1159		1349		947		1273	

---

①　词首音节中不包括单音节词。因为单音节词的音节类型及其出现频率与多音节词词首音节有所不同。

第六章
鄂温克语单词韵律特征

一 鄂温克语韵律研究综述

广义地说，韵律结构应当包括重音、节奏和语调三个方面，例如重音的位置分布及其等级差异，韵律边界的位置分布及其等级差异，语调的基本骨架及其跟声调、节奏和重音的关系，等等。狭义地说，韵律结构主要指话语节奏的层级组织及其客观标志，包括韵律词的构成以及各级韵律成分边界的界定等，通常叫作韵律切分。它涉及说话时的组词断句模式，实质上是指语言信息时域分布的格局。本文所说的是狭义的韵律结构。

从 20 世纪 90 年代初开始，随着言语声学工程技术的发展，汉语自然语言韵律特征的研究成为我国语言学界和言语工程界共同讨论和研究的焦点。在语句重音的研究、韵律层级单元（韵律词、韵律词组、韵律短语和语调短语）及其边界划分（韵律词边界、韵律词组边界、韵律短语边界和语调短语边界）、韵律层级标注方法、韵律层级边界处声学特征、韵律结构与句法结构的关系、基于语法信息的韵律结构预测方法等方面都取得了前所未有的成绩，并把上述研究成果成功地应用到语音合成和识别系统中，把言语声学工程技术推上了新的高峰。

与汉语普通话和蒙古语标准话韵律研究相比鄂温克语韵律特征研究相对滞后。

二 鄂温克语单词韵律模式

（一）音长分布模式

图 6.1 和图 6.2 为男女发音人（1 男 1 女）的双音节和三音节词元音长度（平均值）分布模式示意图，我们采用了百分比（Perceptional ratio in percentages）和数值比（Numerical ratio）表示法。从图中我们可以看到：（1）在 S－S、S－S－S 或 L－L、L－L－L 类（含有同类元音的）词中，词首音节元音都比非词首音节元音要短（长度依次分布为：词首 < 词中 < 词末），这一点与蒙古语正好相反（呼和，2014）。这里所指的长短是指物理长度，而不是音系学上的长短。如，在双音节词，S－S 类词的元音长度百分比为 43：57（男），42：58（女）。数值比大约为 4：6；而 L－L 类词的元音长度为 51：49（男），49：51（女），数值比大约为 5：5。在三音节词中，S－S－S 类词的元音长度百分比为 24：28：48（男），33：24：43（女）；L－L－L 类词的元音长度为：33：24：46（男），34：23：43（女）。只有短元音或长元音音节组成的词中（S－S、S－S－S、L－L－L 类词）词末音节元音最长（除 L－L 类词外）。（2）在 S－L、L－S 或 S－S－L、S－L－S、L－S－S 类（含有不同类元音且包含一个长元音的）词中的长元音

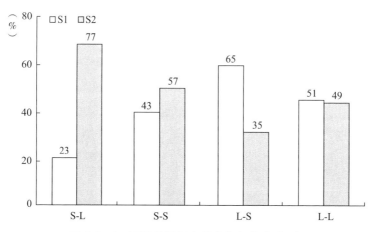

图 6.1 - 1 双音节词元音长度分布模式（M）

都比短元音要长（无论它处于词的哪一个音节）。如3∶7（S−L类男女）、6∶4（L−S类男女）；1∶2∶7（S−S−L类男女）、2∶5∶3（S−L−S类男女）和5∶2∶3（L−S−S类男女）。（3）在S−L−L、L−L−S、L−S−L类（含有不同类元音且包含两个长元音的）词中的后置长元音一般比前置长元音相对长。如，2∶3∶5（S−L−L类男女），3∶4∶3（L−L−S类男女），4∶2∶4（L−S−L类男女）。

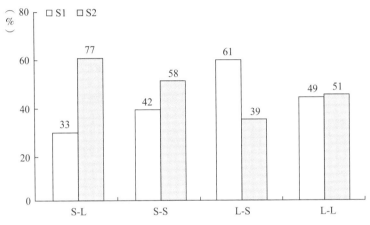

图 6.1−2 双音节词元音长度分布模式（F）

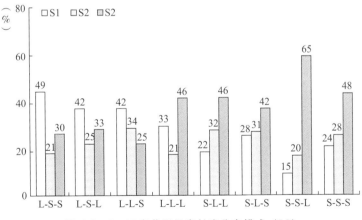

图 6.2−1 三音节词元音长度分布模式（M）

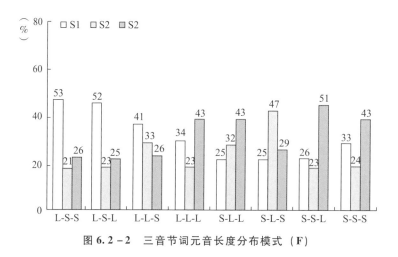

图 6.2 – 2　三音节词元音长度分布模式（F）

（二）音高分布模式

图 6.3 ~ 6.4 为男女发音人（1 男 1 女）的双音节和三音节词音高（平均值）分布模式示意图。为便于区别，我们把三音节词音高模式分成两类，即词首音节含有短元音的三音节词音高分布模式和词首音节含有长元音的三音节词音高分布模式等，见图 6.4。可以看到：（1）S－S，S－L（词首音节含有短元音的）和 L－L（词首音节和词末音节均含有长元音的）类双音节词，具有典型的"L—H模式"（低—高模式），音高分布特点是"前音节平稳，后音节呈抛物线或斜线"。第一、第二音节音高平均值差值和音域（Voice range）都达到了 5ST（男，女）。而 L－S 类（词首音节含有长元音的）词呈"H—L模式"（高—低或相等模式）。第一、第二音节音高平均值差值不到 1ST。（2）S－S－S、S－S－L、S－L－S、S－L－L 类（词首音节含有短元音的）三音节词，具有典型的"L—H—H模式"，它们之间的音高最高差值较大，约 4ST。L－L－L、L－L－S、L－S－L、L－S－S 类三音节词（词首音节包含长元音的词），也同样呈"L—H—H模式"，但它们之间的音高最高差值也较大，约 6ST（男 L－S－S 类除外）。双音节和三音节词的音高模式显示了鄂温克语黏着性特点。如，L－H（双音节词）＋ H → L—H—H（三音节词）。

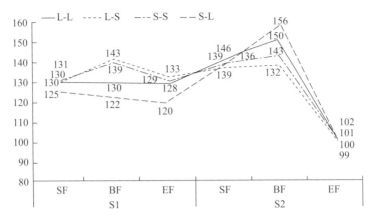

图 6.3 - 1　双音节词音高分布模式（M）

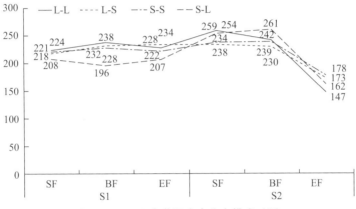

图 6.3 - 2　双音节词音高分布模式（F）

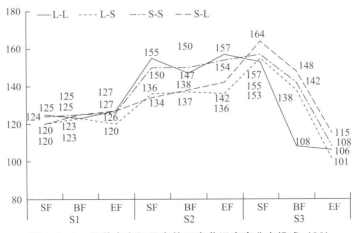

图 6.4 - 1　词首含有短元音的三音节词音高分布模式（M）

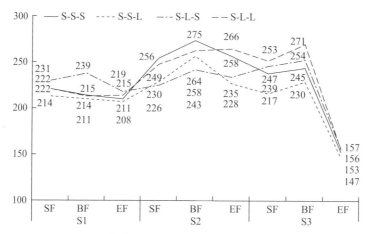

图 6.4 – 2　词首含有短元音的三音节词音高分布模式（F）

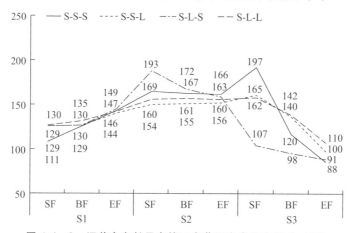

图 6.4 – 3　词首含有长元音的三音节词音高分布模式（M）

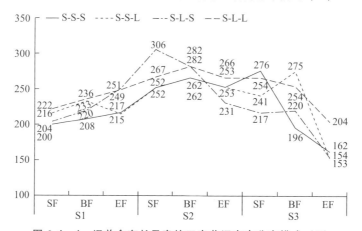

图 6.4 – 4　词首含有长元音的三音节词音高分布模式（F）

（三）音强分布模式

图 6.5 ~ 6.6 为男女发音人（1 男 1 女）的双音节和三音节词音强（平均值）分布模式示意图。

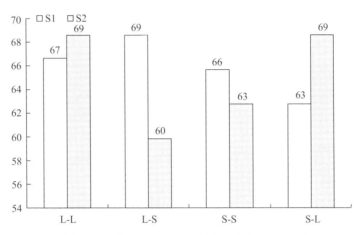

图 6.5 - 1　鄂温克语双音节词音强分布模式（M）

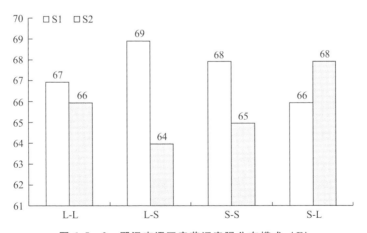

图 6.5 - 2　鄂温克语双音节词音强分布模式（F）

从这些图中我们可以看到：（1）L - L 、L - S 和 L - L - L、L - L - S、L - S - L、L - S - S 类（词首音节含有长元音的）双音节和三音节词的最强点均落在词首音节上，即该类词的词首音节最强；（2）而 S - S 类（词首音节含有短元音的）双音节词呈现了典型的 "W—S" 模式，而 S - L 类双音节词呈现了强弱模式 "S—W" 模式；（3）S - S - S 类三音节词的音强差别

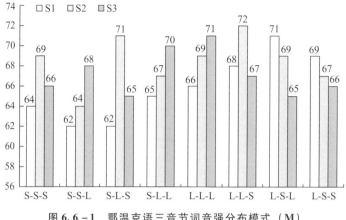

图 6.6 – 1　鄂温克语三音节词音强分布模式（M）

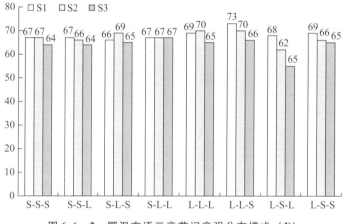

图 6.6 – 2　鄂温克语三音节词音强分布模式（F）

不明显；（4）在 S－S－L 类词（含有一个长元音）中男女发音人音强模式
不一致。男发音人的最强点落在有长元音的音节上，而女发音人音强模式
呈现了逐渐变弱模式。其中的长元音音节没有显示其"长元音强"的优势；
（5）男发音人 S－L－L 类（非词首含有两个长元音）词的最强点落在最后
一个长元音音节上，而女发音人音节之间的音强差异较小。（4）（5）两项
说明音强对词重音的作用不是很凸显。

三　鄂温克语词重音问题

鄂温克语词重音方面亟待解决的问题有：（1）词重音的位置问题。词

重音落在第一音节，第二音节，还是词末音节？传统语音学界的大部分学者认为，鄂温克语词重音是落在第一音节上的固定重音，所以第一音节的元音比第二音节或第三音节结构中出现的元音发音的要重一些。听起来也十分清楚和有劲。可是有长元音的词属于例外。一般来说长元音无论出现在词中哪一个位置上，词重音自然而然地转移到有长元音的音节上（朝克，1995）。（2）性质问题。是音强重音，音高重音，音长重音，还是整个音节语音四要素（两个或多个要素）变化的综合效应？传统语音学界的大部分学者认为，鄂温克语词重音是音强重音（力重音）。认为作为重音而体现的元音音强和音高是相对明显的（朝克，1997）。（3）类型学归类问题。是固定重音，还是自由重音？传统语音学界的大多数学者认为鄂温克语词重音固定在第一音节上。鄂温克语词重音虽然固定在第一音节上，但会出现有规律的变异，引起重音位置变异的因素较多。我们认为鄂温克语的词重音属自由重音，但不完全是自由的，其位置与词中长、短元音的分布有着密切的关系。

（一）元音音质与词中位置之间的关系问题

林茂灿先生指出普通话轻声音节的语音音色明显地减缩（Reduction），主要表现为韵母元音声学空间的减小和声母辅音发音的不到位（1990）。图6.7为鄂温克语男发音人词首音节长、短元音和非词首音节短元音的声学元音图。可以看出，在 S-S、L-S、S-S-S、L-S-S、S-L-S、S-S-L；L-L-S、L-S-L 等结构的词（非词首音节含有短元音）中，与词首音节音段相比在非词首音节中元音和辅音的音色明显地减缩。具体表现为元音声学空间的减小和辅音发音的不到位。如，非词首音节短元音的央化（或〔ə〕化）、塞音的浊擦化、VOT 的缩短、辅音舌腭面积的减少等。其中，非词首音节短元音的减缩现象相对明显。

从理论上讲，在 L-L、S-L、L-L-L、S-L-L 等类词（非词首音节没有短元音）中，无论是词首音节，还是非词首音节的元音都读得比较到位，不会出现减缩现象。在图 6.8 是词首音节长元音（空心圆）、短元音（空心圆）和非词首音节短元音（十字心圆）的舌位三角形图。从图 6.8 中我们可以看到如下有趣的现象，随着词首音节长元音、词首音节短元音和非词首音节短元音的发音时间（音长）的相对缩短，元音舌位三角形变小，构成了大中小三个不同的三角形。虽然都是"独立元音",但它们的音质发生了一些变化。显然,与独立元音相比非词首音节短元音的音质有了较明显央化趋势,导致其舌位三角形明显变小。

鄂温克语元音音质与词中位置之间存在一定的相关性,即与长元音相比,无论是词首音节短元音,还是非词首音节短元音,都有一定的减缩(央化)现象。这一特点与蒙古语相似。

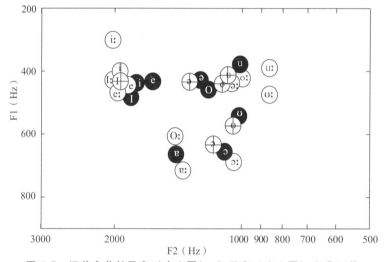

图 6.7　词首音节长元音(空心圆)、短元音(实心圆)和非词首音节短元音(十字心圆)的声学元音图

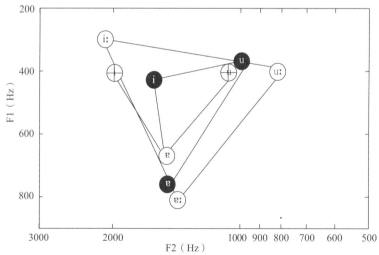

图 6.8　词首音节长元音(空心圆)、短元音(实心圆)和非词首音节短元音(十字心圆)的舌位三角形图(M)

（二）元音音长、音高和音强与词中位置之间的关系问题

表 6.1、表 6.2 中显示了鄂温克语双音节和三音节词的音高最大差值、音强最大差值和元音长度分布模式。本表采用了数值比（Numerical ratio）表示法。

表 6.1　鄂温克语双音节词音高、音强差值和音长分布模式

声学参数 ＼ 词型		S－S	S－L	L－L	L－S
音高最大差值（Semitone）	男	－ 0.49	－ 4.26	－ 2.75	0.87
	女	－ 0.82	－ 4.96	－ 0.29	0.15
音强最大差值（dB）	男	0.81	－ 1.57	－ 0.51	2.42
	女	0.78	－ 0.52	0.26	1.30
音长分布模式（Numerical ratio）	男	4 : 6	3 : 7	5 : 5	6 : 4
	女	4 : 6	3 : 7	5 : 5	6 : 4

表 6.2　鄂温克语三音节词音高、音强差值和音长分布模式

声学参数 ＼ 词型		S－S－S	S－S－L	S－L－S	S－L－L	L－L－L	L－L－S	L－S－L	L－S－S
音高最大差值（Semitone）	男	－ 0.55	－ 4.00	－ 3.95	－ 4.70	－ 7.33	－ 4.13	－ 4.85	－ 3.16
	Syl	2 － 3	2 － 3	2 － 3	2 － 3	2 － 3	2 － 3	1 － 2	2 － 3
	女	－ 4.26	－ 3.48	－ 3.77	－ 1.05	－ 4.90	－ 2.87	－ 5.71	－ 1.27
	Syl	1 － 2	2 － 3	2 － 3	2 － 3	2 － 3	2 － 3	1 － 2	2 － 3
音强最大差值（dB）	男	0.53	1.60	2.35	1.28	1.26	0.99	－ 0.49	－ 0.77
	Syl	2 － 3	2 － 3	2 － 3	2 － 3	2 － 3	1 － 2	1 － 2	1 － 2
	女	0.79	0.79	0.26	0	1.03	1.75	3.67	1.03
	Syl	1 － 2	1 － 2	1 － 2	1 － 2 － 3	1 － 2	1 － 2	1 － 2	1 － 2
音长分布模式（Numerical ratio）	男	2 : 3 : 5	2 : 3 : 5	2 : 4 : 4	2 : 3 : 5	2 : 3 : 3	3 : 3 : 4	3 : 3 : 4	4 : 2 : 4
	女	3 : 3 : 4	3 : 3 : 4	3 : 4 : 3	3 : 3 : 4	2 : 3 : 5	5 : 3 : 2	4 : 3 : 4	5 : 2 : 3

1　元音音长与词中位置之间的关系问题

从表 6.1、表 6.2 中可以看出，在非词首音节中含有短元音词的元音音

长分布模式为 S－S（男女：4∶6），S－S－S（男：2∶3∶5；女：3∶3∶4），L－S（男女：6∶4）；L－L－S（男：3∶3∶4；女：5∶3∶2），L－S－L（男：3∶3∶4；女：4∶3∶4），L－S－S（男：4∶2∶4；女：5∶2∶3）和 S－L－S（男：2∶4∶4；女：3∶4∶3），S－S－L（男：2∶3∶5；女：3∶3∶4）等。而非词首音节中不含短元音词的音长分布模式为 L－L（男女：5∶5），L－L－L（女：2∶3∶5）和 S－L（男女：3∶7），S－L－L（男：2∶3∶5）等。其中，只含短元音或长元音的双音节或三音节词，即 S－S，S－S－S 或 L－L，L－L－L 类词中的音长模式基本相似（）男女发音人 L－L 类词的音长模式有所不同）。含有同类元音（只含有短元音或长元音）的词中，非词首音节元音都比词首音节元音要长。这一分布特点与蒙古语不同（呼和，2014）。

2 音高与词中位置之间的关系问题

从表6.1、表6.2中可以看出，在非词首音节中含有短元音词的元音音高分布模式为 S－S（男：－0.49；女：－0.82），S－S－S（男：－0.55；女：－4.26），S－L－S（男：－3.95；女－3.77），S－S－L（男：－4.00；女－3.48）等类词的音高模式为"L－H 模式"（低－高模式），在 L－L－S（男：－4.13；女：－2.87），L－S－S（男：－3.16；女：－1.27）类词中的音高模式为"H－L 模式"（高－低模式）。以上三音节词音节之间的音高差异，以差距最大的两个音节音高差为准，下同。另外，也有 L－S（男：0.87；女：0.15）和 L－S－L（男：－4.85；女：－5.71）等"H－H 或 L"模式（高－高或相等模式）。在非词首音节中不含短元音词的元音音高分布模式为 S－L（男：－4.26；女：－4.96），S－L－L（男：－4.70；女：－1.05）为"L－H"模式，而 L－L－L（男：－7.33；女：－4.90）为"H－L"模式，L－L（男：－2.75；女：－0.29）为"H－H 或 L 模式"。我们把音节之间的音高差值不到一个 Semitone 的差距认为是等高。

3 音强与词中位置之间的关系问题

从表6.1、表6.2中可以看出，在非词首音节中含有短元音词的元音强分布模式为有 S－S（男：0.81；女：0.78）和 S－S－L（男：1.60；女：0.79）等"W－S"模式（弱强模式）和 L－S（男：2.42；女：1.30）；

L－L－S（男 0.99；女：1.75），L－S－L（男：－0.49；女 3.67），L－S－S（男：－0.77；女：1.03），S－L－S（男 2.35；女：0.26）等"S－W"模式（强弱模式）。S－S－S 类三音节词的音强差别不明显，差值不到 1dB；在非词首音节中不含短元音的词的元音音强分布模式为 S－L（男－1.57；女－0.52），S－L－L（1.28）等"W－S"模式（弱强模式）和 L－L（男：－0.51；女：0.26），L－L－L（男：1.26；女：1.03）等"S－W"模式（强弱模式）。上述三音节词音节之间的音强差异，以差距最大的两个音节音强差为准。

（三）讨论与结果

1　词重音分类与重音位置问题

曹建芬（2007）研究员把汉语普通话不带轻声的词重音类型称为正常重音型（Normal Type），把带轻声的称为轻声型（Neutral Type），并证明了前者重/中对比的不稳定性、相对性和后者重/轻对比的稳定性、绝对性特点。呼和教授建议把蒙古语词重音也分为绝对重音和相对重音两种（呼和，2014）。

在词重音研究方面的这种思路和方法，能否运用于鄂温克语词重音研究？宝玉柱教授在研究蒙古语词重音时所提出的，当一个成分的某一特征没有区别语义的作用时，它的分布就会相对自由一些，但会有一个大致的分布范围。语言形式是由有限的区别性成分和相对自由的非区别性成分交织而成的表达体系。蒙古语词重音是非区别性成分，因此它的位置可能受某些因素的影响而出现漂移，母语使用者仅凭语感很难正确判断这些变化，也很难直接观察到影响重音规律的各种因素和它们之间的复杂关系。这是蒙古语词重音研究之所以进展缓慢、分歧较多的一个基本原因（宝玉柱，2011）。鄂温克语词重音与蒙古语词重音有很多相似之处，鄂温克语词重音是非区别性成分。本书只讨论单说（或者在同一个负载句中说的）的两、三音节词中的重音问题，即词层面多音节词内的轻重问题，不涉及语句层面的重音问题。那么，能否把鄂温克语词重音分为绝对重音和相对重音？

下面我们根据语音四要素的声学结构特点，判定多音节词的重音位置。图 6.9、图 6.10 是我们的判断结果。与以往判定不同，本次把音色也作为判断指标了。图中"＋"表示所指参数值处于相对优势，"－"表示所指参数值处于相对弱势，"O"表示所指参数值相等或相近，不突出。如果三音节词中两个音节的某参数相等或相近，但它们都比另一个音节的参数值相对优势时，这两个音节上都打了"＋"。男女发音人词中的音高、音长和音强模式不一致时，采用了"O"标记。对于音色来说"O"表示长元音、复合元音和词首音节短元音，"－"表示非词首音节短元音。图中画斜线的音节为我们断定的重读音节。判断原则：（1）把非词首音节短元音的央化作为硬指标，即在多音节词中含有短元音（无论是央化还是脱落）的非词首音节统一断定为轻度音节；（2）判断非词首音节只含一个短元音的三音节词重音时（如，L－S－L、L－L－S），以其他两个音节的四要素作为判断指标；（3）判断非词首音节不含短元音的多音节词重音时，以四要素作为判断指标。其中，（1）（2）是判断绝对重音的指标，（3）为判断相对重音的指标。

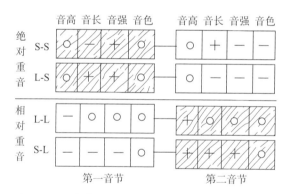

图 6.9　双音节词自然节奏模式及重读音节示意图

从图6.9、图6.10中看出，（1）在双音节词中绝对重音落在词首音节（S－S、L－S）上，相对重音落在词末音节（L－L、S－L）上；（2）在三音节词中的绝对重音位置是：如果词首音节有长或复合元音，该类词的绝对重音落在词首音节（L－L－S、L－S－L、L－S－S、S－S－S）上。如果只有一个长或复合元音的词（S－L－S、S－S－L），绝对重音就落在有长或复合元音的音节上；（3）在L－L－L、S－L－L类三音节词中，相对重音落在词末音节上。可见鄂温克语相对重音几乎都落在词末音节上。为此，把鄂温克语词重音可分为绝对和相对重音有一定的依据。

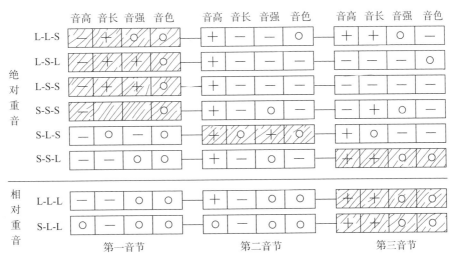

图 6.10　三音节词自然节奏模式及重读音节示意图

2　词重音性质问题

（1）词重音与音色之间的关系。如上所述，在绝对重音型多音节词中存在轻读音节元音的央化（或［ə］化）、塞音的浊擦化、VOT 的缩短、辅音舌腭面积的减少等现象。其中，非词首音节短元音的减缩现象比较明显。而相对重音型多音节词中，上述现象不明显。有关这一问题有待进一步研究。

（2）在相对重音中，音高和音长的作用可能比音强相对凸显。鄂温克语词重音同蒙古语一样，不是基于某一个要素上的单一性质的重音，而是整个音节语音四要素（两个或多个要素）变化的综合效应的体现。轻读导致了元音脱落、音节缩短、甚至元音和谐律的减弱等一系列映射反映。为此，我们认为这类重轻模式是绝对的、深层次的；相对重音型重轻模式是由语音四要素变化产生的综合效应，比较起来可能音长和音强的作用更大一些。相对重音的重轻模式是约定俗成的，其中的语音三要素的差异性是相对的，是表层变化。总之，绝对重音的重/轻对立相对稳定，具有一定的绝对性，而相对重音的重/轻对立相对不稳定，具有一定的相对性。在语句中绝对重音一般不变，相对重音根据语句中的位置和作用会有所改变。

（3）词重音与元音和谐律之间的关系。鄂温克语词重音与元音和谐律之间的关系是值得深入探讨的问题。从图 6.9、图 6.10 中可以看到，在双音节和三音节词中，至少有六种结构的词的重音不在第一音节上。元音和谐律是指一个词里的元音之间相互影响、相互制约的关系。元音和谐律和词重音是属于两个不同层面上的概念，它们之间不存在因果关系。

鄂温克语虽然没有词汇（Lexical）或形态学（Morphological）意义上的词重音，但有因音色、音长、音高和音强等诸多要素引起的"突显"（Prominence）现象。正确解释和阐述鄂温克语词重音的位置、性质和功能等问题，不但对鄂温克语研究提供科学依据，而且能够推动满 – 通语族乃至整个阿尔泰语系语言的历史比较语音学发展。

3 词重音位置及其类型学解释

从图 6.9、图 6.10 中可以看到，无论是绝对重音，还是相对重音的位置都不是固定在词首音节上。显然，我们的实验结果不支持传统语音学界大部分学者"鄂温克语词重音是落在第一音节上的固定重音"的说法。显然，从类型学的角度看，鄂温克语词重音属自由重音，而不是固定重音。但不完全是自由的，它的位置与词中长、短元音的分布有着密切的关系。

参考文献

［1］ Antti. I & Harnud. H．（2005）．Acoustical comparison of the monophthong systems in Finnish，Mongolian and Udmurt. Journal of the International Phonetic Association35/1，1－13.

［2］ 敖敏、熊子瑜、呼和：《蒙古语普通话朗读话语韵律短语研究》，《中央民族大学学报》（哲学社会科学版）2012 年第 4 期。

［3］ 鲍怀翘：《实验语音学讲义》，2005 年 6 月手稿。

［4］ 鲍怀翘、吕士楠：《蒙古语察哈尔话元音松紧的声学分析》，《民族语文》1992 年第 1 期。

［5］ 鲍怀翘、阿西木：《维吾尔语元音声学初步分析》，《民族语文》1988 年第 5 期。

［6］ 鲍怀翘、陈嘉猷、徐昂：《第三届全国语音学研讨会论文集》，北京，1996 年 8 月。

［8］ 宝玉柱、孟和宝音：《现代蒙古语正蓝旗土语音系研究》，民族出版社，2011。

［9］ 包桂兰、哈斯其木格、呼和：《基于 EPG 的蒙古语辅音发音部位研究》，《民族语文》2010 年第 3 期。

［10］ 包桂兰、哈斯其木格、呼和：《蒙古语清擦音实验研究》，《中国语音学报》（第三辑）2011 年 12 月。

［11］ 包桂兰、呼和：《蒙古语非词首辅音舌位变化及其约束度研究》，《第十一届全国人机语音通讯学术会议（NCMMSC2011）》，2011 年 10 月，西安。

［12］ 包桂兰、白音门德、呼和：《蒙古语鼻音［n］的实验研究》，第十届

中国语音学学术会议（PCC2012）论文，2012 年 5 月。

［13］白音朝克图：《现代蒙古语标准音语音系统》，《内蒙古大学学报》（蒙文版）1978 年第 3 期。

［14］曹剑芬：《现代语音研究与探索》，商务印书馆，2007。

［15］陈秀梅：《蒙古语察哈尔土语辅音组合 4X6 的声学和生理分析》，内蒙古大学硕士论文，2004 年 6 月。

［16］格根塔娜：《蒙古语朗读话语韵律层级单元及其边界处的声学和语言学线索》，内蒙古大学硕士学位论文，2008 年 6 月。

［17］哈斯其木格、呼和：《蒙古语边音/l/的声学和生理研究》，《民族语文》2012 年第 2 期。

［18］哈斯其木格：《基于动态腭位图图谱的蒙古语辅音研究》，中国社会科学出版社，2013。

［19］韩国君、呼和：《土族语词首音节元音声学分析》，《语言与翻译》（蒙文版）2013 年第 3 期。

［20］呼和、曹道巴特尔：《蒙古语察哈尔土语词末弱短元音的声学分析》，《内蒙古大学学报》（蒙文版）1996 年第 3 期。

［21］呼和、鲍怀翘、陈嘉猷：《关于蒙古语语音声学参数数据库》，《内蒙古大学学报》（汉文版）1997 年第 5 期；《韩国阿尔泰学会学报》1998 年第 8 号。

［22］呼和、陈嘉猷、郑玉玲：《蒙古语韵律特征声学参数数据库》，《内蒙古大学学报》（汉文版）2001 年第 1 期。

［23］呼和、确精扎布：《蒙古语语音声学分析》，内蒙古大学出版社，1999。

［24］呼和：《蒙古语语音实验研究》，辽宁民族出版社，2009。

［25］Huhe, Baoguilan, EPG Based Research on Tongue Position and Its Constraint of Word-Initial Consonants in Standard Mongolian in China, The 17th International Congress of Phonetic Sciences, Hong Kong, August 17 – 21. 2011.

［26］呼和、周学文：《基于 PAS 的蒙古语普通话辅音气流研究》，《中央民族大学学报》（哲学社会科学版）2013 年第 2 期。

［27］韩国君、呼和：《土族语词首音节元音声学分析》，《语言与翻译》（蒙文版）2013 年第 3 期。

［28］ 呼和、包桂兰：《基于 EPG 的蒙古语标准话词首辅音舌位变化及其约束度研究》，《大江东去——王士元教授八十岁贺寿文集》，香港城市大学出版社，2013。

［29］ 呼和：《再论蒙古语词重音问题》，《民族语文》2014 年第 4 期。

［30］ 周学文、呼和：《语音声学参数自动标注/提取系统简介》，《中文信息学报》2014 年第 3 期。

［31］ 呼和：《蒙古语元音演变的声学语音学线索》，《中央民族大学学报》（哲社版）2015 年第 4 期。

［32］ 呼和：《语音属性与规则的相对性和绝对性问题》，《蒙古语文》2015 年第 8 期。

［33］ 呼和：《语音与听、看、感知之间的关系问题》，《语言与翻译》（蒙文版）2015 年第 3 期。

［34］ 呼和：《蒙古语标准话塞音塞擦音声学分析》，《民族语文》2015 年第 3 期。

［35］ 呼和：《语言亲属关系声学语音学线索》，《实验语言学》（第四卷第 4 号）2015 年。

［36］ 呼和：《蒙古语标准话词首辅音谱特征分析》，《满语研究》2015 年第 2 期。

［37］ 呼和：《鄂温克语词首音节短元音声学分析》，《中央民族大学学报》（哲社版）2016 年第 5 期。

［38］ 呼和：《与蒙古语标准话相关的几个问题》，《语言与翻译》（蒙文版）2016 年第 1 期。

［39］ 胡红彦：《蒙古语标准音清擦音实验研究》，内蒙古大学硕士学位论文，2011 年 6 月。

［40］ 孔江平：《现代语音学论文集》，金城出版社，1999；《论语言发生》，中央民族大学出版社，2001。

［41］ 罗常培、王均：《普通语音学纲要》，商务印书馆，1981。

［42］ 内蒙古大学蒙古学院蒙古语文研究所：《现代蒙古语》，内蒙古人民出版社，1964。

［43］ 李玲玲：《蒙古语标准音塞音和塞擦音的声学格局研究》，内蒙古大学硕士学位论文，2011 年 6 月。

［44］ 蒙古语标准音水平测试大纲编写组：《蒙古语标准音水平测试大纲》（蒙文），内蒙古人民出版社，2003。

［45］ 内蒙古语言文学研究所：《蒙古语文研究资料》，内蒙古人民出版社，1983。

［46］ 清格尔泰、确精扎布：《关于蒙古语辅音》，《内蒙古大学学报》（蒙文版）1959 年第 1 期。

［47］ 清格尔泰：《蒙古语语法》，内蒙古人民出版社，1991。

［48］ 确精扎布：《蒙古语察哈尔土语元音的实验语音学研究》，《民族语文》1989 年第 4 期；《有关察哈尔土语复合元音的几个问题——用实验语音学方法研究的阶段性成果》，《内蒙古大学学报》（蒙文版）1989 年第 4 期；《关于蒙古语重音——语音实验中间报告》，《内蒙古大学学报》（蒙文版）1993 年第 1 期。

［49］ 其布尔哈斯、呼和：《达斡尔语词首音节短元音声学分析》，《韩国阿尔泰学报》（Altai Hakpo），The Altaic Society of Korea，2011.6。

［50］ R. L. 特拉斯克，鲍怀翘、曹剑芬等译：《语音学和音系学辞典》，语文出版社，2000。

［51］ Jan-Olof Svantesson，Anna Tsendina，Anastasia Karlsson and Vivan Franzeén，The Phonology of Mongolian，OXFORD University Press，2005.

［52］ 石峰：《语音格局——语音学与音系学的交汇点》，商务印书馆，2008。

［53］ 史延恺：《音节理论》，《现代外语》1986 年第 2 期。

［54］ Svantesson，Jan-Olof（1986）Acoustic analysis of Chinese fricatives and affricates，Journal of Chinese Linguistics，14：53－70.

［55］ 萨仁花：《东部裕固语词首音节长短元音声学分析》，西北民族大学硕士论文，2013 年。

［56］ 图雅：《卫拉特方言实验语音学研究》，内蒙古大学博士学位论文，2007 年。

［57］ 吴宗济、林茂灿：《实验语音学概要》，高等教育出版社，1989。

［58］ 王士元：《关于声调语言、听觉》，《语言学论丛》（第 11 辑）1983 年。

［59］ 王洪君：《韵律的层级和韵律的最小自由单位》，《第三届全国语音学研讨会论文集》，中国社会科学院语言研究所，1996 年 8 月。

［60］ 乌日格喜乐图、哈斯其木格、呼和：《鄂温克语短元音声学分析》，

《满语研究》2010 年第 4 期。

［61］乌日格喜乐图：《基于语音声学参数数据库的鄂温克语辅音研究》，《实验语音学》2013 年第 2 期。

［62］乌日格喜乐图：《鄂温克语清塞音实验研究》，《中国社科院民族所第 1 届青年论坛论文集》，社会科学文献出版社，2013。

［63］乌日格喜乐图：《鄂温克语元音和谐律研究》，《中央民族大学学报》2014 年第 5 期。

［64］乌日格喜乐图：《鄂温克语前高元音声学分析》，《民族语文》2014 年第 5 期。

［65］乌日格喜乐图：《关于鄂温克语音节》，《蒙古语文》2015 年第 12 期。

［66］乌日格喜乐图：《鄂温克语词末短元音实验研究》，《满语研究》2017 年第 2 期。

［67］乌云那生、呼和：《蒙古语阿拉善话短元音声学分析》，《西北民族大学学报》（哲学社会科学版）2012 年第 4 期。

［68］乌吉斯古冷、呼和：《蒙古语陈述句和疑问句语调比较研究》，《中央民族大学学报》（哲学社会科学版）2011 年第 2 期。

［69］张家禄：《语音学的新阶段——理解言语》，《第三届全国语音学研讨会论文集》，中国社会科学院语言研究所，1996 年 8 月。

［70］朱晓农：《音韵研究》，商务印书馆，2006。

［71］朱晓农：《语音学》，商务印书馆，2010。

［72］张淑琴：《蒙古语朗读话语语句重音实验研究》，内蒙古大学硕士学位论文，2008 年 6 月。

后　记

　　通过几年的努力，这部"中国少数民族语言方言实验研究丛书"即将陆续跟读者见面了。该丛书是我们团队十几年研究工作的总结，作为我国民族语言实验研究方面的第一部大型丛书，一定会有很多待改进和完善的地方。如，在统计分析方面，该丛书只采用了均值、标准差和变异系数等，未采用 SPSS 中的相关分析和 T 值检验。出版该丛书的目的是让读者了解民族语言音段和超音段（词层）声学研究结果和结论，给同行们提供语言声学实验研究思路和方法，促进民族语言实验研究学科体系建设，推动我国民族语言学科的发展。本丛书如果能在这方面做出一点贡献，那将是我们莫大的欣慰。

　　在"中国少数民族语言语音声学参数统一平台"的研制历程和本丛书的撰写过程中有太多值得感谢的同人。感谢所有发音合作人，他们对母语的热爱和对自己民族的责任感深深地打动了我们团队每一位成员；感谢参与本项研究的所有研究生，感谢他们能够理解和支持这项庞大而艰难的工程，每一个音段的参数中都凝聚着他们辛勤劳动和汗水；感谢中国社会科学院民族所领导和我们研究室的同事们，他们的鼓励和支持是我们团队最强大的动力，特别感谢管理软件的制作者我所网络中心主任周学文副研究员。"中国少数民族语言语音声学参数统一平台。"

　　感谢社科文献出版社的领导和本丛书的责任编辑周志静女士；最后感谢资助本丛书的中国社会科学院创新工程学术出版资助管理委员会。

　　像所有作品一样，由于所涉及的范围广、问题多，加上我们研究能力和水平有限等诸多原因，丛书中难免会有不足之处，望同行们斧正。我们相信，随着实验语言学理论和方法的不断成熟和改进，以及我们团队研究领域的逐渐拓展和研究水平的不断提高，这些问题和难题会逐步得到解决。因为汉语不是我们的母语，用汉语进行写作，我们需要克服一定的语言文字上的障碍，尽管我们非常努力，但在本丛书中仍然可能出现"蒙古式、维吾尔式和鄂温克式"语句，甚至可能存在表达不清楚的地方，望各位读者谅解并提出宝贵意见。

2018 年 9 月 16 日

图书在版编目（CIP）数据

鄂温克语语音声学研究 / 乌日格喜乐图，呼和著
. -- 北京：社会科学文献出版社，2018.10
（中国少数民族语言方言实验研究丛书）
ISBN 978 - 7 - 5201 - 3624 - 2

Ⅰ.①鄂… Ⅱ.①乌… ②呼… Ⅲ.①鄂温克语（中国
少数民族语）- 语音 - 研究 Ⅳ.①H223.1

中国版本图书馆 CIP 数据核字（2018）第 234162 号

中国少数民族语言方言实验研究丛书
鄂温克语语音声学研究

主 编 / 呼 和
著 者 / 乌日格喜乐图 呼 和

出 版 人 / 谢寿光
项目统筹 / 宋月华 周志静
责任编辑 / 刘 丹

出 版 / 社会科学文献出版社·人文分社 （010）59367215
地址：北京市北三环中路甲 29 号院华龙大厦 邮编：100029
网址：www. ssap. com. cn
发 行 / 市场营销中心 （010）59367081 59367018
印 装 / 三河市东方印刷有限公司

规 格 / 开本：787mm × 1092mm 1/16
印张：25 字数：408 千字
版 次 / 2018 年 10 月第 1 版 2018 年 10 月第 1 次印刷
书 号 / ISBN 978 - 7 - 5201 - 3624 - 2
定 价 / 268.00 元

本书如有印装质量问题，请与读者服务中心（010 - 59367028）联系